Le droit aujourd'hui

La collection « Le droit aujourd'hui » regroupe des études juridiques concernant des problèmes d'actualité nationale et internationale, dans divers domaines (éthique, politique, questions de société…).

Déjà parus

Moustapha Kamara, Jean Baptiste Bertrand, avec la collaboration de Samba Thiam et Isabel Falconer, *Le contentieux international du transfert des joueurs, Football et autres sports collectifs, Nouvelle édition revue et augmentée,* 2020.
Béatrice Blohorn-Brenneur (dir.), *Médiation, cultures et religions*, 2020.
Marion Brosset Briand, Antonin Crinon, Élodie Delacoure et Émilie Delcher (dir.), *Le nombre et le droit*, 2020.
Mickaël Le Borloch, *L'application du droit d'auteur aux hyperliens, Analyse de droit français et de droit américain*, 2019.
Romain Feydel, *La société de libre partenariat. Régime juridique et fiscal*, 2019.
Arafat Abi, *La protection des droits des migrants, Interactions entre la protection des droits de l'homme et la protection diplomatique et consulaire*, 2019.
Georges Labrecque, *Les cours d'eau internationaux. Étude jurisprudentielle*, 2019.
Fabien Bottini, *Droits fondamentaux et crise(s) des solidarités*, 2019.
Hadi Azari, *La demande reconventionnelle devant la Cour internationale de Justice,* 2018.
Claire Joachim, *Protection de la qualité des eaux douces au canada et dans l'union européenne, Le partage des compétences,* 2018.
Ianjatiana Randrianandrasana, *Le droit de la protection de la nature à Madagascar : entre centralisme et consensualisme*, 2018.
Wendkouni Judicaël Djiguemdé, *L'aménagement conventionnel de la société commerciale en droit français et en droit OHADA*, 2018.

La diplomatie
au service de la dignité humaine

5-7, rue de l'École-Polytechnique, 75005 Paris

http://www.editions-harmattan.fr

ISBN : 978-2-343-19993-1
EAN : 9782343199931

Baowendsida Noël NANA

La diplomatie au service de la dignité humaine

Préface de Vincenzo Buonomo

L'Harmattan

DÉDICACE

A mes parents feu Yamba Norbert et Yvonne

A Phillipe et Marie-Josèphe SAUNER

« Nous devons apprendre à vivre comme des frères, sinon nous allons mourir tous ensemble comme des idiots » (Martin Luther King)

REMERCIEMENTS

J'exprime ma profonde gratitude au Seigneur, aux professeurs Vincenzo BUONOMO, Recteur de l'Université Pontificale du Latran et directeur de ma thèse, Emile KOUVEGLO et Patrick VALDRINI, co-directeurs. Ce travail est le fruit de votre accompagnement scientifique et académique.

Merci à Marie-José BENEJAM, à Dominique LAPPARAT et Pascaline VERLINDEN pour leurs lectures et corrections. Merci à Jean-François et Elisabeth MONTANIER, à Patrick et Christiane LANGLOIS, à Thierry et Marie-Agnès SENOBLE et à Christian et Marie-Claire POIZAT. Merci à vous tous qui avez rendu possible cette publication par vos soutiens multiformes.

SIGLES ET ABRÉVIATIONS

AA. VV.	*Auctores varii*
AAS	*Acta Apostolicae Sedis*
Art.	Article
C.I.J.	Cour internationale de justice
C.P.I.	Cour Pénale Internationale
Can / Cann.	Canon / Canons
Cf.	Confert
CIC	*Codex Iuris Canonici*
Const. Apost.	*Constitutio Apostolica*
Const.	*Constitutio*
Const. Dogm.	*Constitutio Dogmatica*
Const. Pastor.	*Constitutio Pastoralis*
Cur. / Curr.	*Curator / Curatores*
Dir.	Sous la direction de
I.C.J.	*International Court of Justice*
Litt. Apost.	*Litterae apostolicae*
Litt. Encycl.	*Litterae Encyclicae*
M.P.	*Motu Proprio*
N.	Numéro
OCDE	Organisation de Coopération et de Développement Economique
OMC	Organisation mondiale du commerce
ONU	Organisation des Nations Unies
OSCE	Organisation pour la Sécurité et la Coopération en Europe
RES.	Résolution
T.	Tome
UN	United Nations
Vol.	Volume

SOMMAIRE

PRÉFACE

Je suis particulièrement heureux de pouvoir présenter le résultat de la recherche doctorale de Baowendsida Noël NANA, qui n'est pas une histoire ou un éloge de la diplomatie, mais une réflexion sur le rôle que cet « art du possible » selon une des définitions classiques, exerce dans les thématiques complexes de notre société. Il s'agit de domaines dans lesquels vivent et agissent aussi bien la communauté civile que l'Eglise catholique. Des thématiques à propos desquelles sont amenés à se confronter non seulement le droit, mais aussi la culture, la philosophie, la théologie, la sociologie, l'économie...Un exercice pas vraiment facile en un temps où la rapidité des contacts et une pragmatique succession des évènements semblent réduire l'espace de la recherche et du débat sur la dignité humaine, la dimension de la personne, son existence et la relationalité qui accompagne la vie de tout être humain. Vient à l'esprit l'invitation du Pape François qui met en garde contre les situations dangereuses de notre époque et souhaite au centre des projets politiques «la confiance en l'homme, non pas tant comme citoyen, ni comme sujet économique, mais en l'homme comme personne dotée d'une dignité transcendante ».[1]

Cette recherche de solutions concrètes, l'auteur du présent ouvrage la situe dans la compétence et la profession des diplomates qui, dans leurs actions, sont appelés à lire la complexité des situations, à comprendre et à traiter à travers la méthode de la négociation des problèmes inextricables. Certains

---

[1] FRANÇOIS, *Discours au Parlement européenne*, 25 novembre 2014 (texte http://www.vatican.va/content/francesco/fr/speeches/2014/november/documents/papafrancesco_20141125_strasburgo-parlamento-europeo.html).

de ces problèmes ne sont peut-être pas nouveaux, mais nécessitent des réponses nouvelles. A la diplomatie aujourd'hui, on demande, en fait, de travailler sans arrêt, de transcender cette « pensée courte », marquée par les caractères synthétiques de *Tweeter* qui semble même avoir remplacé la pensée défaillante de la post modernité.

Devant la responsabilité face aux problèmes, la « pensée courte » nous porte à trouver des justificatifs, à simplifier la réalité, sans doute pour éloigner les tentations de retourner à des erreurs passées ou aussi pour éviter le défi de construire le futur. Pourtant à la diplomatie n'échappe point la certitude que nous vivons dans une mondialisation croissante où précisément « tous vivent le tout » : sécurité et paix, développement et sous-développement, pandémies et soins qui sont l'expression de relationalité, même virtuelle et sur laquelle se sont construites les espaces de la pensée, la dimension sociale et les relations internationales. Cette dernière, cependant, ne peut abandonner la personne humaine, image du Créateur et donc l'unité entre l'essence spirituelle et la dimension matérielle pour s'occuper d'une personne confondue avec des catégories autour desquelles se construit le présent, négligeant peut-être le passé et laissant des incertitudes sur l'avenir. La diplomatie nous dit que cela n'est guère possible ni applicable dans la confrontation quotidienne d'idées et de positions qui impliquent des Etats, des Organisations intergouvernementales et non gouvernementales ou des parties prenantes de la société civile.

L'activité diplomatique en tant qu'expression directe de la relation qui s'instaure entre les protagonistes de la vie internationale est consciente d'opérer dans un contexte où tout est lié. Une connexion qui souligne paradoxalement combien il n'y a pas d'égalité de positions ou de considérations par rapport aux avantages de la société internationale : non seulement la divergence entre richesse et pauvreté, instruction et manque de formation, technologie et sous-développement, mais aussi l'abîme qui sépare la considération qu'on peut avoir de la dignité humaine par rapport aux actions qui bafouent, excluent et détruisent cette même dignité.

Une sensation qui, selon l'auteur, augmente devant la difficulté d'une faible gouvernance, la fragmentation des règles propres au droit international, les inéluctables différences socio-économiques entre pays, la revendication d'autonomie des peuples vis-à-vis des Etats et des Etats vis-à-vis des formes d'intégration intergouvernementales et supranationales, le conflit asymétrique et on pourrait continuer la liste. Ainsi, à ne pas considérer la dignité humaine, les diplomates peuvent se retrouver à négocier sans impliquer toutes les parties ou à être de simples spectateurs de conflits sanglants dans lesquels les civils sont privés de protection, les établissements de soins deviennent des objectifs militaires, les nombreux groupes belligérants évoquent à notre souvenir l'ancienne guerre des mercenaires, où manquent la nourriture et l'aide alimentaire tandis que circulent librement des armes de toutes sortes. Alors la diplomatie devient la recherche exclusive d'intérêts autres que l'objet des intérêts particuliers qui ne coïncident pas avec le bien commun.

Surgissent évidemment les récurrentes questions sur l'efficacité des instruments offerts par le droit international à l'intérieur duquel se structure l'activité diplomatique, en même temps que s'évalue la quintessence de la législation internationale dont les objectifs semblent, par ricochet, mis en discussion. On oublie que s'est désormais imposé un nouveau paradigme des rapports internationaux qui voit en chaque Etat un protagoniste et un antagoniste opposé aux autres, ceux-ci pouvant être des Etats ou des coordinations supérieures aux Etats. L'effet est que la possibilité d'intervenir face à la complexité actuelle se limite à connaître les dangers et les problèmes, accompagnés uniquement de grande émotivité et non de la ferme volonté de mener des actions communes aptes à traiter et à résoudre ces problèmes. La pensée s'attarde sur le manque de protection des droits humains, sur les formes de justice transitionnelle lente ou sur le manque de coopération concernant des phénomènes comme par exemple la mobilité humaine, le sous-développement, la question de l'environnement ou la violation des droits fondamentaux. Demeure par conséquent le problème de gérer les urgences avec des activités certainement nécessaires mais qui ne regardent pas l'avenir de la famille humaine, au point d'apparaître comme des comportements unilatéraux qui se modifient difficilement, même en présence d'un engagement direct ou dramatique : pandémies, famines, réchauffement global...oubliant ainsi des visions d'ensemble. Et alors, même dans la diplomatie, prévaut seulement l'angoissante attente que les choses se réalisent pour ensuite répondre en termes d'urgence.

De cette lecture de notre quotidien, comme l'indique l'auteur, le Saint-Siège n'est pas étranger dans la mesure où il agit comme sujet et parmi d'autres sujets du droit international, cherchant à encourager les efforts, à rappeler les devoirs ou à agir pour concilier l'action diplomatique avec les défis des relations internationales. Mais à quelle fin ? Principalement pour donner un témoignage, comme le rappelle le Pape François, dépeignant la fonction que doit remplir la diplomatie pontificale : « Il ne s'agit pas d'une stratégie cachée pour recueillir des informations et manipuler des situations ou des personnes, mais d'une attitude conforme à celui qui n'est pas seulement un diplomate de carrière, ni même un instrument de la sollicitude de Pierre, mais également un pasteur doté de la capacité intérieure de témoigner de Jésus Christ ».[2] C'est l'idée d'une diplomatie appelée à favoriser un dialogue continu, sans aucune exclusion ni limitation, puisque la diversité même religieuse trouve des points de contact dans l'usage de cet instrument qui, de par sa nature, est voué « à favoriser les relations d'amitiés entre les pays, quelle que soit la diversité de leurs régimes constitutionnels et sociaux ».[3]

Cet ouvrage nous amène à penser que la diplomatie, lorsqu'elle esquisse le scénario d'une négociation, a comme point de départ les faits et la situation présente, puis les normes en vigueur et leur exacte interprétation, jusqu'aux éventuelles défenses des principes ou des points de départ. Tout repose donc sur le dialogue patient, sans jamais rompre le fil tissé aussi subtil soit-il. De cette manière, on peut regarder l'avenir en ayant connaissance du passé, mais sans s'y arrêter et devenir

---

[2] FRANÇOIS, *Discours aux participants à la rencontre des Nonces apostoliques*, 17 septembre 2016 (texte http://www.vatican.va/content/francesco/fr/speeches/2016/september/documents/papa-francesco_20160917_rappresentanti-pontifici.html).

[3] *Convention de Vienne sur les relations diplomatiques* (1961), Préambule (texte https://legal.un.org/ilc/texts/instruments/french/conventions/9_1_1961.pdf)

ainsi responsable de l'interruption ou de l'échec des démarches entreprises.

Il s'agit en somme d'une diplomatie faite d'annonce, d'écoute, de partage et d'attention aux attentes que le monde exprime à travers des désirs de paix, de justice, de bien commun. Plus que jamais résonnent dans toute leur actualité les paroles de saint Paul VI, alors Monseigneur Giovanni Battista Montini, qui, de 1930 à 1938, enseigna la diplomatie ecclésiastique dans l'*Institutum Utriusque Iuris* de l'Université Pontificale du Latran : « si la diplomatie civile se déploie à unifier le monde et à faire prévaloir la raison sur la force, et à encourager le rapprochement des États dans le concert harmonieux d'une organisation internationale de plus en plus large, elle trouve dans la diplomatie pontificale presque un sommet qu'elle peut envisager avec faveur. Ce n'est pas pour la capacité que la diplomatie ecclésiastique peut accomplir, ou pour les résultats qu'elle peut atteindre - l'un et l'autre peuvent faillir - mais plutôt pour l'ordre idéal à compter duquel la diplomatie pontificale commence et à laquelle elle aspire, la fraternité universelle parmi les hommes »[4].

Ad maiora P. Noël ! Le souhait est que vous puissiez continuer à mettre à la disposition de ceux que vous rencontrerez sur votre route les dons que vous avez reçus.

Vincenzo BUONOMO[5]

---

[4] *Discours à l'occasion du 250ème anniversaire de l'Académie Pontificale Ecclésiastique*, 25 avril 1951 (texte http://www.vatican.va/roman_curia/pontifical_academies/acdeccles/documents/montini_it.htm)

[5] Professeur titulaire de droit international à l'Université Pontificale du Latran (Cité du Vatican) dont il est actuellement le Recteur.

INTRODUCTION GÉNÉRALE

Au cœur des relations internationales, les droits de l'homme constituent de nos jours un credo assez puissant pour rapprocher des positions souvent antagonistes. Toutefois, les points de blocage peuvent résulter des diverses anthropologies sous-jacentes à chacune des positions souvent influencées par les croyances. En ce qui concerne la collaboration de l'Eglise et de la Communauté internationale, en confrontant les particularités théologiques, ecclésiologiques et anthropologiques de la diplomatie ecclésiale avec la laïcité ambiante et la globalisation, doit-on penser qu'au sujet des droits de l'homme, le dialogue est impossible ou alors interrompu entre ces deux acteurs de la scène internationale que sont le Saint-Siège et la Communauté internationale ? Est-il possible de parvenir à une éthique minimale commune qui favorise la défense et la promotion des droits de l'homme, dans une saine collaboration, indépendamment des déterminations religieuses ou idéologiques ?

Car, discuter des droits de l'homme revient nécessairement à se demander de quel homme il est question. L'homme, image de Dieu ? Ou l'homme sans référence à Dieu ? De quelle dignité humaine s'agit-il ? La divergence de conceptions sur la dignité humaine ne serait-elle pas le vrai motif qui nous amène à parler de diplomatie plurielle ou différentielle ? Ces conceptions anthropologiques ne dictent-elles pas aussi le choix des moyens et méthodes pour la prévention et la résolution des conflits ?

Voici autant de questions dont les solutions offriraient plus de chance au succès de la *« sana cooperatio »* entre le Saint-

Siège et la Communauté internationale. Il est désormais indéniable que l'action conjuguée du Saint-Siège et de la Communauté internationale dans l'application des conventions de Genève sur le droit humanitaire et la tutelle des droits de l'homme est appelée à se renforcer dans la mesure où ces deux acteurs opèrent sur les mêmes champs de crise dans le monde. En ce sens, il importe d'identifier les points de convergence entre la diplomatie ecclésiale et celle de la Communauté internationale, rendant ainsi possible l'atteinte d'une efficacité réelle dans les opérations humanitaires sur le terrain et dans les négociations en vue de conventions internationales. Alors quelles sont donc les bases d'une diplomatie des droits de l'homme ?

CHAPITRE I

LA DIPLOMATIE DES DROITS DE L'HOMME

Le dialogue entre l'Eglise et la société politique en vue d'offrir des bases juridiques solides et universelles à la « coopération saine »[6] des deux institutions, notamment sur le plan diplomatique, se heurte aux difficultés posées par les divergences d'approche de l'homme. Cela met en péril le fondement des droits de l'homme qu'il faut maintenant déterminer. Le préambule de la Déclaration universelle des droits de l'homme adoptée le 10 décembre 1948 à Paris par l'Assemblée des Nations Unies dispose que « la reconnaissance de la dignité inhérente à tous les membres de la famille humaine et de leurs droits égaux et inaliénables constitue le fondement de la liberté, de la justice et de la paix dans le monde ». Jusqu'alors l'unanimité qui avait consisté en la proclamation universelle de la dignité comme fondement des droits de l'homme était peu mise en discussion. Mais ces dernières décennies ont enregistré l'émergence d'une mise en doute sinon carrément d'une contestation de ce fondement. Car la notion de

[6] La *sana cooperatio* s'avère une nécessité selon l'esprit du Concile Vatican II qui souligne la distinction et non la séparation entre les deux institutions. Cette collaboration a lieu d'abord au niveau institutionnel à travers les fonctions de représentation des chefs de mission diplomatique, mais aussi au niveau informel dans la formation des réseaux de relations personnelles (apostolat). La *sana cooperatio* relève donc de l'intérêt mutuel des deux institutions dont les sujets constituent à la fois le citoyen, le chrétien ou simplement l'homme de bonne volonté.

dignité est perçue de façon variée ou même antagoniste. Le professeur de droit, Olivier Cayla pense que c'est le « plus flou des concepts » ou alors « une formule fixe mais vide »[7]. Il est indéniable que si les droits de l'homme reposent sur du « vide » et du « flou », toutes les mesures de leur promotion ainsi que celles pour la prévention et la résolution des conflits s'entachent de la même vacuité et du même brouillard. Il est donc utile d'éplucher le vocable de « dignité » jusqu'à son noyau le plus dur pour encore juger de sa validité à fonder les droits de l'homme et à permettre une compréhension mutuelle sans équivoque entre le Saint-Siège et la Communauté internationale lorsque tous deux parlent des droits de l'homme. La dignité humaine est-elle vraiment le fondement des droits de l'homme ?

Dans cette section, nous allons mener une étude sur les droits de l'homme en partant des problèmes que suscitent la question de leur fondement d'une part, et d'autre part, nous verrons comment s'est organisée, de nos jours, leur tutelle juridique. Aussi, à la suite, nous verrons la question de la prévention et du règlement des conflits. Car ces sujets qui intéressent la diplomatie ecclésiale et celle de la Communauté internationale, constituent la base de leur collaboration. Il importe donc que les malentendus se dissipent afin d'offrir à la *sana cooperatio* les chances de succès. Alors, quel fondement pour les droits de l'homme ? Quelle évolution de 1948 à nos jours ?

1.1. QUEL FONDEMENT POUR LES DROITS DE L'HOMME ?

Le philosophe américain Ronald Dworkin note, dans la période récente, l'usage abusif qui a été fait du terme « dignité ». Il écrit dans *Justice pour les hérissons* (2011) que

> « L'idée de dignité a pâti d'être employée abusivement. Elle apparaît régulièrement dans les conventions des droits de l'homme

---

[7] In P. CASSIA, *Dignité(s), une notion juridique insaisissable ?* Editions Dalloz, Paris, 2016, p. 16. Voir Tribune publiée dans le quotidien *Le Monde* du 31 janvier 2003.

et dans les constitutions politiques et, avec encore moins de discernement, dans les manifestes politiques »[8].

Il conclut ainsi : « On s'en sert presque mécaniquement pour fournir un pseudo-argument ou juste une charge émotionnelle »[9]. Il convient donc de ne guère négliger les controverses suscitées par l'emploi du mot « dignité », ensuite d'étudier sa valeur éthique et juridique pour l'appliquer aux droits de l'homme.

1.1.1. La dignité controversée

Le 14 décembre 1965, le général De Gaulle, à propos de l'Europe a eu cette assertion: « On peut sauter sur sa chaise comme un cabri en disant : Dignité ! Dignité ! Dignité ! mais cela n'aboutit à rien et cela ne signifie rien »[10]. Il avertissait du risque que ce terme n'en vienne à anesthésier les intelligences de façon à empêcher toute réflexion et dialogue au sujet d'une éventuelle alternative à une décision prise en son nom, c'est-à-dire en invoquant la dignité de la personne humaine. Toute personne qui s'opposerait à une telle décision apparaîtrait insensée. Cela rend compte de la force mais aussi de la faiblesse que peut avoir l'évocation du mot « dignité ». Rien de surprenant à ce que de nombreux détracteurs de son évocation, tel Ronald Dworkin, en soulignent les limites. L'ambivalence du mot est relevée dans un arrêt *R. c. Kapp* du 27 juin 2008, où la juge en chef de la cour suprême du Canada, après avoir reconnu que la dignité servait de soubassement aux libertés

---

[8] In P. Cassia, *Dignité(s),* p. 17.

[9] *Ibidem.*

Il est vrai que, surtout à partir des années 1990, la dignité est devenue une référence rhétorique incontournable, principalement à cause des nouvelles interrogations éthiques relatives aux innovations médicales en matière de procréation médicalement assistée, de transplantation d'organes, d'euthanasie… En France, par exemple, en fin 2015, le terme dignité est employé dans 37 articles du code de la santé publique, 29 articles du code de procédure pénale, 12 articles du code de la sécurité intérieure, 8 articles du code de l'action sociale et des familles, 7 articles du code du travail et 5 articles du code de la défense.

[10] In P. Cassia, *Dignité(s),* p. 16.

fondamentales inscrites dans la charte canadienne des droits et libertés, affirme aussitôt que

> « comme l'ont souligné des détracteurs, la dignité humaine est une notion abstraite et subjective qui non seulement peut être déroutante et difficile à appliquer…, mais encore s'est avérée un fardeau additionnel pour les parties qui revendiquaient le droit à l'égalité, au lieu d'être l'éclaircissement philosophique qu'elle était censée constituer »[11].

Un mois auparavant, en France, le professeur de droit Anne-Marie Le Pourhiet, dans un billet intitulé *« Touche pas à mon préambule ! »,* exprimait sa colère dans le Figaro du 24 mai 2008 : « La dignité constitue aujourd'hui la menace la plus directe contre la philosophie des lumières et l'idée républicaine, l'arme fatale contre nos libertés »[12]. Elle va plus loin en affirmant ceci : « Eriger cette notion philosophique et morale, éminemment subjective et relative, en norme juridique est une folie »[13]. Ce faisant, elle dénie à la notion même de dignité son caractère juridique comme s'il était erroné d'évoquer la dignité en matière de droit. Pour elle, c'est en définitive une « notion fourre-tout et galvaudée »[14]. La dignité semble un terme opaque, confus, un mot auquel on peut faire dire ce que l'on veut. Tout cela montre que la dignité peut être instrumentalisée à des fins contraires, comme cela est arrivé pour les débats et disputes concernant la légalisation ou non de l'euthanasie dans les Etats. Aux yeux des uns, l'euthanasie serait pleinement

---

[11] In P. CASSIA, *Dignité(s),* pp. 17-18.

[12] *Ibid.,* p. 18.

[13] *Ibidem.*

[14] Dans le même billet *« Touche pas à mon préambule »*, il est intéressant de situer le contexte exact de la citation. A.-M. LE POURHIET écrit en effet : « On voit déjà depuis plusieurs années que c'est au nom de la dignité des individus et des groupes que des militants narcissiques et hystériques ont obtenu la multiplication des incriminations pénales de harcèlement moral et sexuel, de discriminations et propos sexistes, homophobes, handiphobes, etc., aboutissant à un arsenal répressif menaçant notamment les libertés d'expression et de la presse. C'est encore au nom de la dignité humaine qu'est revendiquée une euthanasie « très active », et ce n'est pas non plus un hasard si les décisions juridictionnelles récentes les plus intellectuellement indigentes et tirées par les cheveux ont été rendues sur le fondement de cette notion fourre-tout et galvaudée » (in *Ibidem).*

justifiée en raison de la dignité humaine : mourir dignement signifierait supprimer toute souffrance et dépendance du malade précédant la mort naturelle. A l'inverse, aux yeux des autres, l'égale dignité de la vie proscrit qu'il soit mis fin à la vie de toute personne, en dépit du libre consentement de cette dernière.

Le concept de dignité peut à la fois, selon les circonstances, servir de « garantie » à la sauvegarde des droits et libertés d'un individu contre l'autorité publique, ou servir d'« expédient » pour la restriction des droits et libertés d'une personne de la part de l'autorité publique. L'exemple le plus frappant nous est fourni à propos de l'argumentation juridique concernant l'interdiction du voile intégral en France. Tandis que le législateur français s'appuie sur la dignité humaine pour justifier sa loi, la Cour européenne des droits de l'homme, affichant son désaccord avec une telle argumentation, évoque plutôt des raisons de convivence sociale, c'est-à-dire du « vivre ensemble », comme fondement du rejet du voile intégral. C'est en préférant le vocable de « vivre ensemble » à celui de « dignité » que la Cour de Strasbourg entérina la loi française. Cet épisode est éloquent pour monter la querelle non seulement au niveau législatif (lois) mais aussi jurisprudentiel (sentences)[15] que peut occasionner l'emploi du mot « dignité ».

---

[15] Au niveau du raisonnement juridique, il est instructif de comparer le motif par lequel le législateur français justifie la loi du 11 octobre 2010 portant interdiction du « voile intégral » et l'arrêt de la Cour européenne. Le législateur français argumente ainsi : cette « forme de réclusion publique, quand bien même elle serait volontaire ou acceptée, constitue à l'évidence une atteinte au respect de la dignité de la personne ». Curieusement la Cour européenne des droits de l'homme bat en brèche cette argumentation en s'y opposant farouchement. La Cour, dans son arrêt *S.A.S c. France* du 1er juillet 2014 dispose : « Aussi essentiel soit-il, le respect de la dignité des personnes ne peut légitimement motiver l'interdiction générale du voile intégral dans l'espace public. La Cour est consciente de ce que le vêtement en cause est perçu comme étrange par ceux qui l'observent. Elle souligne toutefois que, dans sa différence, il est l'expression d'une identité culturelle qui contribue au pluralisme dont la démocratie se nourrit. Elle observe, à ce titre, la variabilité des conceptions de la vertu et de la décence appliquées au dévoilement des corps. Par ailleurs, elle ne dispose d'aucun élément susceptible de conduire à considérer que les femmes qui portent le voile intégral entendent exprimer une forme de mépris à l'égard de ceux qu'elles croisent ou porter autrement atteinte à la *dignité* d'autrui » (P. CASSIA, *Dignité(s)*, pp. 22-23).

On aboutit à la conclusion que la dignité humaine est une réalité controversée sous plusieurs aspects : philosophique, politique et juridique[16].

La dignité humaine est controversée au point de vue philosophique, parce que beaucoup de penseurs soutiennent qu'il serait abusif et éthiquement répréhensible de donner à l'homme une place spéciale dans l'univers liée tangiblement à sa dignité humaine. Au nombre de ces penseurs figure, par exemple, le philosophe australo-américain Peter Singer qui reproche aux défenseurs de la dignité leur spécisme. Le terme spécisme selon Singer ne s'étend pas seulement à l'attribution de la supériorité à l'espèce humaine sur les animaux, mais à tout usage de l'appartenance d'un individu à une espèce comme argument éthique[17]. Une éthique valable ne devrait pas faire entrer en son sein des critères d'appartenance à l'espèce mais on devrait plutôt y peser et soupeser les individus les uns contre les autres en fonction de leurs capacités et de leurs intérêts. Il serait donc irrecevable de défendre la vie d'un homme en ayant recours à des arguments du type : « c'est un homme et on ne doit pas tuer les hommes ». Toute personne raisonnant de la sorte pourrait être qualifiée de spéciste. Singer établit un parallélisme entre un tel raisonnement et le racisme ou le sexisme, qui font de l'appartenance à une race ou à un sexe déterminé l'argument éthique pour ou contre des individus ou des groupes.

L'auteur ne rejette pourtant pas l'idée qu'existent tout de même, entre les êtres vivants, des différences de valeur et de rang. Il l'admet volontiers, exige cependant que, pour faire partie du débat éthique, ces différences doivent être vérifiées pour chaque individu concret et non déduites parce qu'ils appartiendraient normalement à telle ou telle espèce. La

---

[16] Cf. W. HÄRLE, *Dignità, Pensare in grande dell'essere umano,* Editrice Queriniana, Brescia, 2013, pp. 58-71.

[17] Le paradigme par lequel Singer tente d'expliquer sa position se trouve dans le conflit qui surgit lorsque nous devons choisir qui maintenir en vie entre un être humain intellectuellement handicapé et un singe anthropoïde normalement développé et sain. Selon l'auteur, si le singe est doté d'une intelligence supérieure à celle de cet homme handicapé, alors le maintien en vie du singe est préférable à celui de la vie humaine.

faiblesse de la pensée de Singer se trouve dans le fait qu'il n'y a pas ces différences de valeur et de rang entre les races humaines et les sexes. D'où l'impertinence du parallélisme entre le racisme, le sexisme et le spécisme. Wilfried Härle montre la dangerosité de la pensée de Singer en soulignant deux conséquences.

La première est que, si l'individu doit être jugé selon ses capacités et son intelligence, nous devrions renoncer au sentiment et à la conscience que nous avons en tant qu'êtres humains d'avoir avec notre environnement un lien non seulement biologique mais aussi social en ce sens que nous formons tous une grande famille à laquelle appartiennent même les personnes non encore développées[18], handicapées, ou diminuées. Sans quoi ce sentiment fondamental de coappartenance et de coresponsabilité serait complètement anéanti.

La deuxième conséquence serait que nous devrions donc nier le droit de vivre à tous les individus dont la vie se trouve en des phases ou situations dans lesquelles ne sont encore perceptibles ni leur intelligence ni aucun intérêt[19]. Singer écrit: « Si on tue un escargot ou un nourrisson de 24 heures, on n'anéantit aucun désir...puisque les escargots et les bébés sont incapables d'avoir des désirs »[20], et plus loin: « le fait qu'un être est un être humain dans le sens dell'appartenance à l'espèce homo sapiens est sans importance pour l'illégitimité de son meutre... En revanche sont déterminantes des propriétés comme la rationnalité, l'autonomie et l'autoconscience. Les bébés n'ont

---

[18] Nous pensons particulièrement à l'embryon.

[19] Härle commente:*« Ma questi sono stadi di sviluppo che tutti noi percorriamo all'inizio della nostra vita, e molti di noi forse, anche alla fine della loro vita e molti nel tempo intermedio. Singer sa che è una conseguenza dura, ma considera giusto tirarla: un embrione, un feto, un lattante nei primi mesi di vita, tutti costoro non hanno per lui diritto di vivere »*(in W. HÄRLE, *Dignità*, p. 60).

[20] *« Se si uccide una chiocciola o un lattante di 24 ore, non si vanifica alcun desiderio...poiché chiocciole e neonati sono incapaci di avere desideri»* (P. SINGER, *Praktische ethik* (nuova edizione), Cambridge 1993, Stuttgart 1994 [trad. It., *Etica pratica,* Liguori, Napoli 1988, p. 123.])

pas ces propriétés»[21]. Si l'embryon et le nouveau-né sont considérés comme des êtres sans désirs ni intérêts, l'auteur va donc mettre en avant le concept de « dignité d'une personne »[22] plutôt que de parler de « dignité humaine ». Et pour lui, n'est personne que tout individu doté d'intelligence et ayant des intérêts, qu'il s'agisse de nombreux humains ou de beaucoup d'animaux supérieurs. Tous les humains ne seraient pas des personnes, ou ne le seraient pas toujours. Du coup, il devient impossible de défendre une « dignité humaine inviolable » qui, selon lui, n'existerait même pas.

D'autres penseurs comme Franz Joseph Wetz partagent partiellement les affirmations de Singer et trouvent que l'assertion selon laquelle l'homme possède une dignité inviolable est infondée, ou, pour les plus modérés, insuffisamment fondée. Selon Wetz[23], soutenir l'existence d'une « dignité humaine essentielle inviolable », c'est s'appuyer sur des présupposés métaphysiques ou religieux qui, depuis l'avènement de l'illuminisme, ne sont plus soutenables et ne peuvent plus être adoptés, surtout dans un Etat séculier, comme fondements de la Constitution et de l'administration du droit. Pourtant Wetz s'obstine à garder la dignité humaine comme catégorie éthique résultant de l'indigence et de la vulnérabilité de l'être humain. Il préconise de s'engager à faire de la « dignité humaine » un impératif éthique vu que l'être humain est fragile et faible. Ainsi, il s'agit de s'engager afin d'offrir à l'homme, autant que faire se peut, une existence sans souffrance (sans difficulté matérielle, ni oppression, ni injustice). Ceci est fort louable mais, comment s'engager pour une dignité illusoire, sans fondement ? On reproche à Wetz de couper ainsi la branche sur laquelle il est assis puisque son éthique est basée sur la dignité humaine qu'il déclare lui-même être une illusion.

---

[21] « *Il fatto che un essere è un essere umano nel senso dell'appartenenza alla specie homo sapiens, è senza importanza per la illegitimità della sua uccisione…decisivi sono invece proprietà come la razionalità, l'autonomia e l'autocoscienza. I lattanti non hanno queste proprietà* » (P. SINGER, *Praktische ethik* (nuova edizione), Cambridge 1993, Stuttgart 1994 [trad. It., *Etica pratica,* p. 233.])

[22] Il ne fait pas non plus de ce concept de « dignité d'une personne » un thème majeur et ne lui attribue pas une place spécifique.

[23] In W. HÄRLE, *Dignità,* p. 62.

Les positions de Singer et de Wetz sont des manifestations de la controverse philosophique de la notion de « dignité humaine ». Elles reposent sur des failles anthropologiques que nous éluciderons dans la suite de notre réflexion mais en attendant, nous devons examiner brièvement les contestations aux niveaux politique et juridique.

Sur le plan politique, les Etats où sévissent les dictatures, les totalitarismes et les Etats subissant la domination religieuse d'un autre Etat ont un intérêt vital et compréhensible aux yeux de leurs gouvernants à ne pas admettre le recours à la « dignité humaine » et aux droits de la personne qu'ils cherchent à limiter ou même réprimer afin de ne pas perdre leur pouvoir sur leurs propres citoyens et sauvegarder leurs intérêts. Il incombe à l'Etat de réguler et d'organiser la convivence entre les êtres humains de manière à éviter les conflits et les heurts. A cette fin, il se réserve le monopole de la violence pour contraindre à un certain comportement en vue d'établir l'ordre public. Cette superpuissance de l'Etat trouve des limites normatives dans la reconnaissance de la « dignité » inviolable de chaque être humain qui exige respect de la part de l'Etat et de ses organes.[24] La reconnaissance de la « dignité humaine » devient un frein à la dictature. Quant aux Etats totalitaires, caractérisés par une idéologie unitaire polarisée par une conception soit religieuse soit politique, évoquer la « dignité humaine » comporte le risque d'arracher les citoyens au contrôle desdits Etats et menacerait tout le système politique[25]. En ce qui concerne les Etats sous domination religieuse, on y conteste la « dignité humaine » parce qu'elle implique la question de la liberté qui est une porte ouverte à la critique, au questionnement ou à l'opposition à certaines doctrines, règles et coutumes religieuses. Sur le plan politique, les motifs du rejet de la « dignité humaine » peuvent être de type religieux ou antireligieux, de nature métaphysique ou non ; ils peuvent aussi porter sur la conquête, l'exercice ou la conservation du pouvoir. Dans ces conditions, toute dénonciation interne de violations de

[24] Cf. W. HÄRLE, *Dignità*, p. 63.

[25] Là encore le commentaire de Härle est intéressant: *« Perciò gli stati totalitari temono a ragione la dignità umana e i diritti della persona come il diavolo l'acqua santa »* (*ibid.*, p. 65).

la « dignité humaine » est considérée comme de l'incivisme naturellement sanctionné et toute intervention externe est vue comme une ingérence illégitime dans les affaires internes d'un Etat.

Sur le plan du droit, au-delà de la négation du caractère juridique de la notion de dignité humaine, comme précédemment mentionné, se posent surtout deux problèmes à résoudre. Le premier consiste à se demander si en cas de conflit avec d'autres valeurs juridiques, le respect de la « dignité humaine » peut être contrebalancé dans le fait et le droit ou doit être observé de manière absolue, sans exception ni besoin de contrebalancement. Le second a trait au problème de son domaine d'application pour en définir les limites et désigner clairement les éléments à inclure et ceux à exclure. A ce titre, il est très instructif de reporter ici les discussions qui ont émaillé l'interprétation de l'article 1 de l'emblématique Constitution allemande[26], consacrant l'inviolabilité de la « dignité humaine » comme un droit inaliénable. Günter Dürig soutient la conception qui s'est imposée dans l'administration de la justice de la Cour constitutionnelle dans la seconde moitié du 19ème siècle. Dans son commentaire de l'article 1, la « dignité humaine » n'est nullement quelque chose qui puisse être concédé à l'homme seulement à travers les organes de l'Etat ou par d'autres institutions terrestres. Elle est plutôt une chose donnée avec l'existence humaine (une donnée ou un fait de l'être) qui ne saurait être soustraite à l'homme ni même être violée (en principe). Elle consiste en l'habilité à l'auto conscience, à l'autodétermination et à l'organisation de la vie en raison de l'esprit humain, aptitudes dont d'ailleurs ne sont en carence ni les malades mentaux ni les criminels. Pour Dürig, cette dignité inviolable n'est pas négociable tout autant que d'autres biens et valeurs protégés par la loi (par exemple la vie,

---

[26] Notre choix de la Constitution allemande se justifie par le fait qu'elle est la première Constitution étatique à donner une place aussi importante à la dignité humaine et à l'élever comme principe constitutionnel ayant une valeur juridique absolue. Cf. G. M. FLICK, *Elogio della dignità,* Libreria Editrice Vaticana, Città del Vaticano, 2015, p. 12.

la santé) ; elle est sans réserve[27]. Le constitutionnaliste Horst Dreier[28]soutient en partie la vision de Dürig quant à l'inviolabilité et à l'inévitabilité de la « dignité humaine » qu'il distingue substantiellement des droits fondamentaux pouvant être modulés par une loi appropriée. Cependant Dreier se démarque nettement de la ligne interprétative de Dürig lorsqu'il comprend la « dignité humaine », non plus à partir de son origine judéo-chrétienne, mais comme fruit d'un mélange de traditions classiques, humanistes et illuministes. En plus, pour éviter un recours exponentiel à ce concept, il limite son domaine d'application à l'esclavage, à la déportation, à l'expulsion de groupes de même origine ou de groupes de personnes variées. La stratégie de Dreier se décline dans la conviction qu'en réduisant le domaine d'application de la « dignité humaine », on réduit du même coup, sa signification pour l'ordonnancement juridique.

Cette position de Dreier se rencontre aussi chez Ernst-Wolfgang Böckenförde qui, en 2003, a donné à sa recension extrêmement critique du commentaire fait de la constitution par Matthias Herdegen un titre révélateur : « *La dignità era inviolabile* »[29]. Le commentaire d'Herdegen en question trouve son point névralgique dans le refus d'accepter la « dignité humaine » comme un droit donné par la nature à l'homme, un droit impondérable et illimitable. Au contraire, il lui semble beaucoup plus sensé de distinguer, en matière de dignité, le noyau impondérable (génocide et expulsion de masse) et les parties marginales malléables et cela afin d'arriver, selon ses propres mots, à une « appréciation évaluative globale ». Herdegen craint qu'une interprétation et une observation rigoureuses de la « dignité humaine » n'entraîne une limitation trop forte du pouvoir de décision et d'action de l'Etat. Il est

---

[27] *« L'idea che la dignità umana possa in qualche caso passare in secondo piano rispetto ad altri beni protetti dalla legge o essere disattesa in ragione di questi equivarrebbe per Dürig, a una rinuncia al principio dell'intangibilità della dignità umana garantito dalla costituzione »* (W. HÄRLE, *Dignità*, p. 68).

[28] Cf. *Ibidem*. Voir aussi H. DREIER, *Grundgesetz. Kommentar, 3 voll.*, Tübingen, 2008.

[29] In W. HÄRLE, *Dignità*, p. 69. Voir *FAZ* (*Frankfurter Allgemeine Zeitung)*, du 3 septembre 2003.

dommage qu'en voulant préserver l'autorité de l'Etat, Herdegen n'en vienne à mettre en péril la signification essentielle de la déclaration de l'article 1 de la Constitution. Il parle justement d'une « rupture historique » dans l'interprétation de cet article de la Constitution.

Toutes ces remises en question aux niveaux philosophique, politique et juridique donnent à penser que le principe de l'inviolabilité de la « dignité humaine » ne va pas de soi, même sur le plan international, et représente un motif de dissension et de crispation dans les négociations entre Etats et à l'intérieur des Etats. Le problème est devenu crucial avec l'entrée dans le nouveau millénaire où la tendance au relativisme juridique appelle l'urgence d'une fondation ou plus précisément d'une refondation de la « dignité humaine ». Dans cette optique, nous pensons qu'un retour aux sources permettra de dissiper les zones d'ombre de ce concept et de retrouver sa signification originelle comme concept éthique et juridique.

1.1.2. La dignité, concept éthique et juridique

Du point de vue méthodologique, certains auraient préféré opposer immédiatement à chaque controverse une solution, obéissant à la logique du coup pour coup. Mais cela n'offrirait pas à l'argumentaire une vision unitaire et systématique. Car, sans toutefois abdiquer à juguler les objections, notre objectif ici est de convaincre plutôt que de vaincre. Cela nous impose d'aller à la racine du concept de « dignité humaine »[30].

Dans la plupart des cultures, la dignité est souvent attribuée à des personnes âgées supposées incarner la sagesse et auxquelles on voue un respect ou une révérence. Est digne aussi toute personne ayant accompli des prouesses, qui fait montre de courage et de succès dans sa vie familiale, sa profession, ses découvertes, ses inventions grandioses, son génie artistique, son

---

[30] Paul Ricoeur aimait dire qu'il faut « devoir rafraichir le sens des mots ». De la même façon, Robert Sabatier ironisait en écrivant : « Quand le médecin ment, la maladie dit la vérité » et plus loin, il écrit : « de nos mensonges, la vérité des mots ne s'affecte pas » (ROBERT SABATIER, *Le livre de la déraison souriante,* Editions Albin Michel, paris, 1991, pp. 172, 173). Tout cela pour dire l'importance de se tenir au vrai sens des mots, surtout en ce qui concerne la dignité.

engagement social ou son acuité politique. Par ailleurs, devant l'adversité ou face à certaines difficultés majeures, est digne celui qui se maîtrise, contrôle ses impulsions avec responsabilité et gravité. C'est cela que Friedrich Schiller décrit comme expression d'un sentiment élevé c'est-à-dire la domination des pulsions par la force morale et la liberté d'esprit[31]. Comme on peut le voir, le mot « dignité » est plurisémique, d'où découle la diversité des approches et des significations des qualités, des dotations individuelles de chacun. Dans ce cas, il convient plutôt de parler de « dignité au pluriel », car les dignités recouvrent les réalités allant du respect dû à l'âge jusqu'à la reconnaissance des mérites d'un individu sans oublier sa capacité à affronter les difficultés et éviter la honte (l'honneur). L'universitaire Éric Fiat, dans son ouvrage de référence *« petit traité de dignité »* (2012) distingue cinq principales acceptions du mot : bourgeoise, monothéiste, kantienne, relationnelle et moderne[32].

---

[31] Cf. F. SCHILLER, *Über Anmut und Würde (*1793), in ID., *Sämtliche Werke* 5, Darmstadt, 1993, pp. 470, 475; [traduzione italiana, *Grazia e dignità,* SE, Milano, 2010. Schiller aborde un autre aspect dans son épigramme intitulé "*Würde des Menschen*" (dignité de l'homme) où il dit de l'homme : « Je ne vous demande pas plus. Donnez-lui à manger, où habiter, couvrez sa nudité, et la dignité viendra de soi » (notre traduction).

[32] De façon extrêmement résumée, la conception bourgeoise assimile la dignité à une manière de se conduire dans la société, avec grandeur, componction, réserve, retenue, distance, pudeur, maîtrise. Tout le contraire de la vulgarité, de la bassesse, de la veulerie… La conception monothéiste de la dignité, de matrice fondamentalement judéo-chrétienne, fonde la dignité de l'homme sur le fait d'avoir été créé à l'image de Dieu. La conception kantienne démocratise et laïcise le concept de dignité pour en faire un impératif moral que tout homme doit observer indépendamment des fondements métaphysiques ou des croyances. La dignité appelle, dans ce cas, le concept de respect que l'on doit à tout homme. La conception relationnelle consiste en la reconnaissance de la dignité de l'autre à travers l'aveu, c'est-à-dire une manière de se rendre à l'évidence que sa valeur est absolue et infinie. Cette conception a été beaucoup développée par Hegel. Enfin, il y a la conception moderne qui retombe dans les ambiguïtés à cause de deux passions qui animent l'homme moderne : sa passion pour la démocratie et celle pour la technique. La passion pour la démocratie fait que l'homme moderne réclame l'égalité pour tous les hommes. La dignité se fonde sur cette égalité, mais Éric Fiat se désole que cette égalité prenne seulement la forme d'une revendication. L'homme moderne se comporte comme un « ayant droit ». Quant à la passion pour la technique, elle fait que l'homme se dresse face à la

Dans le monde antique, chez les Romains et même chez les Grecs, la dignité, du latin *dignitas,* désignait une haute charge confiée à un homme dans la cité. Nous retrouvons pareille signification chez Hobbes, qui, dans le chapitre X du *Leviathan* (1651) écrit :

> « La valeur publique d'un homme qui est la valeur qui lui est attribuée par la république, est ce que les hommes nomment dignité. Et cette valeur attribuée par la République se traduit par des postes de commandement, des postes de magistrats, des emplois publics ou par des dénominations ou des titres établis pour distinguer une telle valeur »[33].

La dignité au sens classique est synonyme de privilège, d'apanage. Au-delà de l'usage social, les classiques utilisaient le mot dignité pour marquer la différence entre les hommes et les animaux. Ainsi la *dignitas humana,* présente dès ses origines dans les œuvres de Cicéron, se trouve formulée en cette problématique : quel honneur et dignité se retrouve-t-il dans notre nature humaine par rapport aux animaux ?

Répondant à cette interrogation, Cicéron élabore la thèse de deux dignités qu'il a appelées « rôles ». La première nous est commune et vient du fait que nous participons tous à la raison (rationalité), un privilège qui nous élève au-dessus des animaux. La deuxième est celle qui est attribuée en propre à chacun, à l'image des différences qui existent dans les corps et les formes[34]. Si nous reconnaissons dans la thèse de Cicéron un

---

nature qu'il désacralise dans le but d'affirmer sa propre sacralité et ce, pour le meilleur et pour le pire. Le meilleur consiste dans cet effort de maitrise de la nature en vue de lutter contre la pauvreté et la misère. Le pire de cette volonté de maitrise consiste dans le refus ou la non acceptation de la vieillesse et de la mort, toujours jugées indignes aux yeux de l'homme moderne. Tout cela le pousse à réinventer le « dignitomètre », remplaçant les critères bourgeois de la pudeur, de la componction, de la retenue par ceux de l'efficacité, de la rapidité et de la performance. Éric Fiat conclut en donnant sa préférence à une combinaison des conceptions qui offrent à la dignité une plus grande solidité et un fondement *erga omnes*. Il combine alors le modèles kantien et relationnel, qu'il rebaptise conception kanto-relationnelle. Au fond, il s'agit d'être digne de sa dignité, comme le dit la dernière phrase de l'ouvrage. Cf. E. FIAT, *Petit traité de la dignité,* Editions Larousse, Mayenne, 2012, pp. 97-231.

[33] T. HOBBES, *Leviathan,* éditions Gallimard, Paris 2014, p. 84.

[34] *« Si deve [...] riconoscere che noi siamo investiti per così dire dalla natura di due ruoli [persona]. Uno di essi è comune, per il fatto che tutti noi*

point d'aboutissement de la réflexion humaine sur la dignité, il faut dire que cette conception était déjà présente dans d'autres cultures anciennes. Par exemple chez Confucius (551-479 av. JC.) et ses partisans qui affirment que chaque homme est destiné à développer sa propre moralité à travers la promotion et l'attention à sa dimension humaine *« ren »* pour ainsi acquérir une dignité que tous les autres doivent respecter[35]. Mais il manque encore au confucianisme l'idée d'une dignité inaliénable de l'individu vu la subordination de ce dernier à la communauté, à l'instar du fils à l'égard du père, du peuple par rapport au souverain, de la femme vis-à-vis de son mari.

Par contre déjà dans l'Ancien Testament, à partir de l'exil babylonien d'Israël (587-538 av. JC.) émergeait la tradition biblique qui fondait la conception selon laquelle tout être humain par le fait d'exister, est marqué du sceau de la dignité qui fonde son droit au respect[36]. Cela est exprimé dans les textes bibliques, non avec le mot de dignité, mais avec les vocables d'« honneur » et de « gloire » en tant qu'« image de Dieu »[37]. En effet, la tradition sacerdotale à laquelle on doit certains récits de la Genèse, présente l'homme crée à la ressemblance de Dieu : « Dieu créa l'homme à son image, à l'image de Dieu il les créa, homme et femme il les créa » *(Gn* 1, 27)[38]. Le

---

*partecipiamo alla ragione e al privilegio con cui emergiamo al di sopra degli animali, privilegio dal quale deriva tutto quanto è onorevole e dignitoso, e a partire dal quale viene sviluppato il metodo per trovare il retto agire. Ma l'altro è quello che viene attribuito propriamente ad ognuno. Come infatti nei corpi abitano grandi differenze [...]come pure nelle forme sia di dignità [*dignitas*] sia di bellezza [*venustas*], così nelle anime compaiono differenze ancora maggiori »* (M.T. CICERONE, *De officis* (44 a.C.), in W. HARLE, *Dignità.*, p. 12).

[35] Cela se reflète dans l'article 38 de la Constitution chinoise: *« La dignità personale dei cittadini della Repubblica Popolare della Cina è inviolabile. È proibita qualsiasi forma di offesa, di danno o di ingiusta imputazione e diffamazione di cittadini ».*

[36] Cf. W. HARLE, *Dignità*, pp. 15-17.

[37] Psaume 8, 4-7 : « A voir ton ciel, ouvrage de tes doigts, la lune et les étoiles que tu fixas, qu'est donc le mortel que tu t'en souviennes, le fils d'Adam que tu le veuilles visiter ? A peine le fis-tu moindre qu'un dieu, tu le couronnes de gloire et de beauté, pour qu'il domine sur l'œuvre de tes mains ; tout fut mis par toi sous ses pieds » (*Bible de Jérusalem*).

[38] On peut aussi mentionner *Gn* 9, 1-7.

christianisme partage la conception judaïque de l'homme « image de Dieu »[39], et par l'entremise de Cyprien de Cartage (258), il formule vraisemblablement pour la première fois la thèse de l'intangibilité de la dignité humaine. A partir de saint Ambroise de Milan (339-397), il fait sien ce concept de dignité humaine en l'appliquant et en y adhérant.

Ainsi, à la différence de la philosophie stoïcienne dont Cicéron se veut l'illustre représentant et qui fonde la dignité humaine sur la commune participation à la raison, le judaïsme et le christianisme fondent la dignité humaine sur la relation avec Dieu indépendamment des mérites, des qualités intellectuelles, des conditions morales ou de l'adhésion à la religion. Ici, la relation avec Dieu n'est pas celle de l'homme avec Dieu (sa piété ou sa religiosité) mais surtout la relation que Dieu a avec l'homme dans l'acte de création. Éric Fiat, écrit :

> « Le fait d'avoir été fait à l'image de Dieu est ce qu'aucun homme, même le pire, ne saurait faire cesser en vérité. [...] Tous les hommes ayant le même père seront dits frères : découverte de la notion de fraternité humaine, idée selon laquelle au-delà de son appartenance à sa cité particulière, l'homme a vocation à être membre d'une république du genre humain (*res publica generis humani*). [...] Si Dieu existe et si tous les hommes sont faits à son image, alors tous les hommes sont dignes »[40].

La dignité conçue de cette façon se base sur le simple fait d'être homme ; alors s'est forgée la conviction que tout être humain mérite le respect à cause de cette dignité qui lui est donnée avec son existence et qui ne peut lui être, ni accordée, ni

---

[39] Sur cette base, des théologiens du Moyen-âge comme saint Thomas D'Aquin, considèrent que la raison représente toute la dignité humaine (*De veritate,* question 25, art. 6, 2°) tandis que d'autres comme Bernard de Clairvaux soutiennent que c'est la liberté qui caractérise la dignité : « Par dignité dans l'homme, j'entends libre arbitre, grâce auquel seulement il surpasse toutes les autres créatures terrestres, mais encore les domine » (*De diligendo Deo*, chapitre 2). Éric Fiat, dans son *petit traité de dignité*, montre qu'abstraction faite de ses nuances, c'est au principe du monothéisme que l'on doit l'idée révolutionnaire de l'unicité de l'humanité, qui fait reconnaitre en chaque homme une dignité. Il précise, qu'au contraire, les polythéismes grec et romain, attribuaient la dignité uniquement à certains hommes selon leur rang dans la cité.

[40] Cité in P. CASSIA, *Dignité(s),* pp. 60-61.

enlevée, ni reconnue, ni niée de la part d'autres êtres humains. Cette dignité peut être seulement ou respectée ou offensée. Cette conception chrétienne constitue une révolution dans le monde antique marqué par des différences de valeur entre les hommes et les femmes, les libres et les esclaves, les citoyens et les étrangers. Cependant il a fallu des siècles pour que cette idée de l'inviolabilité de la dignité s'impose à tous les esprits et entre dans les pratiques politiques quotidiennes et dans les ordonnancements juridiques. Cela explique que, même dans les rangs des grands penseurs[41] du christianisme, certains en sont venus à tolérer, pratiquer, défendre et justifier l'esclavage qui, pourtant, est la négation évidente la plus ignoble de la dignité humaine.

A la Renaissance, la centralité et la spécificité de l'homme sont mis en exergue dans les travaux des intellectuels destinés à souligner la supériorité de l'homme sur l'animal à cause de son libre arbitre, son autonomie, sa capacité à façonner son avenir[42]. On y voit une parenté avec la pensée de Blaise Pascal qui fonde la dignité humaine dans la faculté de penser :

> « L'homme n'est qu'un roseau, le plus faible de la nature, mais c'est un roseau pensant. (...) Toute notre dignité consiste donc dans la pensée » (pensées, 186) ; « l'homme est visiblement fait pour penser. C'est toute sa dignité et tout son mérite, et tout son devoir est de penser comme il faut » (pensées, 527)[43].

Quant au moyen-âge, le pacte de féodalité qui inféodait un sujet à un roi ou à un maître était à l'opposé de la conception moderne de la dignité en ce sens qu'il privait un homme de sa liberté et de sa volonté. La production théologique[44] de l'époque reporte les mêmes lacunes et ne voyait guère en la dignité de tout homme le fondement de ses droits et de son inviolabilité.

---

[41] Saint Augustin, saint Thomas et Bossuet.

[42] En 1486, J.P. De La Mirandole écrit son *Discours sur la dignité de l'homme.*

[43] On pense naturellement aussi à René Descartes avec son *« cogito ergo sum » (Je pense donc je suis).*

[44] Saint Thomas D'Aquin pense que certains hommes perdent leur dignité en commettant des crimes ou des actes qui les mettent en marge de la société. Pour cela, ils pourraient être légitimement tués. (T. D'AQUIN, *Summa theologica,* II-II question 64, art. 2).

Pic De La Mirandole refuse l'appellation d'homme à tous ceux qui sont incapables d'atteindre un stade supérieur de dignité. Il les appelle plutôt des « *buissons* » ou des « *brutes* ».

Au milieu de ces prises de position et de ces tâtonnements, la contribution kantienne fut décisive parce qu'elle a influencé la conception contemporaine de la dignité humaine, si bien qu'Emmanuel Kant est présenté comme le père du concept de dignité humaine dans son acception actuelle. En effet, Kant distingue la dignité comme une valeur intrinsèque à l'humain mais aussi la dignité comme une manière d'être dans la société. Il récupère d'une certaine façon la pensée judéo-chrétienne de la dignité qu'il sécularise en rompant les liens avec toute métaphysique. La dignité existe indépendamment du monothéisme et donc de la conception de l'homme crée à l'image de Dieu. Dans ses *fondements de la métaphysique des mœurs*, il montre comment, à partir de l'autonomie de la volonté, l'être humain est capable de calquer son existence sur les idéaux contenus dans le concept de dignité. Pour lui, tous les hommes, quels que soient leur sexe, leur rang social, leur croyance religieuse ou leur délinquance par rapport aux lois civiles et pénales, sont dotés d'une égale dignité, inconditionnellement octroyée par le simple fait d'être. Cela n'a pas de prix, n'est pas quantifiable en argent et sans posséder aucun équivalent les met au-dessus des animaux. Il est par conséquent du ressort de chacun d'œuvrer de sorte que ses choix personnels reflètent cette caractéristique morale (impératif catégorique). Il s'agit de considérer l'humanité[45]

---

[45] Kant parle de l'humanité en soi et en autrui, ce qui laisse entendre que ce n'est pas l'humanité entendue comme concept collectif se référant à tous les hommes mais l'humanité présente en chaque être singulier. Dans ce cas, il y a offense à chaque fois qu'un individu n'est pas perçu et traité en son humanité pour lui-même, mais uniquement pour son importance ou sa valeur en fonction de l'autre. La formulation kantienne laisse comprendre qu'il y a aussi des actions par lesquelles un individu offenserait sa propre dignité. Kant pense particulièrement au suicide visant à mettre fin à une vie pleine de souffrance ou estimée insensée et sans valeur. Par ailleurs, il pense également au cas où un individu ne développerait pas ses qualités, ses talents et capacités qu'il laisserait sombrer dans l'inertie. Cela est aussi pour lui une offense à sa propre dignité, une offense incompatible avec l'impératif catégorique. Mais, tout en soulignant les mérites de la pensée kantienne, Härle critique sa thèse, en dénonçant non seulement le manque de clarté des termes « fins » et

toujours comme une fin et jamais comme un moyen, ce qui impose à autrui et aux institutions le respect du droit naturel à la liberté de choix de tout homme[46].

N'est-ce pas la thèse kantienne qui a influencé René Cassin[47], représentant français au comité de rédaction de la future Déclaration universelle des droits de l'homme, lorsque le 20 juin 1947, il émit le vœu que l'article premier de ce texte important soit formulé ainsi : « Tous les hommes sont frères. Comme êtres doués de raison et membres d'une seule famille, ils sont libres et sont égaux en dignité et en droits ». Quelques jours auparavant, devant ce même comité de rédaction, le 17 juin 1947, pour justifier la référence à la dignité humaine, il s'appuyait sur la distinction entre l'homme et l'animal et voulait que cela apparaisse clairement dans le nouveau texte. Il écrivait :

> « Tout homme, si humble soit-il, et quelle que soit sa race, a en lui cette étincelle qui le distingue de l'animal[48], tout en lui imposant

---

« moyens », qui rend improbable leur application à des situations concrètes. Quand peut-on dire qu'un homme est traité comme une fin et quand ne l'est-il pas ? Härle donne comme exemple le cas des essais médicaux sur des patients qui eux-mêmes ne bénéficient pas des avantages de la cure mais d'autres après eux et grâce à eux. Ici, la ligne de démarcation entre la fin et les moyens est poreuse. Toutefois, Härle ne récuse pas la validité de la formule kantienne en son noyau dur concernant l'humanité présente en chaque individu et qui doit être respectée inconditionnellement. Il est donc évident que les théories qui fondent le respect de la dignité humaine sur la volonté propre de l'individu sont incompatibles avec la conception kantienne. Autrement dit, on ne respecte pas la dignité humaine parce que l'on veut mais parce que l'on doit absolument. Cf. W. HARLE, *Dignità,* pp. 36-37.

[46] « Agis de telle sorte que tu traites l'humanité aussi bien dans ta personne que dans la personne de tout autre toujours en même temps comme une fin et jamais comme un moyen » (E. KANT, *Fondement de la métaphysique des mœurs,* Librairie Générale Française, Paris, 1993, p. 105).

[47]Pour évaluer l'influence de René Cassin, voir E. DECAUX, *L'actualité de l'œuvre de René Cassin : les leçons internationales,* in *Revue trimestrielle des droits de l'homme,* n° 112, 1er octobre 2017 (28ème année), pp. 799-810.

[48] Selon Kant, la dignité de l'être humain est fondée sur sa raison et son autonomie. Cette approche pourrait reléguer au rang d'objet les mineurs et les personnes mentalement handicapées. Certes, la logique de l'impératif catégorique consiste à dire que c'est aux personnes saines, dotées d'autonomie rationnelle de veiller à ce que les mineurs et les handicapés mentaux puissent

plus de devoirs et en l'obligeant à faire preuve de plus de grandeur que tous les autres êtres au monde »[49].

A travers cet épisode, on perçoit comment est en train de s'opérer discrètement le passage de la dignité humaine de la sphère éthique à la sphère juridique, de la morale au droit. En effet, ce n'est qu'après 1945[50], aux lendemains de la seconde guerre mondiale, que la reconnaissance de la dignité humaine fera son entrée sur la scène juridique et politique en tant que cristallisation d'une injonction morale pour dire « plus jamais ça ! » face à l'horreur du nazisme, des camps de concentrations et de la *shoah.* A ce sujet, Hannah Arendt[51] a montré que la question des droits de l'homme a été au XIXème siècle, le parent pauvre de la pensée politique. Elle attribue donc au XXème siècle la date de la prise de conscience du « droit d'avoir des droits »[52], ce qu'elle nomme « la dignité humaine », la « qualité essentielle d'homme » :

> « L'antisémitisme (et pas simplement la haine des juifs), l'impérialisme (pas simplement la conquête), le totalitarisme (pas simplement la dictature) - l'un après l'autre, l'un plus brutalement que l'autre- ont démontré que la dignité humaine nécessite une nouvelle garantie qui ne peut être trouvée que dans un nouveau

---

jouir des prérogatives de la dignité humaine, suivant les principes moraux fondamentaux qui orientent nos choix et nos comportements.

[49] Cité in P. CASSIA, *Dignité(s),* p. 64

[50] Il faut signaler ici qu'avant 1945, certains Etats sud-américains avaient fait mention de la dignité dans leurs Constitutions. Par exemple, l'article 100 de la Constitution nicaraguayenne du 22 mars 1939 reconnaît « un salaire minimum [...] capable d'assurer au travailleur le minimum de bien-être compatible avec la dignité humaine »; ou encore l'article 14 de la Constitution paraguayenne du 10 juillet 1940: « La loi assure à tout travailleur un niveau de vie compatible avec la dignité humaine; ou encore l'article 20 de la Constitution cubaine du 10 octobre 1940: « Toute distinction reposant sur le sexe, la race, la couleur ou la classe et toutes autres distinctions portant atteinte à la dignité humaine sont déclarées illégales et punissables »; ou encore l'article 161 de la Constitution Equatorienne du 31 décembre 1946: « Les lois ne pourront contenir des dispositions qui amoindrissent la dignité humaine ». Cf. P. CASSIA, *Dignité(s),* p. 69.

[51]Cf. H. ARENDT, *Les origines du totalitarisme. L'impérialisme*, Fayard, Paris, 2006. La toute première édition eut lieu en 1951.

[52] Cf. H. ARENDT, *Es gibt nur ein einziges Menschenrecht,* in *Die Wandlung 4* (1949), pp. 754-770.

principe politique, une nouvelle loi sur terre, dont le champ doit comprendre l'ensemble de l'humanité pendant que son pouvoir doit rester strictement limité, enraciné et contrôlé par des entités territoriales nouvellement définies »[53].

On peut donc affirmer que la période 1939-1945 a eu un rôle catalyseur dans la nouvelle conscience de la dignité humaine. Le philosophe allemand Jürgen Habermas a bien relevé cet aspect en le présentant, non comme l'irruption d'une nouveauté absolue, mais plutôt comme la découverte d'une réalité déjà implicitement présente. Il affirme[54]:

> « Les nouvelles conditions historiques nous ont simplement fait prendre conscience de quelque chose qui était implicitement inscrit dans les droits humains depuis l'origine - la substance normative de l'égale dignité de tout être humain que les droits humains ne font qu'épeler »[55].

Nous retrouvons la même pensée avec un accent différent chez le philosophe français Nicolas Grimaldi, qui, se plaçant du côté des victimes des atrocités concentrationnaires, voit en la dignité humaine « l'espérance d'en finir avec l'horreur, et de voir l'humanité triompher de l'inhumain »[56]. Pour lui, la vie est justement un bien immémorial que possèdent tous les êtres humains et qui doit être respecté au nom de la dignité de l'humanité tout entière. Dès lors, comme nous le verrons plus loin, la dignité humaine devient une valeur et un droit

---

[53] Cité in P. CASSIA, *Dignité(s)*, p. 65.

[54] Dans un article intitulé *Le concept de dignité humaine et l'utopie réaliste des droits humains* (2010), Publié dans la *Deutsche Zeitschrift für Philosophie*, vol. 58, n° 3, 2010 (*Das Konzept der Mensenwürde und die realistische Utopie der Menschen rechte"*).

[55] Cité in P. CASSIA, *Dignité(s)*, p. 66. Voir aussi J. KIS, *L'égale dignité, essai sur les fondements des droits de l'homme*, Editions du Seuil, Paris, 1989.

[56] P. CASSIA, *Dignité(s)*, p. 66. En effet à la même page, Cassia rapporte que dans le livre de Grimaldi, titré *L'inhumain* (2011), on trouve cette affirmation forte : « L'humanité de l'homme consiste donc dans ce sentiment d'avoir la vie, non comme un bien propre et privé, mais comme un bien si immémorial et si commun qu'on le reconnait dans tous les autres tel qu'on le sent en soi-même. L'humanité consiste en outre à porter la vie des autres comme une partie de la sienne, et à leur communiquer la sienne comme une partie de la leur ».

invocable[57] dans les juridictions nationales et internationales, comme en témoigne l'arrêt *Bouyid c. Belgique* du 28 septembre 2015, où la Cour européenne[58] des droits de l'homme cite vingt

---

[57] A la question de savoir s'il faut faire de la dignité humaine un droit invocable devant les tribunaux ou la considérer comme une valeur, disons la « valeur des valeurs », certains auteurs comme le professeur de droit Muriel Fabre-Magnan, estiment préférable que « la dignité ne devînt pas un concept juridique opératoire, car elle est le principe fondateur de tout le système juridique. La dignité de la personne humaine doit être entendue comme valeur et comme principe métajuridique, mais il y a un contresens - et des périls - à la faire entrer dans le système juridique comme n'importe quel autre droit ou règle » (in P. CASSIA, *Dignité*(s), p. 86). Cependant force est de reconnaître que la juridicisation du concept de dignité humaine est désormais irrévocable, pour souligner l'ancrage entre les droits fondamentaux et leur fondement qu'est la dignité. En témoigne la Constitution Sud-africaine dont l'article 1 stipule que la République d'Afrique du Sud est fondée sur les valeurs de « dignité humaine, de réussite, de l'égalité et d'avancement des droits et libertés humains ». L'article 10 du même texte insiste sur l'obligation de respect dû à cette dignité : « Chacun a une dignité inhérente et le droit d'avoir sa dignité respectée et protégée ». La raison profonde de ce dédoublement de la dignité humaine comme valeur et comme droit, qui donne une portée apicale (maximale) à ce concept, tient de la volonté affichée des pères de la Constitution de tourner définitivement la page de l'apartheid. D'ailleurs, dans les arrêts *Dawood* du 7 juin 2000, la Cour constitutionnelle s'en explique en ces termes : « La Constitution consacre la dignité en réaction à notre passé, où était quotidiennement et cruellement déniée toute dignité humaine aux Sud-Africains noirs ». Cela fait écho à ce que Nelson Mandela disait le 20 avril 1964, lors de son procès de Rivonia qui allait l'emmener à sa longue incarcération à la prison de Robben Island. En effet, dans son œuvre autobiographique, *Un long chemin vers la liberté*, il écrit : « L'absence de dignité humaine que connaissent les Africains est le résultat direct de la politique de suprématie blanche » (in P. CASSIA, *Dignité(s)*, p. 88).

[58] Cf. G.M. FLICK, *Elogio della dignità,* pp. 32-40. Giovanni Maria Flick y consacre un volet de sa réflexion à l'apport de la jurisprudence dans la formation du concept de dignité, *Il contributo della giurisprudenza all'elaborazione del concetto.* La tendance commune met en relief comment la jurisprudence, à partir de la notion de dignité, va organiser une défense à plusieurs niveaux *(multilevel)* des droits fondamentaux en identifiant pratiquement ses implications et ses conséquences. Cet apport de la jurisprudence est essentiel dans la mesure où il permet le passage de la définition abstraite à l'application concrète, de l'énonciation du principe à sa traduction dans la *praxis*, de la proclamation de l'universalité des droits à l'effectivité de leur défense. Parmi les aspects les plus significatifs, il faut noter la valeur objective d'indisponibilité et d'irrévocabilité de la dignité, ensuite son lien avec la liberté et l'autonomie de décision de la personne, son rapport concret avec les inégalités de fait, les relations interpersonnelles, ainsi

conventions internationales faisant référence à cette dignité[59]. Cassia dira avec raison que « son origine et sa signification font que la dignité humaine est la première - et peut-être la seule - notion juridique contemporaine mondialisée, c'est-à-dire universelle qui ne connaît ni frontières, ni sexes, ni religions »[60]. Cependant avant de poursuivre notre réflexion une mise au point s'avère nécessaire.

Nous avions pensé qu'en interrogeant le passé du terme « dignité humaine », nous trouverions son sens le plus partagé et le plus commun. Pourtant, cet exercice nous a révélé combien le sens actuel de l'expression dignité humaine n'est ni comparable, ni même irrigué par le passé de ce mot. La raison tient d'un amalgame entre dignité et dignités, entre dignité individuelle et dignité humaine. Selon que l'on utilise le mot « dignité » au singulier ou au pluriel, on en fait un emploi général, c'est-à-dire la dignité commune à tous ou l'emploi différentié, c'est-à-dire la dignité d'un individu liée à sa fonction, à son rang social, à sa tenue ou retenue... Ainsi la notion de « dignité humaine » se déclinerait principalement sous deux angles ; le premier intrinsèque à l'homme du fait de

---

qu'avec les différences de condition pouvant modifier les choix des individus. Pour notre part, nous nous limitons à citer quelques sentences de la Cour Européenne des Droits de l'Homme (CEDH) : *V. C. c. Slovaquie* du 8 novembre 2001 (Ric. n. 18968/07) *; K.et autres c. Slovénie* du 26 juin 2012 (Ric. n. 26828/06) *; D. c. Croatie ; X. c. Turquie* du 9 octobre 2012 (Ric. n. 24626/09)*; B. c. République Tchèque* du 18 octobre 2012 (Ric. n. 37679/08) *; Peta Deutschland c. Allemagne* du 8 novembre 2012 (Ric. n. 43481/09) *; T. e autres c. Italie* du 8 janvier 2012 (Ric. n. 43517/09) *; E. e autres c. Royaume-Uni* du 15 janvier 2013 (Ric. n. 48420/10) *; L. c. Russie* du 25 juillet 2013 (Ric. n. 11082/06) *; A. c. Bulgarie* du 3 juillet 2014 (Ric. n. 26827/08) *; J.B. c. Grèce* du 3 octobre 2013 (Ric. n. 552/10) ; *H. c. Finlande* du 16 juillet 2014 (Ric. n. 37359/09).

[59] Ainsi, en est-il de la Charte européenne des droits fondamentaux de l'Union Européenne, adoptée le 7 décembre 2000 par les 28 Etats qui composent l'Union. En annexe explicative de la Charte, on peut lire : *« La dignité de la personne n'est pas seulement un droit fondamental en soi, mais constitue la base même des droits ».* Par la suite, cette Charte a été adoptée le 12 décembre 2007 pour lui donner une valeur juridique contraignante conformément à la rédaction de l'article 6 (TUE) venant du traité de Lisbonne de 2007 entré en vigueur le 1er décembre 2009. Le nouveau texte fut publié le 30 mars 2010 dans le journal officiel de l'Union Européenne C 83/403.

[60] P. CASSIA, *Dignité(s),* pp. 66-67.

son être et de son appartenance à l'humanité (approche ontologique) ; le second extrinsèque à l'homme du fait de ses mérites, de sa réputation, de son honneur, de ses charges sociales (approche fonctionnelle différentiée)[61]. Sur quelle dignité se fondent les droits de l'homme ? La dignité ontologique ou la dignité fonctionnelle différentiée ? Bien que les dignités individuelles ne soient pas étrangères au droit, il est clair que les droits de l'homme se fondent sur la dignité ontologique, à cause de son inviolabilité, de sa valeur universelle et absolue. Autrement, fonder les droits sur les dignités individuelles revient à construire un système juridique basé sur l'inégalité, l'arbitraire, et donc générer un relativisme juridique préjudiciable à la paix.

Par ailleurs, en ce qui concerne notre sujet, nous devons nous demander si la dignité ontologique s'oppose à la dignité de l'homme « image de Dieu ». Car il semble à première vue que les deux sont opposées, vu qu'il est question de Dieu dans l'un et pas dans l'autre. Le problème n'est pas banal car l'Eglise ne peut renoncer à rattacher la dignité humaine à Dieu. Pour elle, la dignité humaine est celle des enfants de Dieu, qui atteint sa

---

[61] La dignité fonctionnelle est désignée chez Éric Fiat par le vocable de dignité posturale et notre auteur affirme que la plus grande difficulté en ce qui concerne la dignité consiste à se demander comment concilier le sens ontologique et le sens postural. Il fait alors ressortir trois ambiguïtés que couve la notion de dignité proclamée par les Eglises, les Loges, les juristes, la gauche et la droite. Tous proclament que l'homme, parce qu'il y a une dignité intrinsèque à la personne humaine, doit être inconditionnellement respecté quels que soient son sexe, son intelligence, son état, sa religion, sa condition sociale, son origine ethnique, ses opinions et croyances, et sa conduite. « Mais sous ces déclarations assurées, une hésitation cachée ; sous ces proclamations grandioses, un tremblement imperceptible. Car il nous semble que la notion de dignité contient une triple ambiguïté. Un premier problème est la coutumière difficulté des champions de la dignité à produire le fondement sur lequel l'appuyer. Un deuxième vient de ce que tout en posant que la dignité est intrinsèque à l'humanité comme telle, nombre de nos contemporains jugent que certaines situations font perdre à l'homme sa dignité- ce qui est pourtant contradictoire ! Un troisième est la difficulté qu'ils éprouvent à maintenir ensemble l'idée d'une dignité inaliénable de l'homme et la stigmatisation de certaines conduites comme radicalement indignes. Comment concilier le sens ontologique (la dignité comme valeur) et le sens postural (la dignité comme maintien, comme tenue) du mot dignité ? » (E. FIAT, *Petit traité de la dignité*, p.11).

plus grande expression dans l'homme baptisé. Il est vrai que la dignité baptismale revêt une importance particulière dans la vision ecclésiale, cependant elle serait plutôt une dignité individuelle de laquelle découlent d'autres droits et devoirs particulièrement ecclésiaux, inadéquate alors à exprimer la dignité commune à tous les hommes. Dans le dialogue avec la Communauté internationale, il est donc préférable de parler de *homo creatus* plutôt que de *homo baptezzatus.* C'est pourquoi l'expression « image de Dieu » renvoie comme nous l'avions souligné à la relation de Dieu avec l'homme, en tant que Créateur de façon à donner le primat au simple fait d'exister. Dans l'entendement de l'Eglise, la dignité ontologique est mise en relation avec Dieu dans un rapport de cause à effet. Ainsi, cette dignité est une réalité surnaturelle ayant Dieu pour principe. L'homme est, par conséquent, un « être sacré ».

Tandis que pour la Communauté internationale, la dignité ontologique est une réalité métaphysique. Le surnaturel et la métaphysique ne sont pas forcément opposés. Mais ce qui est sûr et admis, même de certains critiques de la religion, c'est qu'en ce qui concerne la dignité humaine, il n'existe aucun fondement plus ample, plus robuste et plus convaincant que la foi en Dieu créateur[62]. Le lien entre la foi en Dieu et la dignité humaine est tellement fort que les deux se soutiennent et se fondent mutuellement, si bien que la perte de l'un entraîne facilement celle de l'autre[63]. De toute façon, cette connexion entre la foi et la dignité offre au croyant de bonnes raisons de

[62]*« La dignità di ogni uomo è garantita veramente soltanto quando tutti i suoi diritti fondamentali vengono riconosciuti, tutelati e promossi. Da sempre la Chiesa ribadisce che i diritti fondamentali, al di là della differente formulazione e del diverso peso che possono rivestire nell'ambito delle varie culture, sono un dato universale, perché insito nella stessa natura dell'uomo. La legge naturale, scritta dal creatore nella coscienza umana, è un denominatore comune a tutti gli uomini e sulla base della quale tutti possono intendersi. I diritti dell'uomo sono pertanto ultimamente fondati in Dio creatore, il quale ha dato ad ognuno l'intelligenza e la libertà. Se si prescinde da questa solida base etica, i diritti umani rimangono fragili perché privi di solido fondamento »* (BENEDETTO XVI, discorso: *Senza una solida base etica i diritti umani rimangono fragili,* Mercoledì 10 dicembre 2008, in *L'Osservatore Romano*, Venerdì 12 dicembre 2008, p. 6).

[63] Cf. FERNANDEZ Julian, *relations internationales,* Dalloz, Paris, 2018, pp.157-169.

croire de façon irréductible à l'inviolabilité de la dignité humaine et à son importance normative[64]. La Communauté internationale, pour sa part, même sans faire référence à Dieu, affirme aussi l'importance de la dignité humaine commune à tous. Ce qui conduit Giovanni Maria Flick à voir dans la dignité humaine « une religion civile »[65]qui renforce le caractère absolu de la valeur de « dignité ». Dans l'un ou dans l'autre cas, la dignité humaine est une valeur transcendante. Nous sommes à un niveau supérieur de langage : *« quando si parla di "dignità", ci si muove su un piano elevato »*[66]. Même s'il n'existe pas d'unanimité quant au fondement de la dignité, il apparait désormais indiscutable de la considérer comme une valeur intrinsèque et commune à tous les hommes. De toute évidence, si le Saint-Siège et la Communauté internationale partagent ce socle commun de l'intangibilité de la dignité humaine, il faut reconnaître que les bases anthropologiques et théologiques ne sont pas les mêmes, la différence substantielle étant la référence ou pas à Dieu. Mais cela aurait-il une importance au plan juridique et diplomatique ?

La première conséquence, c'est de relever le point de jonction entre une vision laïque[67] (pas forcement athée) de l'homme et une vision surnaturelle religieuse de l'homme, qui aboutissent tout de même à l'affirmation de la « sacralité de l'être humain ». Cela rend possible la collaboration entre le

---

[64] Cf. W. HARLE, *Dignità*, pp. 83-84.

[65] *« La dignità - è stato detto - rappresenta un punto di riferimento fondamentale per il biodiritto: una « religione civile » che propone un valore assoluto in un contesto di relativismi dei valori e legittima il passaggio dalla prospettiva precedente e negativa di limite alle ingerenze esterne, a quella nuova e positiva di limite all'autonomia individuale. In questa linea la garanzia della dignità espande il suo ambito dalla vita dell'uomo (nell'accezione tradizionale) alle sue premesse, potenzialità ed inizi (la cellula, l'embrione, il feto); nonché alla sua conclusione ed alla sua trasmissione nelle generazione future (il fine-vita, il post mortem, e la discendenza) »* (G.M. FLICK, *Elogio della dignità*, p. 18).

[66] W. HARLE, *Dignità*, p. 5.

[67] Encore une fois, ce serait caricatural de penser que tous les diplomates en dehors de ceux du Saint-Siège sont athées ou agnostiques ou n'ont que faire de la foi. Il s'agit de trouver un terrain commun par exemple entre un diplomate du Saint-Siège et un diplomate, bouddhiste, musulman, chrétien, athée, sans religion, etc. L'élément fédérateur, c'est l'homme tout court.

Saint-Siège et la Communauté internationale car, comme le soutient Benoît XVI dans son discours adressé à l'Assemblée Générale de l'ONU, le 18 avril 2008, la Déclaration universelle des droits de l'homme avec la notion de dignité humaine qui la sous-tend est le résultat d'une convergence de traditions religieuses et culturelles, toutes motivées par le désir commun de mettre la personne humaine au cœur des institutions, des lois et des actions de la société, et de considérer la personne humaine essentielle pour le monde de la culture, de la religion et de la science[68]. Du coup, le flou qui entourait le concept de dignité a laissé place à la clarté d'un concept juridique désormais autonome, qui ne devrait plus être techniquement confondu avec les diverses approches philosophiques ou éthiques ou celles issues du langage courant. Les détracteurs de la dignité humaine ne peuvent plus accuser ses multiples sens, ni la voir comme un concept fourre-tout, ni en faire la cause de l'inégalité entre les hommes. Au contraire, certains auteurs comme Cassia attirent avec gravité notre attention sur le besoin d'« éduquer à la dignité », un processus de redécouverte et de récupération de la dignité humaine.

La deuxième conséquence nous semble que le droit à lui seul n'épuise pas la dignité humaine en ce sens qu'il existe un au-delà du droit et que la réalité humaine a besoin de la pluridisciplinarité pour explorer l'humain et lui donner un sens. Le respect des règles de droit ne suffit pas à certifier que la dignité humaine soit pleinement honorée[69]. Cela veut dire que

---

[68] Discours lors de son allocution à l'occasion du soixantième anniversaire de la Déclaration universelle des droits de l'homme, mentionné par Bertone qui rapporte les propos du Pape: « *La Dichiarazione come "il risultato di una convergenza di tradizioni religiose e culturali, tutte motivate dal comune desiderio, di porre la persona umana al cuore delle instituzioni, leggi e interventi della società, e di considerare la persona umana essenziale per il mondo della cultura, della religione e della scienza"* » (in T. BERTONE, *La diplomazia pontificia*, p. 243).

[69] C'est le lieu de rapporter l'intervention du Saint-Siège à la 6ème session du Conseil des droits humains à l'occasion des soixante ans de la Déclaration universelle des droits de l'homme. Le Saint-Siège y enseigne que la dignité humaine est au-dessus de la démocratie et de la souveraineté : « *Human dignity concerns democracy and sovereignty, but goes at the same time beyond them. It calls upon all actors, both governmental and state actors to work for freedom, equality, social justice for all human beings, while*

l'on doit évaluer les motivations profondes, qu'elles soient religieuses, philosophiques, ou sociétales, qui nous portent à l'action. Il ne faut donc pas négliger l'importance du rapport à Dieu chez les diplomates pontificaux. Ce rapport influence leur manière de concrétiser de façon spécifique leur diplomatie des droits de l'homme[70]. L'engagement de l'Eglise à ce niveau, qu'on le veuille ou non, ne peut être dissocié de sa foi en Dieu créateur. Leo Almazan[71] avertit sur une possible méprise:

> « Il semblerait que dans l'ordre actuel des choses où Dieu, la métaphysique, la justice et la loi naturelle sont très fortement contestés, utiliser un fondement basé sur la religion pour les droits de l'homme pourrait être considéré au mieux par beaucoup comme une tentative abstraite et absolutiste et peut-être même rigide, myope, anémique, exclusive, étroite, et émoussée »[72].

---

respecting the world's cultural and religious mosaic. The very fact that we share a common human dignity provides the indispensable base that sustains the inter-relatedness and indivisibility of human rights, social, civil and political, cultural and economic » (S.M. TOMASI, *The Vatican in the family of Nations,* Cambridge University Press, Cambridge, 2017, p. 51).

[70] Du 10 au 14 juillet 2014, s'est tenu en Espagne le colloque international de Salamanque, dont Marie Monnet a fait une recension. On y lit ce résumé à la couverture arrière : « Soucieux d'articuler recherches académiques et interrogations contemporaines, ce colloque a offert un moment rare de réflexion pour penser les enjeux du monde d'aujourd'hui à la lumière de la philosophie et de la théologie. Il rend compte de la fécondité et de l'actualité du sillon creusé par l'école de Salamanque, initiée au XVIe siècle par le juriste-théologien Francisco de Vitoria et ses disciples. Un ouvrage pour ceux qui veulent (re)découvrir les sources bibliques, anthropologiques et théologiques de la pensée politique moderne » (M. MONNET (dir.), *La source théologique du droit,* Domuni-Press et Presses Universitaires de l'Institut Catholique de Toulouse, Toulouse, 2016, couverture).

[71] Le titre de son intervention est *Critical analysis of the modern theory of human rights: the lack of a coherent theoretical framework.*

[72] « *It would seem that, in the present order of things in which God, Metaphysics, justice, and natural law are so hotly contested, utilizing a « religious-based » foundation for human rights may be considered by many as an abstract and absolustist attempt at best-and may be even one that is legalistic, myopic, anemic, exclusionary, narrow, and blunt* » In M. MONNET (dir.), *La source théologique du droit,* p. 266.
Pour approfondir cet aspect, voir A.C. HUTCHINSON, *Waiting for Coraf: a critique of law and rights*, University of Toronto Press, Toronto, 1994, xvii. p. 269.

Après cette mise au point, Almazan affirme carrément que les concepts-clé de la Déclaration universelle des droits de l'homme viennent de l'enseignement de l'Eglise en matière sociale (doctrine sociale). Dans son argumentaire, il cite l'ancienne ambassadrice des Etats-Unis près le Saint-Siège, Mary Ann Glendon qui, au sujet de l'origine des idées sur la dignité, la famille, le travail, la société, affirme qu'elles sont l'héritage légué par l'Eglise à l'humanité : « Si nous demandons où est-ce que les politiciens ont eu ces idées au sujet de la famille, du travail, de la société civile et de la dignité de la personne, la réponse est qu'elles proviennent essentiellement de *Rerum Novarum* (1891) et *Quadragesimo Anno* (1931) »[73]. Par ailleurs, il faut aussi éloigner la tentation de minimiser l'action diplomatique de la Communauté internationale en faveur des droits de l'homme à cause de l'absence explicite de référence religieuse. Sa diplomatie s'appuie sur une éthique de la dignité qui mérite respect et considération. En effet, nous devons relever que la Déclaration universelle porte l'empreinte du jusnaturalisme[74], un passage *from natural law to the natural*

[73]*« If we ask where the politicians got those ideas about the family, work, civil society, and the dignity of the person, the answer is that they came mainly from Rerum Novarum (1891) and Quadragesimo Anno (1931 »).* In M. MONNET (dir), *La source théologique du droit,* p. 266.

[74] Il est clair que dans la collaboration entre le Saint-Siège et la Communauté internationale, il convient de préciser quelle est la matrice du droit naturel en question. Ce droit naturel est-il celui de saint Thomas (Vitoria, Suarez) ou celui de Grotius, ou encore celui de Vattel ? Celui de saint Thomas est un droit naturel fondé sur la loi divine ; celui de Grotius est fondé sur la raison et celui de Vattel est un droit naturel soumis à la libre interprétation de la loi positive. Le droit naturel de Vattel a été récupéré par les libéraux révolutionnaires qui le fondent désormais sur la liberté de l'homme. Le droit naturel qui offre le plus de succès à la collaboration du Saint-Siège et de la Communauté internationle est certainement celui fondé sur la raison car il peut être partagé par tous les hommes indépendamment de leurs convictions religieuses ou de leurs situations géographiques, politiques, économiques. Il n'est pas forcement contraire à la dimension religieuse de la personne. Le droit naturel assimilé à la loi divine peut paraître exclure ceux qui sont areligieux ou athées. Le droit naturel fondé sur la liberté humaine peut heurter en ce sens qu'il s'offre comme un droit du « tout permis » au nom de la liberté. J.-A. Bernard est plus catégorique à ce sujet car, pour lui, la révolution française a définitivement écarté le droit naturel et la morale. Il écrit : « La Révolution française débuta par une déclaration des droits qui s'inspirait

rights[75]. De ce point de vue, on peut dire que la dignité constitue l'aune métajuridique qui sert de critère d'interprétation et d'évaluation des systèmes juridiques eux-mêmes. Le Saint-Siège et la Communauté internationale travaillent à la promotion des droits de l'homme, pour des raisons différentes mais non opposées. Ces particularités sont déterminantes, et nous le verrons par la suite, pour leurs diplomaties.

Après avoir « rafraîchi » la notion de dignité humaine comme fondement de tous les autres droits, nous devons nous intéresser maintenant à sa réception dans la Déclaration universelle des droits de l'homme de 1948[76]. Il serait illusoire et

---

largement du droit naturel classique. Sous la pression des circonstances et inspiré de la volonté générale érigée en principe politique, elle dériva vers la Terreur et la guerre et mit un siècle à s'achever. La Révolution d'octobre écarta définitivement le droit naturel et la morale ». (J.-A. BERNARD, *Eloge du droit naturel,* Desclée de Brouwer, Paris, 2015, p. 58). Pour ne pas être accusé de parti pris, l'auteur déclare immédiatement après qu'il n'entend pas réduire la Révolution française à cette idéologie mais qu'elle y a joué un rôle majeur : « Certes, aucune révolution ne se réduit à une doctrine philosophique, mais aucune ne naît non plus par génération spontanée ou ne prospère dans le vide idéologique » *(Ibidem).* Aux yeux de l'auteur, le libéralisme est l'idéologie qui a servi de matrice aux droits issus de la révolution française. Il cite le *contrat social* de Rousseau parmi les œuvres qui ont influencé la révolution. Il s'agissait de « trouver une forme d'association qui défende et protège de toute la force commune la personne et les biens de chaque associé, et par laquelle chacun s'unissant à tous n'obéisse pourtant qu'à lui-même et reste aussi libre qu'auparavant » (ROUSSEAU, *Du contrat social,* Flammarion, Paris, 2001, p. 52).

[75] Cf. J. FINNIS, *human rights and commune good,* vol. 3 of *Collected Essays,* Oxford University Press, 2011.

[76] Sans devoir reprendre toute l'histoire allant de la déclaration américaine des droits civiques (1776) en passant par la révolution française (1789), il faut noter que la Déclaration universelle est née pendant la période de la guerre froide, dans un climat de farouche opposition idéologique entre Est et Ouest, ce qui explique que l'Union Soviétique et les pays socialistes (Ukraine, Tchécoslovaquie, Biélorussie, Pologne, Yougoslavie) se soient abstenus de le voter. Cependant leur contribution a été capitale car elle a permis une meilleure prise en compte des droits économiques et sociaux, en définissant l'homme non comme un individu abstrait mais comme un sujet concret historique avec des besoins à satisfaire. Ces pays ont bien accueilli la Déclaration universelle qui est donc le fruit d'un compromis entre les capitalistes de matrice libérale et les socialistes. Parmi les protagonistes les plus actifs, on se souvient de René Cassin, Jacques Maritain (France), Charles

anachronique de penser que la conscience que nous avons aujourd'hui de l'importance de la dignité humaine est la même que celle des auteurs de la Déclaration universelle qui l'ont inscrite dans le préambule. Il faut au contraire mettre en avant le travail de maturation[77] que les années d'après-guerre ont permis

---

Malik (Liban), Pen-Chun Chang (Chine) et Eleanor Roosevelt (Etats-Unis). Du point de vue structurel et formel, elle est composée d'un préambule et de 30 articles présentés en quatre parties traitant des droits civiques, politiques, économiques, culturels et sociaux. La portée universelle de la Déclaration lui donne une incroyable valeur ajoutée, même si elle n'a pas été approuvée par consensus comme cela se fait souvent pour les déclarations de l'Assemblée Générale, mais par un vote de 40, de 8 abstentions et de 2 absents (Yémen et Honduras). Parmi les pays qui se sont abstenus, en dehors de ceux du bloc communiste, il y avait l'Arabie Saoudite à cause de la non acceptation de l'égalité entre homme et femme, l'Afrique du sud à cause de l'apartheid combattu par le principe de non-discrimination raciale. Pour approfondissement, voir S. ZAPPALÀ, *La tutela internazionale dei diritti umani*, Società editrice il mulino, Bologna, 2011, pp. 25-33.

[77] Cette maturation s'est faite tout au long de l'histoire et concerne non seulement la dignité mais aussi les droits de l'homme en général. Le processus de maturation s'est poursuivi après la Déclaration de 1948 mais elle avait commencé depuis l'antiquité. A ce niveau, le professeur Emile Kouveglo fait une généalogie assez pertinente de la prise de conscience des droits de l'homme au fur et à mesure des proclamations majeures. Il écrit : « La reconstruction formelle de l'histoire des droits de l'homme pourrait remonter à l'expérience socio-juridique de plusieurs peuples de l'antiquité et du moyen-âge. Les exemples ne manquent pas : les peuples de la civilisation biblique de l'Ancien Testament, le célèbre cylindre de Cyrus, la démocratie grecque, le droit romain, la Charte du Mandé (XIII° siècle, énonçant des principes d'égalité et de non-discrimination), les manuscrits de Tombouctou des XV° et XVI° siècle dans l'empire de Mali, etc. Certaines sources formelles ne sont pas non plus à ignorer, telles que la Grande Charte (1215), la pétition des droits (1628), l'*habeas corpus* (1679), la *Bill of right* (1689), la Déclaration des droits de l'homme de Virginie (1776), la Constitution des Etats-Unis d'Amérique (1776), la Déclaration des droits de l'homme et du citoyen (1789). Mais si la plupart de ces textes qui peuvent être considérés comme des sources formelles dans l'histoire des droits de l'homme se limitaient au contexte national de leur production sans toujours une référence générale explicite à la nature même de l'homme et à sa dignité, la bulle *Veritas ipsa* (2 juin 1537) du Pape Paul III représente un tournant décisif ouvrant la perspective de la reconnaissance des droits à tout peuple. Dans ladite bulle, le Pape Paul III condamne les thèses racistes, reconnaissant que les indiens, chrétiens ou non, étaient investis de la même et unique dignité humaine et ne devraient donc pas être réduits à l'esclavage. La conception d'une dignité inhérente à la nature humaine même fut l'un des apports importants du

d'affiner. Ce préambule récite en son premier considérant : « La reconnaissance de la dignité inhérente à tous les membres de la famille humaine et de leurs droits égaux et inaliénables constitue le fondement de la liberté, de la justice, et de la paix dans le monde ». Quant à l'article 1er, il fait une déclaration de principe : « Tous les êtres humains naissent libres et égaux en dignité et en droit »[78]. Déjà lors d'une séance de la Commission des droits de l'homme, René Cassin disait de ce premier article qu'il sera celui « qui comptera le plus pour les peuples »[79].

Cependant la Déclaration de 1948, bien qu'ayant une réelle valeur politico-morale, ne jouissait au plan juridique que d'une valeur purement exhortative. Elle ne créait donc pour les Etats signataires aucune obligation juridique[80]. Toutefois, elle fut le point de départ d'un processus historique d'approfondissement et de développement des droits humains au niveau international :

> « La déclaration est en fait expressément évoquée en tant que point de référence inéluctable également par la charte africaine des

---

christianisme à la culture des droits de l'homme. C'est la maturation progressive d'une telle conception au creuset des vicissitudes et des expériences politiques nationales et internationales qui a rendu possible la Déclaration universelle des droits de l'homme de 1948. Mais il faut remarquer que, dans le titre de la Déclaration de 1948, le qualificatif universel ne se référait pas formellement à l'universalité des droits, il se référait plutôt à l'étendue géographique de la Déclaration ; l'idée de l'universalité des droits a été exprimée plutôt dans la substance même du texte » (E. G. KOUVEGLO, *Le gouvernement dans l'Eglise au regard des principes de démocratie,* p. 297).

78 La république de Cuba fut la première à demander à la commission des droits de l'homme des Nations Unies que la dignité soit consacrée dans le premier article de la nouvelle Déclaration qui allait naître.

79 Les travaux préparatoires à la Déclaration ont duré trois ans avec plusieurs dizaines de réunions. Au sujet du premier article, la discussion fut de savoir s'il fallait ou non y mentionner la croyance en l'existence de Dieu. Seul le représentant de l'Arabie saoudite avait vainement plaidé, lors de la séance de travail du 11 octobre 1948, pour que soient supprimés les mots « droits » et « dignité » en alléguant leur ambiguïté et leur variabilité en fonction des pays.

80 Pourtant, nous ne devons pas nier l'impact universel qu'a eu la déclaration. Salvatore Zappalà nous le rappelle: *« Tuttavia, la sua forza morale è il fatto che le sue disposizioni già riflettessero o, comunque, siano poi progressivamente diventate diritto consuetudinario (ossia regole vincolanti di diritto internazionale generale...) »* (S. ZAPPALÀ, *La tutela internazionale dei diritti umani*, p. 30).

droits de l'homme et des peuples, adoptée par l'Organisation de l'Unité africaine le 28 juin 1981 et par la charte arabe des droits de l'homme, adoptée par la Ligue des Etats arabes le 15 septembre 1994, ainsi que par la nouvelle Charte arabe du 23 mai 2004 »[81].

A ce titre, seulement six mois après la promulgation de ce texte majeur, l'Allemagne inscrivait la dignité humaine aux fondements de sa constitution du 23 mai 1949. D'autres Etats suivirent ; ensuite il y eut le pacte international de 1966 qui avait force juridique contraignante pour les Etats signataires. Mais un des textes les plus évolués consacrés à la dignité humaine reste, sans conteste, la Charte des droits fondamentaux de l'Union européenne qui dédie justement à la dignité humaine un chapitre entier, le tout premier de surcroit, comme pour signifier que la dignité est la porte d'entrée des autres droits sinon la condition *sine qua non* de leur existence. Cette Charte du 12 décembre 2007 nous donne ce qu'on peut appeler le noyau dur de la notion de dignité humaine[82]: inviolabilité de la

---

[81] *« La dichiarazione è, infatti, espressamente richiamata, quale ineludibile punto di riferimento, anche dalla carta africana sui diritti dell'uomo e dei popoli, adottata dall'Organizzazione dell'Unita africana il 28 giugno 1981, e dalla carta araba dei diritti dell'uomo, adottata dalla Lega degli Stati arabi il 15 settembre 1994, nonché dalla nuova Carta araba del 23 maggio 2004»* (U. VILLANI, *Dalla Dichiarazione universale alla Convenzione europea dei diritti dell'uomo*, Cacucci Editore, Bari 2016, p. 21).

[82] Voir H. OBERDORFF - J. ROBERT, *Libertés fondamentales et droits de l'homme,* 14° édition, Lextenso éditions, LGDJ, Issy-les-Moulineaux, 2016, p. 200.

Titre I: Dignité.

Article premier. – Dignité humaine

La dignité humaine est inviolable. Elle doit être respectée et protégée.

Art. 2. – Droit à la vie

1. Toute personne a droit à la vie
2. Nul ne peut être condamné à la peine de mort ni exécuté.

Art. 3. – Droit à l'intégrité de la personne.

1. Toute personne a droit à son intégrité physique et mentale
2. Dans le cadre de la médecine et de la biologie doivent notamment être respectés :

a) Le consentement libre et éclairé de la personne concernée, selon les modalités définies par la loi ;

b) L'interdiction des pratiques eugéniques notamment celles qui ont pour but la sélection des personnes ;

c) L'interdiction de faire du corps humain et de ses parties, en tant que tels, une source de profit ;

dignité humaine (art. 1), droit à la vie et interdiction de la peine de mort (art. 2), droit à l'intégrité de la personne (art. 3), interdiction de la torture ou peines et traitements inhumains ou dégradants (art. 4), interdiction de l'esclavage et du travail forcé (art. 5). Nous retrouvons ces mêmes droits dans la Convention européenne des droits de l'homme et, là encore, il est significatif d'observer que son article 15 permet aux Etats, dans des situations exceptionnelles de crise, de ne point appliquer la Convention à l'exception de trois droits fondamentaux réservés et qui ne devraient jamais être lésés: le droit à la vie, donc interdiction de la peine de mort (art. 2), l'interdiction de la torture et des traitements inhumains (art. 3), l'interdiction de punir pour une violation non prévue par la loi en application des principes *nullum crimen sine lege e nulla poena sine lege* (art. 7)[83]. Tel est le noyau dur irréductible de la notion de dignité humaine qui offre à la diplomatie, qu'elle soit pontificale ou étatique, les points non négociables à observer dans les différents traités.

Il est vrai que notre analyse nous a conduit à redécouvrir la dignité humaine comme fondement des droits de l'homme mais, comme le pense Norberto Bobbio, l'urgence ne se situe guère tant du côté de la recherche d'un fondement aux droits de l'homme que dans la vérification du champ concret de leur effectivité. C'est pourquoi un regard historico-critique s'avère nécessaire pour rendre compte de l'évolution des droits de l'homme et des mécanismes de leur actuation, depuis 1948 à nos jours.

---

d) L'interdiction du clonage reproductif des êtres humains.

Art. 4. – Interdiction de la torture et des peines ou traitements inhumains ou dégradants.

Nul ne peut être soumis à la torture, ni à des peines ou traitements inhumains ou dégradants.

Art. 5. – Interdiction de l'esclavage et du travail forcé.

1. Nul ne peut être tenu en esclavage ni en servitude.
2. Nul ne peut être astreint à accomplir un travail forcé ou obligatoire.
3. La traite des êtres humains est interdite.

[83] Cf. H. Oberdorff - J. Robert, *Libertés fondamentales et droits de l'homme*, p. 32.

1.2. LES DROITS DE L'HOMME DE 1948 A NOS JOURS

L'évocation des droits de l'homme[84] nous conduira à aborder une gamme de thématiques telles : la place des droits de l'homme dans la Charte des Nations Unies, le phénomène de leur fragmentation, de leur régionalisation et de leur sectorisation. Nous étudierons également la position de l'individu face à ces droits. A cette fin, notre attention portera sur le système européen de tutelle des droits de l'homme puisqu'il nous paraît un des systèmes les plus évolués. Au sein de ce système, nous étudierons la discipline des réserves aux traités des droits de l'homme et la discipline des requêtes devant la Cour de Strasbourg.

1.2.1. L'ONU et les conventions des droits de l'homme

Près de soixante-dix ans (70) ans, après la proclamation de la Déclaration universelle, une réflexion sur les résultats atteints devient inévitable si l'on considère les différentes tendances qui agitent la Communauté internationale ainsi que les violations massives et les guerres menées au nom de la sécurité internationale et de la démocratie. A ce niveau, il est intéressant

---

[84] Historiquement, on fait remonter l'affirmation des droits de l'homme jusqu'à la *magna carta* de 1215 (qui était cependant une proclamation des droits des nobles) ou à d'autres textes plus modernes qui offrent une protection plus large : l'*habeas Corpus Act* de 1679 ou le *Bill of rights* anglais de 1689. D'autres font mention de la révolution américaine qui est partie de la déclaration d'indépendance de Philadelphie *(the Unanimous Declaration of the Thirteen United States of America)* le 4 juillet 1776 et qui aboutira à la proclamation des droits et libertés individuelles, communément appelée les *dix premiers amendements* de 1789-1791. D'autres auteurs encore préfèrent porter leur attention sur la révolution française et sa *Déclaration des droits de l'homme et du citoyen* de 1789. Certains ont tenté de localiser l'origine de droits de l'homme dans l'empire de Cyrus le grand en Perse afin de démontrer la nature non exclusivement occidentale de ces droits. Sans vouloir entrer dans la polémique, pour les besoins de notre étude, nous pensons comme Salvatore Zappalà que, quelle que soit leur origine, les droits de l'homme sont un puissant instrument de dialectique politique pour empêcher l'autorité de devenir despotique et pour donner sens au respect des droits de l'homme comme mesure de la réalité sociale et de l'équilibre dans les relations entre l'individu et la collectivité. Cf. S. ZAPPALÀ, *La tutela internazionale dei diritti umani,* pp. 13-14.

de faire le lien entre La Charte de L'ONU et la Déclaration universelle des droits de l'homme. Déjà dans le préambule de la Charte onusienne apparaît l'évocation des droits de l'homme :

> « Nous, peuples des Nations Unies, résolus à préserver les générations futures du fléau de la guerre qui deux fois en l'espace d'une vie humaine a infligé à l'humanité d'indicibles souffrances, à proclamer à nouveau notre foi dans les droits fondamentaux de l'homme, dans la dignité et la valeur de la personne humaine, dans l'égalité de droits des hommes et des femmes, ainsi que des nations, grandes et petites… »[85].

La Charte de l'ONU énumère parmi les objectifs de l'organisation, la promotion et l'incitation au respect des droits de l'homme et des libertés fondamentales pour tous sans distinction de race, de sexe, de langue ni de religion (art 1, § 3). Elle établit ainsi un double rapport[86] entre les droits de l'homme et ses objectifs. D'une part, le respect des droits de l'homme constitue non seulement une valeur en soi, mais surtout la condition indispensable au maintien de la paix et de la sécurité internationale. D'autre part, la paix que l'ONU entend sauvegarder ne se résout pas dans la seule absence de violence dans les relations internationales mais c'est une paix qui repose sur le respect des droits de l'homme. On comprend alors pourquoi la Déclaration universelle, née sur initiative de l'ONU, appelle les Etats à agir collectivement ou individuellement et à coopérer avec l'ONU pour promouvoir l'observance universelle et le respect des droits de l'homme ainsi que des libertés fondamentales (art. 55, lettre *c*, et art. 56).

Quant aux organes de l'ONU[87], ils étaient dépourvus de pouvoirs décisionnels obligeants (art. 13, § 1, lettre *b)* ; ils pouvaient seulement entreprendre des études, faire des recommandations, élaborer des projets de conventions. Tout comme l'ONU, leurs actions se heurtaient à l'obstacle de la

---

[85] In URL : < http://www.un.org/fr/sections/un-charter/preamble/index.html >, consulté le 19 décembre 2017 à 17h53.

[86] Cf. U. VILLANI, *Dalla Dichiarazione universale*, p. 18.

[87] Cf. PUBLICATIONS DE LA FONDATION MARANGOPOULOS POUR LES DROITS DE L'HOMME (FMDH), E. DECAUX (dir), *les Nations Unies et les droits de l'homme, enjeux et défis d'une réforme,* Editions A. Pedone, Paris 2006, pp. 63-68.

domestic jurisdiction, contemplée par l'art. 2, §7, qui empêche l'ONU d'intervenir dans les affaires internes d'un Etat même pour les questions des droits de l'homme. L'ONU se limitait à faire des actes généraux, des déclarations de principes ou des projets de conventions[88]. L'Assemblée Générale[89] (art. 13) et le Conseil économique et social (ECOSOC[90], art. 62 et 68) sont les deux principaux organes qui ont compétence en matière de droits de l'homme[91]. Mais successivement, d'autres organes se

---

[88] Aujourd'hui, au nom des problèmes humanitaires, on parle de droit d'intervention reconnu à l'ONU, notamment au Conseil de sécurité, en vue du maintien de la paix et de la sécurité (*responsability to protect*).

[89] Au sein de l'Assemblée Générale, il revient à la troisième commission de s'occuper des questions relatives aux droits de l'homme. Sa tâche consiste à débattre et négocier les projets de résolutions que l'Assemblée adoptera en plénière. Ainsi, l'Assemblée Générale, à cause de sa composition, est un lieu idéal pour les négociations multilatérales en vue des traités concernant les questions de droits de l'homme sur lesquelles elle recueille le consensus des Etats membres.

[90] Déjà en 1946, le Conseil Economique et Social, sur la base de l'article 68, institua très rapidement avec la résolution 5 (I) la commission pour les droits de l'homme dont la mission était de produire un texte comprenant les droits universels *(international bill of rights).* Cette commission fut remplacée en 2006 par le Conseil des droits de l'homme.

[91] On peut tout de même signaler l'article 76, désormais tombé en désuétude, et qui s'occupait du régime des tutelles, faisant obligation aux pays qui avaient la responsabilité de la tutelle de veiller au respect des droits humains et des libertés fondamentales : « Conformément aux buts des Nations Unies, énoncés à l'Article 1 de la présente Charte, les fins essentielles du régime de tutelle sont les suivantes : a. Affermir la paix et la sécurité internationales ; b. Favoriser le progrès politique, économique et social des populations des territoires sous tutelle ainsi que le développement de leur instruction ; favoriser également leur évolution progressive vers la capacité à s'administrer eux-mêmes ou l'indépendance, compte tenu des conditions particulières à chaque territoire et à ses populations, des aspirations librement exprimées des populations intéressées et des dispositions qui pourront être prévues dans chaque accord de tutelle ; c. Encourager le respect des droits de l'homme et des libertés fondamentales pour tous, sans distinction de race, de sexe, de langue ou de religion, et développer le sentiment de l'interdépendance des peuples du monde ; d. Assurer l'égalité de traitement dans le domaine social, économique et commercial à tous les membres de l'Organisation et à leurs ressortissants ; assurer de même à ces derniers l'égalité de traitement dans l'administration de la justice, sans porter préjudice à la réalisation des fins énoncées ci-dessus, et sous réserve des dispositions de l'Article 80 » in URL : < http://www.un.org/fr/sections/un-charter/chapter-xii/index.html >, consulté le 26 décembre 2017 à 1h14.

sont occupés de la protection des droits de l'homme même s'ils n'avaient pas compétence selon les dispositions initiales de la charte. On peut citer par exemple, le Conseil de sécurité[92], le secrétaire général, la Cour internationale de justice, le Conseil des droits de l'homme, le Haut-commissariat pour les droits de l'homme. Enfin, il n'est pas inutile de rappeler que l'ONU a été créée en remplacement de la Société Des Nations, en vue de préserver les générations futures du fléau de la guerre. Outre la Charte, nous devons prendre acte d'une spécialisation et donc d'une sectorialisation en matière de défense et de promotion des droits, donnant lieu à des accords sectoriels[93].

---

[92] Composé de quinze membres dont cinq permanents (Chine, France, Royaume-Uni, Russie et Etats-Unis) et dix élus chaque deux ans de façon rotatoire dans l'Assemblée Générale, le Conseil de sécurité est l'organe qui a compétence en matière de maintien de la paix et de la sécurité internationale. Il est pratiquement l'unique organe, en dehors de la Cour internationale de justice, qui peut produire des décisions à caractère obligatoire pour les Etats. Depuis la chute du mur de Berlin, le Conseil est intervenu à plusieurs occasions lors des graves conflits et crises humanitaires en rappelant les principes fondamentaux de la protection des populations civiles et l'exigence du respect des droits de l'homme. Il s'est fait le promoteur de l'institution en 1993 et 1994 des tribunaux pénaux internationaux pour la Yougoslavie et pour le Rwanda, pour juger les présumés responsables des violations des droits de l'homme qualifiées de crime de guerre, de crime contre l'humanité et de génocide. On peut aussi rappeler les interventions du Conseil de sécurité dans la crise au Darfour (2004), la protection des femmes et des enfants (résolution 1325 du 31 octobre 2000), la crise libyenne (résolution 1970 et 1973 de 2011). A cette occasion fut mise en relief l'applicabilité de la notion de *responsability to protect*. C'est une idée qui a émergé en 2005 au sein des Nations Unies lors du *world summit*, fruit d'un long et intense travail sur le plan tant diplomatique que militaire. La notion de *responsability to protect* est un instrument qui permet à la Communauté internationale de renforcer la prévention des violations massives des droits de l'homme et des génocides. En fait, l'objectif est de parer à l'inertie de la Communauté internationale, comme cela s'est vérifié lors de la guerre des Balkans, le génocide rwandais, la guerre au Kossovo et plus récemment la crise syrienne. Cf. S. ZAPPALÀ, *La tutela internazionale dei diritti umani*, pp. 51-61.

[93] Aux différents traités correspondent des organes pour veiller à leur application. On dénombre neuf organes de traités sur les droits de l'homme qui surveillent la mise en œuvre des principaux traités internationaux sur les droits de l'homme:

1) Le Comité des droits de l'homme (CCPR)
2) Le Comité des droits économiques, sociaux et culturels (CESCR)
3) Le Comité pour l'élimination de la discrimination raciale (CERD)

Chronologiquement, la première Convention de ce type porte sur l'élimination de toute forme de discrimination raciale, adoptée le 21 décembre 1965 par l'Assemblée Générale des Nations unies (un an avant le pacte international de 1966). Ensuite viennent la convention contre l'apartheid de 1973, la Convention sur l'éradication de toute forme de discrimination contre la femme (18 décembre 1979), la Convention contre la torture et tout traitement ou punition cruels, inhumains ou dégradants (10 décembre 1984), la Convention sur les droits de l'enfant[94](20 novembre 1989). Au nombre des conventions sectorielles les plus controversées figurent la Convention sur la protection des droits des travailleurs migrants et de leurs familles, signée le 18 décembre 1990 à New York, et la Convention relative aux droits des personnes vivant avec un handicap, le 13 décembre 2006. De la même année 2006 (20 décembre) date la Convention pour la protection des personnes contre *« la disparition forcée »,* entrée en vigueur le 23 décembre 2010, avec la signature de l'Irak portant à vingt le nombre des adhérents[95].

A ces conventions s'ajoutent les protocoles optionnels contraignants pour les Etats qui les ont ratifiés. Certes ils accompagnent les traités, cependant l'obligation de les respecter

---

4) Le Comité pour l'élimination de la discrimination à l'égard des femmes (CEDAW)
5) Le Comité contre la torture (CAT)
Sous-Comité pour la prévention de la torture (SPT)
6) Le Comité des droits de l'enfant (CRC)
7) Le Comité des travailleurs migrants (CMW)
8) Le Comité des droits des personnes handicapées (CRPD)
9) Le Comité des disparitions forcées (CED)

[94] Cette convention compte près de deux cents adhérents (193 pays) et parmi eux des Etats ne faisant pas partie de l'ONU. Le Saint-Siège est signataire de cette convention ; les Etats-Unis ne l'ont pas encore ratifiée.

[95] Selon l'article 39 de la Convention, pour son entrée en vigueur, il était nécessaire d'atteindre vingt adhérents : «1. La présente Convention entrera en vigueur le trentième jour après la date du dépôt auprès du Secrétaire général de l'Organisation des Nations Unies du vingtième instrument de ratification ou d'adhésion.
2. Pour tout État qui ratifiera la présente Convention ou y adhérera après le dépôt du vingtième instrument de ratification ou d'adhésion, la présente Convention entrera en vigueur le trentième jour après la date du dépôt par cet État de son instrument de ratification ou d'adhésion ».

ne vient pas du fait de la signature ou ratification desdits traités mais de la ratification spécifique de ces protocoles. En général, deux objectifs leur sont assignés : d'abord assurer la défense et la promotion de nouveaux droits, ensuite instituer ou renforcer les mécanismes de contrôle et de garantie en créant par exemple la possibilité pour les individus de dénoncer à titre individuel les différentes violations. Parmi ces protocoles, on peut citer le protocole optionnel du 10 décembre 1999 à la Convention sur les discriminations contre les femmes, ensuite le protocole de mai 2000 sur l'enrôlement des enfants dans les conflits armés ou celui lié au trafic d'enfants, à la prostitution et à la pornographie infantile, de mai 2000. En ce qui concerne les mécanismes de contrôle, une nouveauté mérite d'être relevée à cause de son unicité et de son impact : l'Examen Périodique Universel (EPU). Etabli par la résolution 60/251 à l'origine du Conseil des droits de l'homme, l'EPU fut adopté par l'Assemblée Générale le 15 mars 2006 et consiste à examiner les réalisations de l'ensemble des 193 Etats membres de l'ONU en matière de droits de l'homme[96]. Il est donc l'organe central du Conseil des droits de l'homme qui, en plus, a mis en place d'autres institutions, notamment les procédures spéciales[97] et la

---

[96] « Ce processus, basé sur la coopération, a permis en fin octobre 2011, d'examiner la situation des droits de l'homme des 193 Etats membres de l'ONU. Aucun autre mécanisme universel de ce type n'existe à l'heure actuelle. L'EPU est un des piliers sur lequel s'appuie le Conseil : il rappelle aux Etats leur responsabilité de respecter pleinement et de mettre en œuvre tous les droits de l'homme et libertés fondamentales. L'objectif ultime de l'EPU est d'améliorer la situation des droits de l'homme dans tous les pays et de traiter des violations des droits de l'homme, où qu'elles se produisent » : site internet du Haut-Commissariat des Nations Unies, in URL : < http ://www.ohchr.org/FR/HRBodies/Pages/HumanRightsBodies.aspx >, consulté le 19 décembre 2017 à 17h58.

[97]« ''Procédures spéciales'' est le terme généralement attribué aux mécanismes mis en place par le Conseil des droits de l'homme, qui s'occupent de la situation spécifique d'un pays ou de questions thématiques dans toutes les régions du monde. Il existe actuellement 42 mandats thématiques et 14 mandats par pays . Le Haut-Commissariat aux droits de l'homme met du personnel, une aide logistique et un service de recherche à la disposition de ces mécanismes pour les aider à s'acquitter de leurs mandats. Les mandats des procédures spéciales chargent en général les titulaires de ces mandats d'examiner, de superviser, conseiller et faire rapport sur les situations des droits de l'homme dans des pays ou territoires donnés, ce sont les mandats par

nouvelle procédure de requête. Celle-ci a été améliorée en vue d'atteindre l'impartialité, l'objectivité, l'efficacité, la faveur aux victimes et la célérité dans le processus[98].

Par ailleurs, en dehors du phénomène de la sectorisation et des protocoles additionnels en matière de droits de l'homme, un autre phénomène a vu le jour dès l'internationalisation des droits ; il s'agit de ce que l'on a appelé la « régionalisation »[99] qui consiste en la mise en place de mécanisme de contrôle judiciaire et de promotion des droits de l'homme dans les régions et les continents. Nous avons le Conseil de l'Europe[100]

---

pays, ou sur des phénomènes graves de violations des droits de l'homme dans le monde entier, ce sont les mandats thématiques. Les procédures spéciales peuvent déployer plusieurs types d'activités, notamment répondre à des plaintes individuelles, effectuer des études, conseiller en matière de coopération technique au niveau du pays, et se livrer à des activités générales de promotion. Dans le cadre de leurs activités, la plupart des procédures spéciales reçoivent des informations sur des allégations spécifiques de violations des droits de l'homme et envoient des appels urgents ou des lettres d'allégation aux gouvernements en demandant des explications », in URL : < http://www.ohchr.org/FR/HR Bodies/Pages/HumanRightsBodies.aspx >, consulté le 18 décembre 2017 à 19h04.

[98] « Le 18 juin 2007, le Conseil des droits de l'homme a adopté la résolution 5/1 intitulée ''Mise en place des institutions du Conseil des droits de l'homme'', par laquelle une nouvelle procédure de requête a été créée pour traiter tout ensemble de violations flagrantes et attestées par des éléments dignes de foi, de tous les droits de l'homme et de toutes les libertés fondamentales, quelles que soient la région du monde et les circonstances dans lesquelles elles sont commises. La procédure de requête traite les communications soumises par des personnes, des groupes ou des organisations non gouvernementales qui affirment être victimes de violations des droits de l'homme ou ayant une connaissance directe et fiable de ces violations. De même que l'ancienne procédure 1503, elle est confidentielle, de façon à renforcer la coopération avec l'État concerné. La nouvelle procédure de requête a été améliorée afin de s'assurer que la procédure de requête soit impartiale, objective, efficace, favorable aux victimes et conduite en temps utile », in URL :
< http://www.ohchr.org/FR/HR Bodies/Pages/HumanRightsBodies.aspx >, consulté le 18 décembre 2017 à 19h04.

[99] Cf. S. ZAPPALÀ, *La tutela internazionale dei diritti umani,* pp. 74-108.

[100] Institué par le traité de Londres le 5 mai 1949, suivant une intuition de Winston Churchill, le Conseil de l'Europe visait à créer en Europe un espace démocratique et juridique commun, en vue de la mise en œuvre de la Convention pour la sauvegarde des droits de l'homme et des libertés fondamentales qui allait être signée le 4 novembre 1950 dans le traité de

(47 Etats et une population de 800 millions) avec ses organes notamment la Cour de Strasbourg (1959), qui a effectué près d'une cinquantaine de contrôles sur les Etats membres. Toujours sur le continent européen, nous avons l'OSCE[101] (Organisation pour la sécurité et la coopération européenne), unique organisation qui compte, en plus des Etats européens, les Etats d'Asie centrale et d'Amérique du nord. Elle œuvre à la promotion des droits de l'homme, au niveau politique et opérationnel, à travers ses organes, en particulier le bureau pour les institutions démocratiques et des droits de l'homme, le représentant spécial pour la liberté d'information et la liberté d'expression ou le commissariat pour la protection contre les discriminations… Au même moment, sur le continent

---

Rome. Il est souvent confondu avec l'Union européenne ou pire, avec certains organes de cette dernière comme le Conseil européen (réunion des chefs d'Etats et de gouvernement des pays membres de l'Union européenne) ou le Conseil de l'Union européenne qui est l'organe dans lequel sont représentés les membres de l'Union au plan ministériel. Le Conseil de l'Europe est une organisation totalement différente, autonome et indépendante de l'Union européenne. A l'instar des grandes organisations internationales, il se structure à plusieurs niveaux allant de l'aspect politique jusqu'à celui technique. On y distingue le *comité des ministres*, organe politique renfermant les 47 ministres des affaires étrangères ou les ambassadeurs qui représentent leurs pays respectifs à Strasbourg. Ensuite *l'Assemblée parlementaire*, composée des représentants des parlementaires nationaux chargés de représenter leurs propres parlements au sein de l'assemblée. Il leur revient de définir les directives générales pour l'action du Conseil de l'Europe, d'être un organe de transparence, avec le rôle d'élire les juges de la Cour européenne des droits de l'homme. On a aussi le *Secrétariat,* composé d'environ deux milles fonctionnaires provenant des 47 Etats membres. C'est la structure de base et l'organe administratif de tout le système. Il est présidé par un secrétaire général, élu par l'Assemblée parlementaire. D'autres organes existent tels le *congrès des pouvoirs locaux et régionaux* ou *la Conférence des organisations non gouvernementales*, mais pour ce qui est spécifiquement de notre thème, il y a *La Cour européenne de*s droits de l'homme (certainement la plus connue), *le comité pour la prévention de la torture* et *le commissariat européen des droits de l'homme* sans oublier la figure de *« l'envoyé spécial »* instituée par l'Assemblée parlementaire afin de dénoncer toutes les formes de violations ayant trait aux droits de l'homme. Enfin signalons que cinq Etats sont observateurs : le Canada, le Saint-Siège, les Etats-Unis, le Japon et le Mexique.

[101] Cf. E. TAWIL, *Relations internationales*, Magnard-Vubert, Paris, 2017, pp. 201-203.

américain, fut créé au sein de l'Organisation de Etats Américains[102], un processus similaire avec l'adoption de la Déclaration de Bogota en 1948 puis la création de la commission interaméricaine pour les droits de l'homme en 1959. Cela a conduit à la conclusion de la Convention américaine des droits de l'homme disposant de la Cour interaméricaine. Quant à l'Afrique, après le vent des indépendances, elle n'est pas restée en marge de ce mouvement en faveur des droits de l'homme. Dans les années 1980, fut élaborée la Charte africaine[103] des droits et des devoirs des

---

[102] En 1948, la *Déclaration américaine des droits et des devoirs de l'homme*, bien avant l'adoption de la *Déclaration universelle* est un texte non contraignant qui, outre le fait de mentionner les devoirs à côté des droits, a donné lieu à une prise de conscience sur le continent américain. Cela a conduit à l'approbation en 1969 de la Convention américaine des droits de l'homme, à San José (Costa Rica), un texte à caractère obligatoire et contraignant entré en vigueur le 18 juillet 1978. La Convention a été ratifiée par 24 pays sur les 35 qui composent l'Organisation des Etats américains. Parmi les pays qui l'ont ratifiée, on peut citer l'Argentine, le Brésil, le Chili, la Colombie, le Pérou, le Venezuela. Il y a également des pays d'Amérique centrale : le Costa Rica, le Honduras, le Mexique, le Panama… Les Etats-Unis n'ont pas ratifié la Convention par peur des mécanismes de contrôle extérieur ou à cause de la supériorité avérée des garanties offertes par leur Constitution ; le Canada non plus n'a pas ratifié la Convention à cause de l'article 4 qui stipule que toute personne a droit à la sauvegarde de sa propre vie qui doit être protégée par la loi depuis le moment de la conception. Cet article contredirait une disposition de la loi interne canadienne pro avortement. Il est à noter aussi que la république de Trinité et Tobago, le 26 mai 1998, a décidé de se retirer de la Convention qu'elle avait signée le 28 mai 1991. Cette rétractation est intervenue suite à un désaccord avec les mécanismes de contrôle au sujet des exécutions capitales encore en vigueur dans ce pays. Deux protocoles additionnels à la Convention ont été signés, le premier le 8 juin 1990 au Paraguay, sur l'abolition de la peine de mort. Son entrée en vigueur n'étant pas conditionnée par l'exigence d'avoir un nombre donné de ratifications, il est entré en vigueur pour les 11 Etats qui l'ont ratifié. Le second protocole est dit protocole de Saint Salvador signé le 17 novembre 1998, relatif à l'inclusion des droits économiques, sociaux et culturels parmi le catalogue de droits à défendre. Il est entré en vigueur en novembre 1999. Quant aux organes, on a essentiellement *la Commission interaméricaine des droits de l'homme (*1959) et *la Cour interaméricaine des droits de l'homme* (1979) avec son siège à San José.

[103] La Charte africaine des droits de l'homme et des peuples, a été adoptée le 28 juin 1981 à Nairobi (Kenya), mais fut appelée Charte de Banjul (Gambie) par les chefs d'Etats de l'Organisation de l'Unité Africaine (OUA), devenue

aujourd'hui Union Africaine (UA). La Charte est entrée en vigueur le 28 octobre 1986 et comporte des organes de contrôle et d'actuation : *la Commission africaine des droits de l'homme et des peuples* et *la Cour africaine.* La Commission, a d'abord été située en Ethiopie, à Addis-Abeba, avant de siéger à Banjul en Gambie à partir d'octobre 1986. Un an après elle était fonctionnelle. Elle est l'organe principal, composé de 11 membres élus à bulletin secret par l'Assemblée des chefs d'Etat et de gouvernement pour un mandat de six ans renouvelable. Un président et un vice-président sont élus aussi à l'interne avec mandat de deux ans renouvelable, et ces derniers agissent en leurs noms propres et non au nom des pays dont ils sont originaires. Ils doivent donc être indépendants et impartiaux. La Commission se réunit deux fois dans l'année. Elle a pour fonction de faire des rapports à l'Assemblée des chefs d'Etats et de gouvernement, de faire des recommandations en vue de protéger les droits de l'homme. La Commission reçoit chaque deux ans des rapports périodiques de la part des Etats faisant l'état des lieux sur les questions de respect des droits et de la bonne gouvernance ; elle rassemble les documents, fournit des études, organise des conférences et séminaires, elle reçoit aussi les plaintes afférant aux violations individuelles sur requête des Etats membres ou d'organisations régionales. Mais au regard de la faible efficacité de la commission, s'est fait sentir la nécessité de créer un organe judiciaire. Ainsi *la Cour africaine des droits de l'homme* fut créée à Ouagadougou, le 9 juin 1998, par un protocole additionnel à la Convention, entré en vigueur le 25 janvier 2004, après avoir pu réunir les 15 ratifications alors nécessaires à cet effet. La Cour a son siège en Tanzanie, à Arusha et est composée de 11 juges élus pour un mandat de six ans renouvelable. En 2008, eut lieu la fusion de cette Cour avec la Cour de justice de l'Union Africaine et désormais la Cour des droits de l'homme fut renommée *Cour Africaine de justice et des droits de l'homme.* Elle se divise en deux chambres, la première dédiée aux questions des droits de l'homme, la seconde s'occupant des questions générales non liées aux droits de l'homme mais plutôt de nature institutionnelle, se rapportant au système même de l'Union Africaine. Deux particularités innovatrices dans le système africain de protection des droits de l'homme : d'abord, on peut porter devant la Cour non seulement toutes les violations prévues dans la Charte africaine des droits de l'homme mais aussi toutes les violations des droits de l'homme de n'importe quel traité international ratifié par un Etat membre du protocole (art. 3). Cela s'inscrit dans la logique du droit international qui, en matière de droits de l'homme, tend à ne plus donner tant d'importance au consentement des Etats mais plutôt à les transcender. C'est une expérience intéressante dans la mesure où cet instrument permet de renforcer la garantie de droits pour les conventions qui n'ont pas force obligeante ou qui prévoient seulement des mécanismes politiques non contraignants. La deuxième caractéristique innovatrice concerne la juridiction de la Cour. En effet, les textes disposent qu'aussi bien la fonction contentieuse que celle consultative de la Cour puissent être activées, certes, par les Etats membres, mais aussi par les individus et les Organisations non gouvernementales (ONG) pourvu que l'Etat cité ait ratifié ledit protocole et ait certifié à travers une déclaration spécifique

hommes et des peuples, avec par la suite l'institution de la Cour africaine des droits de l'homme. Cependant, jusque-là, certaines aires géographiques comme le Moyen-Orient[104] ou le continent asiatique, sont restées en dehors de ce processus de régionalisation. Les raisons ne semblent pas être seulement culturelles, comme on le penserait. Elles sont politiques et idéologiques, vu que plusieurs conceptions des droits de l'homme et de la notion de souveraineté étatique ont déstabilisé l'Asie, devenue dès lors le théâtre de conflits divers[105]. Somme toute, les divers mécanismes de contrôle et de protection aux niveaux international et régional, mis à la disposition des personnes, ont contribué à modifier notablement les relations entre l'individu et les pouvoirs publics. De sujet, l'individu devient protagoniste, capable d'opposer à la force de l'Etat le respect de ses droits.

A ce propos, le professeur Emile Georges Kouveglo fait une analyse perspicace des rapports entre l'Etat et l'individu. Le critère qu'il donne pour l'évaluation de la démocratie convient aussi à la question des droits de l'homme au niveau macroscopique, c'est-à-dire international. Il soutient que :

> « L'évaluation d'un système démocratique devrait donc prendre en considération non pas seulement les techniques d'une organisation équilibriste des institutions qui se partagent l'exercice du pouvoir, mais aussi les instruments juridiques dont dispose chaque membre (personne physique et juridique) de la société pour préserver son

---

qu'il reconnaissait à la Cour une telle compétence. Cf. S. ZAPPALÀ, *la tutela internazionale dei diritti umani,* pp. 103-106.

104 Cela, malgré la signature de la Charte arabe des droits de l'homme, entrée en vigueur, en mars 2008.

105 Il suffit de penser au conflit israélo-palestinien qui perdure et qui n'a pas encore été définitivement résolu, à la guerre en Afghanistan, aux crimes commis par les *khmers* rouges au Cambodge, aux tensions entre le Pakistan et l'Inde, ou à l'instabilité des rapports entre les deux Corées, à la Birmanie de Aung San Suu Kyi, au conflit opposant le gouvernement central et les Tigres Tamil au Sri Lanka, aux répressions sanglantes en Syrie, au Bahreïn ou au Yémen sans oublier les tensons irano-américaines. A cela s'ajoute la présence de nombreux Etats non démocratiques qui craignent les risques que comporterait une adhésion à un traité international sur les droits de l'homme si bien qu'ils abordent la question des droits avec défiance et méfiance.

intégrité contre les possibles disproportions (ou démesures) du pouvoir »[106].

Ainsi le critère déterminant pour évaluer aujourd'hui la tutelle des droits de l'homme serait la capacité offerte à l'individu de pouvoir faire valoir son droit face à autrui, certes, mais aussi face à l'Etat. C'est pourquoi, nous allons étudier de près, d'abord les conditions pour l'acceptation des réserves concernant les traités des droits de l'homme, et ensuite prospecter les possibilités juridiques qu'offre par exemple une tutelle des droits[107] devant la Cour européenne des droits de l'homme.

---

[106] E.G. KOUVEGLO, *Le gouvernement dans l'Eglise au regard des principes de démocratie,* p. 78.

[107] C'est sans doute le lieu de rappeler que l'évolution a consacré plusieurs types de droits que la doctrine traditionnelle classe désormais en « générations ». Les droits dits de première génération sont les *droits civils et politiques,* objet spécifique du pacte international des droits civils et politiques du 16 décembre 1966. D'inspiration libérale et occidentale, déjà proclamés et reconnus dans de célèbres Déclarations ou législations étatiques, comme les Déclarations de certains états américains depuis 1776 ou la Constitution américaine de 1787 et la Déclaration française des droits de l'homme et du citoyen de 1789, ces droits sont considérés comme innés en chaque être humain et doivent être identifiables en tout lieu et en tout temps. Au nombre des droits civils, on peut citer le droit à l'égalité devant la loi, le droit à la liberté personnelle, le droit à un procès équitable, les droits dérivant des principes de la légalité du crime et légalité de la peine, la prohibition de l'esclavage, la liberté de mouvement et de résidence, le droit au respect de sa vie privée, la liberté d'information, de pensée, de religion…Parmi les droits politiques, il y a le droit d'association politique, le droit de vote (droit passif et droit actif). La deuxième génération de droits se rapporte aux *droits économiques et culturels* (eux aussi faisaient partie du pacte international de 1966). Ils représentent, d'une part, les apports de l'idéologie socialiste, et d'autre part, le résultat de la féconde tradition chrétienne de la solidarité. L'homme n'est plus vu seulement de façon abstraite idéalisée mais comme une personne concrète qui vit, ici et maintenant, avec des besoins et des aspirations. Alors, on lui reconnait le droit de travailler, le droit d'association syndicale, de grève, le droit à la protection de la famille, le droit à l'assistance sanitaire, à l'instruction… La troisième génération de droits est le fruit de la lutte des pays du Tiers-monde afin de s'émanciper de la domination étrangère, une domination d'abord politique et ensuite économique. Ce sont des droits appartenant à la fois à l'individu et au peuple dont il est membre. Il s'agit du droit à l'autodétermination des peuples déjà prôné par le premier article du pacte international de 1966, le droit au développement (aujourd'hui on dirait développement durable), adopté dans la résolution 41/128 du 4 décembre

En ce qui concerne les réserves, il faut noter que la jurisprudence des Cours et les pratiques des autres organes de contrôle non judiciaires sont conditionnées par le critère de spécialité qui caractérise la matière des droits de l'homme au niveau international. Il en découle essentiellement la tendance à toujours chercher la participation la plus large aux traités des droits de l'homme, à doter les organes de contrôle et de protection de la compétence relative à l'examen des critères d'admissibilité ou non des réserves aux traités, enfin à déterminer les effets juridiques en cas d'inadmissibilité d'une réserve[108]. Le premier grand apport jurisprudentiel important dans l'évolution de la discipline des réserves concernant les droits de l'homme, vient de la Cour internationale de justice

---

1986 en tant que droit inaliénable auquel chaque homme et tous les peuples doivent participer et contribuer ainsi à créer un développement économique, social, culturel et politique, où tous les droits de l'homme et les libertés fondamentales pourront être pleinement réalisés. On observe une tendance à l'extension de ces droits avec le droit à un environnement sain, à la paix (objet de la résolution 39/11 du 12 novembre 1984 de l'Assemblée Générale), le droit à bénéficier des ressources faisant partie du patrimoine commun de l'humanité, le droit des générations futures. L'intérêt de cette troisième génération de droits, c'est de souligner le lien intrinsèque entre les droits de l'individu et ceux du peuple d'appartenance, en ce sens qu'il serait quasi impossible de respecter les droits des personnes si ladite société n'était pas avancée en indépendance, en démocratie, en développement, toute chose devenue désormais la condition indispensable de la jouissance des droits. La coopération internationale devrait viser à éliminer les causes structurelles qui compromettent la jouissance effective de ces droits, consciente que leur revendication se fera surtout par rapport au pouvoir de l'Etat auquel l'individu est soumis. Enfin, la quatrième génération est celle qui semble la plus problématique en ce sens qu'il est difficile d'en recenser clairement les valeurs communes. Elle touche l'ensemble des droits à défendre face aux développements technologiques, scientifiques qui présentent naturellement des bénéfices en faveur de l'homme mais aussi des risques pour son intégrité physique et surtout pour son intégrité morale. Il s'agit des droits de la bioéthique, tels que l'interdiction des manipulations génétiques, l'interdiction du clonage humain, le principe du consentement préalable dans les traitements médicaux. La base de ces principes se trouve dans la dignité humaine qu'il faut protéger. Cf. U. VILLANI, *Dalla Dichiarazione universale*, pp. 21-27.

[108] Pour les besoins de notre étude, nous voulons nous limiter à relever quelques aspects de la jurisprudence internationale concernant les réserves aux traités des droits de l'homme, plutôt que de traiter de cette jurisprudence dans le cadre des réserves aux traités en général.

qui, dans son avis du 28 mai 1951 relatif aux réserves à la convention du 9 décembre 1948 sur la prévention et la répression du crime de génocide, va permettre un développement ultérieur par rapport à la discipline classique. Ce développement se trouve codifié dans le droit des traités de la Convention de Vienne du 23 mai 1969 aux articles 19 à 23 et dans les dispositions analogues de la Convention de Vienne du 21 mars 1986 sur le droit des traités entre les Etats et les Organisations internationales et entre Organisations internationales. Avant cet avis de la Cour internationale de justice, conformément aux travaux accomplis au sein de la Société Des Nations, la règle était qu'une réserve à un traité n'était admissible que si elle était acceptée de tous les Etats membres et donc seulement si le texte même de la Convention la prévoyait. Dans le cas où une réserve n'était pas expressément prévue par la Convention, elle s'avérait inadmissible et rendait invalide la convention elle-même pour l'Etat intéressé par la réserve. On appliquait donc le principe d'intégrité des traités, conséquence directe de la logique du consensus. Avec une réserve non prévue, on ne pouvait pas atteindre entre les Etats l'*in idem consensus.*

Contrairement à cela, l'avis de la Cour a opté pour la flexibilité des conventions en disposant qu'une réserve ne doit pas constituer une entrave à la participation à la convention de l'Etat réservant pourvu que ladite réserve soit compatible avec l'objet et le but de la convention elle-même et exclusivement applicable aux seuls rapports avec les autres signataires qui auraient accepté la réserve. La solution libérale adoptée par la Cour dans cet avis[109] concernant strictement la Convention sur la prévention et la répression du crime de génocide, souligne la volonté claire et déterminée de l'Assemblée Générale des Nations Unies d'amplifier la participation aux conventions des droits de l'homme, en raison du régime de spécialité de la

[109] Cet avis avait été demandé par l'Assemblée Générale des Nations Unies qui l'adopte, par la suite. Il n'entend certes pas donner une règle générale au sujet de l'admission des réserves aux traités, mais se limite au cas du crime de génocide : « *The questions thus having a clearly defined object, the replies which the Court is called upon to give to them are necessarily and strictly limited to that convention* » (*I. C. J. Reports 1951,* p. 20)

matière. Cela montre aussi la valeur éminente non négociable de l'objet et du but de ces conventions, auxquels aucune réserve ne saurait déroger. Le verrou de la conformité des réserves à l'objet et au but des traités des droits de l'homme joue un rôle de garantie institutionnelle de sorte qu'une réserve ne peut plus être une excuse ni un prétexte pour se dérober à la protection des droits de l'homme. La thèse classique de l'intégrité des conventions devrait plutôt s'appeler intégralité des conventions en ce sens que prédomine une vision holistique. Tandis que dans l'avis de la Cour, il y a le primat de l'objet et du but de la Convention sur son acceptation globale. La Cour opère une descente au cœur de la convention du génocide pour préserver son intégrité, donnant ainsi aux réserves une place marginale pas forcément banale, mais qui ne dénature pas le fond de la Convention.

En définitive, il est préférable de parvenir à un accord sur l'essentiel d'une convention plutôt que de courir le risque d'un rejet de la convention. Cette option nous semble raisonnable en ce sens qu'elle offre une large couverture géographique à la question des droits de l'homme sans sacrifier l'essentiel au profit du consensus. De plus, au critère objectif de la possibilité d'admettre une réserve, pourvu que celle-ci ne soit pas en contradiction avec l'objet et le but de la convention, s'ajoute un critère subjectif qui signe l'entrée en vigueur de la convention entre l'Etat auteur de la réserve et les Etats ayant accepté la réserve. Le rejet de la réserve annihile l'entrée en vigueur de la convention à condition que l'Etat objectant ait nettement *« definitively »* exprimé une telle intention (art. 20 § 4, b). On peut donc observer comment il est possible qu'une même convention instaure entre les Etats un spectre relationnel diversifié faisant ainsi distinction entre les Etats qui acceptent intégralement la convention, entre ceux qui formulent une réserve et ceux qui acceptent ladite réserve, pour lesquels le traité entre en vigueur avec exclusion de la clause, objet de la réserve ; entre ceux qui formulent une réserve et ceux qui rejettent vigoureusement la réserve, pour lesquels le traité n'est pas entré en vigueur. Chaque Etat signataire exerce de fait un pouvoir diffus de contrôle de la convention. On devine aisément la fragmentation et la complexité qui en résultent en fonction du nombre des Etats émetteurs de réserves, du nombre des réserves, des différentes clauses de réserve variant d'un Etat à l'autre, des relations des autres Etats signataires vis-à-vis des Etats auteurs de réserves, en considérant chacune des clauses objet de réserve[110]. Ces deux aspects objectif et subjectif ont pour conséquence de rendre difficilement applicable aux traités des droits de l'homme les articles 19 à 23 de la Convention de Vienne sur les traités, d'une part à cause de la présence des organes de contrôle judiciaire et parajudiciaire, d'autre part en raison du fait que ces traités ne se situent pas dans une logique synallagmatique d'obligations et d'avantages réciproques entre les Etats signataires, mais ils veillent à garantir des valeurs objectives liées à la protection des êtres humains.

La jurisprudence des Cours européenne et américaine fut approuvée par les différents comités institués dans le cadre des Nations Unies pour les droits de l'homme, en particulier le Comité des droits de l'homme inscrit dans le pacte du 16 décembre 1966 sur les droits civils et politiques. A l'instar des Cours, le Comité réclame la compétence pour se prononcer dans les affaires ayant trait à la recevabilité d'une réserve ou à son rejet. Mais le problème ici, c'est qu'en ce qui concerne les comités, ils ne sont pas souvent dotés de la faculté d'édicter des normes à caractère obligatoire pour les Etats signataires des conventions et, par ailleurs, ni les textes des conventions, ni les protocoles additionnels ne prévoient habituellement de façon claire et expresse cette compétence pour les comités. Ceci étant, les comités ne peuvent que se limiter à faire leurs recommandations, laissant aux Etats le soin de les apprécier favorablement ou défavorablement. Les Etats peuvent alors décider de la validité de leur réserve ou récuser la compétence des comités. Il serait toutefois erroné de penser que l'absence d'une clause de la convention attribuant la compétence aux comités en matière de réserve soit synonyme d'assujettissement des comités aux décisions unilatérales prises par les Etats. Par conséquent, les comités pourront examiner les rapports et les communications venant des individus, exprimant par la même occasion leurs considérations et observations dont les Etats

[110] Cf. U. VILLANI, *Dalla Dichiarazione universale*, pp. 37-45.

tiendront compte ou non. Il faut de toute évidence reconnaitre que les organes de contrôle non juridictionnels possèdent, dans certains cas, un vrai pouvoir de décision sur l'admissibilité des recours individuels ou étatiques. Si effectivement les comités jouissent de la compétence de recevoir les communications des Etats au cas où ces communications portent sur une clause de réserve, alors inéluctablement la compétence des comités s'étend également à l'examen de la validité de la réserve en question. De cette manière, on arrive à contourner le problème de l'absence d'une clause de compétence pour donner aux comités un droit de regard sur les réserves (art. 41). Une fois affirmée la compétence des organes de contrôle à se prononcer sur les réserves, reste la question de savoir substantiellement quels sont les critères qui permettent de vérifier la compatibilité d'une réserve avec l'objet et le but d'une convention relative aux droits de l'homme. Le texte de référence, dans ce cas de figure, demeure l'observation générale n. 24 du Comité des droits de l'homme, le 2 novembre 1994[111].

---

[111] Précisément, au numéro 8 qui stipule clairement : « Des réserves contraires à des normes impératives ne seraient pas compatibles avec l'objet et le but du Pacte. Les traités qui constituent un simple échange d'obligations entre Etats autorisent certes ceux-ci à formuler entre eux des réserves à l'application de règles du droit international général, mais il en est autrement dans le cas des instruments relatifs aux droits de l'homme qui visent à protéger les personnes relevant de la juridiction des Etats. En conséquence, les dispositions du Pacte qui représentent des règles de droit international coutumier (a fortiori lorsqu'elles ont le caractère de normes impératives) ne peuvent pas faire l'objet de réserves. Ainsi, un Etat ne peut se réserver le droit de pratiquer l'esclavage ou la torture, de soumettre des personnes à des traitements ou peines cruels, inhumains ou dégradants, de les priver arbitrairement de la vie, de les arrêter et de les détenir arbitrairement, de dénier le droit à la liberté de pensée, de conscience et de religion, de présumer une personne coupable tant que son innocence n'a pas été établie, d'exécuter des femmes enceintes ou des enfants, d'autoriser l'incitation à la haine nationale, raciale ou religieuse, de dénier à des personnes nubiles le droit de se marier, ou de dénier aux minorités le droit d'avoir leur propre vie culturelle, de professer leur propre religion ou d'employer leur propre langue. Et si des réserves à des dispositions particulières de l'article 14 peuvent être acceptables, une réserve générale au droit à un procès équitable ne le serait pas », in URL : < http://hrlibrary.umn.edu/gencomm/french/f-HRC-comment24.htm >, consulté le 26 décembre 2017 à 11h22.

De cette observation se dégagent trois critères de compatibilité : 1) avec les règles coutumières à *fortiori* quand elles sont impératives, 2) avec les droits, objet de la convention en question et qui ne peuvent faire l'objet d'aucune réserve même en temps de guerre, de danger public exceptionnel ou de menace à l'existence de la nation, 3) avec les dispositions de l'accord qui instituent des mécanismes de garantie et de contrôle des droits de l'homme pour vérifier leur effectivité[112]. La Cour européenne des droits de l'homme a cependant tenu à préciser que l'invalidité d'une réserve concernant les mécanismes de contrôle et de garantie n'est pas extensive à d'autres procédures comme celles mises en œuvre devant la Cour internationale de justice dont la fonction de résolution des conflits entre Etats est plus large. L'invalidité concerne uniquement les seuls mécanismes spécialement voués à la protection des droits de l'homme. La sentence de la Cour européenne dans le cas *Loizidou* c. *Turquie* illustre bien cette pratique. En effet, dans cette affaire, la Cour a rejeté l'argument de la Turquie qui défendait sa réserve en soutenant que l'admissibilité des réserves par rapport aux procédures juridictionnelles est une pratique confirmée par les nombreuses réserves au sujet de l'acceptation de la juridiction de la Cour internationale de justice. La Cour européenne, après avoir reconnu l'admissibilité de telles réserves, a répondu que cette pratique ne pouvait cependant s'étendre aux organes institués par la Convention européenne des droits de l'homme en raison des différences fondamentales existant entre ces organes et la

---

[112] A ce sujet, l'énoncé le plus significatif est celui contenu dans la sentence de la Cour européenne des droits de l'homme, le 23 mars 1995, *Loizidou* c. *Turquie* (exceptions préliminaires). Conformément à l'observation générale n. 24, la Cour soulignait que les articles de la Convention européenne qui autorisaient les recours individuels (jadis à la Commission) et étatiques étaient des normes essentielles à l'efficacité de la Convention. Car elles situaient la responsabilité de la Commission et de la Cour qui est d'assurer le respect des obligations de la Convention par les parties contractantes. Ces normes représentaient des dispositions-clé en lien avec le caractère spécifique de la Convention. De ce fait, une réserve à ces normes affaiblirait gravement le rôle de la Commission et de la Cour empêchant du même coup l'application de la Convention. D'où l'invalidité d'une telle réserve (par. 89). On peut également se référer à la décision du Comité des droits de l'homme *Kennedy* c. *Trinidad et Tobago*, par. 6 (en relation avec le premier protocole facultatif au pacte).

Cour internationale de justice. Cette dernière a pour fonction d'examiner toutes les controverses entre les Etats à la lumière des principes du droit international, partout sur le globe et quelle que soit la matière de droit international.

La Cour internationale de justice, contrairement aux organes institués susmentionnés, ne se limite pas à exercer une fonction de contrôle exclusivement sur la Convention européenne des droits de l'homme. C'est donc la fonction de contrôle des droits de l'homme qui justifie le caractère intangible des procédures et mécanismes de contrôle indispensables à sauvegarder l'objet et le but de la Convention européenne. Pour mettre plus en relief le contraste entre les deux Cours, il est intéressant de voir la position opposée de la Cour internationale de justice qui, à plusieurs reprises, a affirmé la compatibilité des réserves concernant sa propre compétence avec l'objet et le but de la Convention du 9 décembre 1948 pour la prévention et la répression du crime de génocide, ex art. IX. Cette position vaut même par rapport à la responsabilité d'un Etat génocidaire ou responsable d'autres actes cités dans l'article III. La raison est toute simple, c'est que la jurisprudence de la Cour internationale de justice se fonde sur le consensus des parties, peu importe si la controverse se rapporte à des normes absolues *erga omnes* ou celles impératives du *ius cogens.* Ainsi, au sujet des opérations armées sur le territoire congolais, dans la sentence du 3 février 2006, *Congo* c. *Rwanda,* la Cour internationale de justice, suivant l'article IX[113] et l'article 22 de la Convention internationale pour l'élimination de toute forme de discrimination raciale du 21 décembre 1965, a estimé qu'une

---

[113] La convention est entrée en vigueur le 12 janvier 1951. L'article IX dispose: « Les différends entre les Parties contractantes relatifs à l'interprétation, l'application ou l'exécution de la présente Convention, y compris ceux relatifs à la responsabilité d'un Etat en matière de génocide ou de l'un quelconque des autres actes énumérés à l'article III, seront soumis à la Cour internationale de justice, à la requête d'une partie au différend », in URL : < https://www.admin.ch/opc/fr/classified compilation/19994549/201406110000/0.311.11.pdf >, consulté le 26 décembre 2017 à 11h35. Et justement l'article III affirme : Seront punis les actes suivants:(a) Le génocide ; (b) L'entente en vue de commettre le génocide ; (c) L'incitation directe et publique à commettre le génocide ; (d) La tentative de génocide ; (e) La complicité dans le génocide.

réserve à un tel article (IX) était recevable puisqu'elle portait uniquement sur la juridiction de la Cour et non sur la teneur des actes de génocide[114]. La réserve du Rwanda « qui vise à exclure un moyen particulier de régler un différend » ne rejette pas automatiquement les autres moyens de régler les conflits, surtout ceux institués dans le domaine des droits de l'homme et destinés alors à contrôler le bon respect de ces droits. D'ailleurs, Alain Pellet, le Rapporteur spécial près la Commission du droit international des Nations Unies sur les réserves aux traités, soutient qu'une réserve à une norme conventionnelle relative au règlement des conflits ou au contrôle sur l'application du traité n'est pas en soi incompatible avec l'objet et le but du traité à moins que: « i) la disposition sur laquelle porte la réserve constitue la raison d'être du traité, ou ii) la réserve n'ait pour effet de soustraire son auteur à un mécanisme de règlement des différends ou de contrôle de la mise en œuvre du traité au sujet d'une disposition conventionnelle qu'il a antérieurement acceptée si l'objet même du traité est la mise en œuvre d'un tel mécanisme »[115].

---

[114] Paragraphe 67 : « La réserve du Rwanda à l'article IX de la Convention sur le génocide porte sur la compétence de la Cour et n'affecte pas les obligations de fond qui découlent de cette Convention s'agissant des actes de génocide eux-mêmes. Dans les circonstances de l'espèce, la Cour ne peut conclure que la réserve du Rwanda, qui vise à exclure un moyen particulier de régler un différend relatif à l'interprétation, à l'application ou à l'exécution de la Convention, doit être regardée comme incompatible avec l'objet et le but de cette Convention », in URL : < http://www.icj-cij.org/files/case-related/126/126-20060203-JUD-01-00-FR.pdf >, consulté le 26 décembre 2017 à 11h48.
Paragraphe 68 : « De fait, la Cour a déjà eu l'occasion, par le passé, de donner effet à de telles réserves à l'article IX de la Convention (voir Licéité de l'emploi de la force (Yougoslavie c. Espagne), mesures conservatoires, ordonnance du 2 juin 1999, C.I.J. Recueil 1999 (II), p. 772, par. 32-33 ; Licéité de l'emploi de la force (Yougoslavie c. Etats-Unis d'Amérique), mesures conservatoires, ordonnance du 2 juin 1999, C.I.J. Recueil 1999 (II), p. 924, par. 24-25). S'agissant du droit des traités, la Cour notera par ailleurs que, lorsque le Rwanda a adhéré à la Convention sur le génocide et a formulé la réserve en question, la RDC n'y a pas fait objection », in URL : < http://www.icj-cij.org/files/case-related/126/126-20060203-JUD-01-00-FR.pdf >, consulté le 26 décembre 2017 à 11h48.

[115] Dixième rapport sur les réserves aux traités de 2005, A/CN.4/558/Add. 2, Annexe, texte des projets de directives concernant les réserves aux traités

Ces directives sont en faveur d'une incompatibilité de la réserve avec l'objet et le but de la convention quand l'enjeu concerne les mécanismes de contrôle du respect des droits de l'homme. De façon générale, lorsqu'un Etat rejette la réserve d'un autre, l'accord ne rentre pas en vigueur entre eux et il devient impossible d'instaurer des organes de contrôle dans leurs rapports réciproques. Mais, se détachant de cette discipline, les organes de contrôle des droits de l'homme ont développé une position tout à fait différente, celle de la *severability doctrine* qui consiste à admettre la possibilité d'une réserve jugée invalide par un organe compétent sans que cela ne mette en péril l'acceptation de la convention elle-même. La clause, objet de la réserve vient à être séparée du reste de l'accord et c'est la seule volonté négative de l'Etat exprimée dans la réserve qui est alors invalide laissant valide tout l'accord. Ainsi s'applique la règle du *« utile per inutile non vitiatur »* de sorte que reste intacte, pleine et inconditionnelle l'acceptation de l'accord. La Cour européenne des droits de l'homme a été le plus grand défenseur[116] de cette doctrine de la *severability doctrine* qui fut adoptée aussi par la Cour interaméricaine[117] des droits de l'homme de même que le Comité[118] des droits de l'homme. Cette jurisprudence se

---

proposé dans le présent rapport, 3.1.13, in U. VILLANI, *Dalla Dichiarazione universale*, p. 50.

[116] Dans la sentence *Belilos* c. *Suisse* du 29 avril 1988, la Cour a affirmé : « [...] A n'en point douter, la Suisse est et s'estime liée par la Convention indépendamment de la validité de la Déclaration. Du reste, son Gouvernement reconnaît la compétence de la Cour pour trancher cette dernière question, dont il a traité devant elle. Partant, il y a lieu de rejeter l'exception préliminaire soulevée par lui » (CEDH, Cour (Plénière), 29 avr. 1988, n° 10328/83), in URL : <https://www.doctrine.fr/d/CEDH/HFJUD/CHAMBER/1988/CEDH001-61992 >, consulté le 26 décembre 2017 à 12h04.

[117] Voir la sentence du 1 septembre 2001, *Benjamin et autres* c. *Trinidad et Tobago* (exceptions préliminaires), paragraphes 69-89 et *Constantine et autres c. Trinidad et Tobago* (exceptions préliminaires) paragraphes 69-89.

[118] Voir toujours l'Observation générale n. 24, paragraphe 18 : « Il incombe nécessairement au Comité de déterminer si une réserve donnée est compatible avec l'objet et le but du Pacte, en partie parce que, comme on l'a vu plus haut, cette tâche n'est pas du ressort des Etats parties s'agissant d'instruments relatifs aux droits de l'homme, et en partie parce que le Comité ne peut se soustraire à cette tâche dans l'exercice de ses fonctions. Afin de savoir

rattache à celle de l'avis de 1951 émanant de la Cour internationale de justice.

Toutes deux ont en commun la volonté de permettre une large participation aux conventions des droits de l'homme, mais empruntent des méthodes différentes : la flexibilité de l'accord pour la Cour internationale de justice et l'intégrité dans le cas de réserves inadmissibles pour la Cour européenne et le Comité des droits de l'homme. A propos de la jurisprudence des organes de contrôle des droits de l'homme, Ugo Villani parle de coup de force : *« Tale giurisprudenza comporta invero, una forzatura rispetto al fondamento consensuale della obbligatorietà dei trattati »*[119]. Cette *« forzatura »* qui, en réalité, joue un rôle important de garantie pour la sauvegarde des droits de l'homme se décline en trois exigences essentielles. D'abord l'exigence d'une méthode objective pour l'évaluation des réserves aux traités des droits de l'homme. Elle consiste à vérifier la conformité de la réserve avec l'objet et le but de la convention. Ensuite, l'exigence de reconnaître la compétence des organes tant judiciaires que non judiciaires à se prononcer sur le fondement et la recevabilité des réserves. Enfin, l'exigence de la *severability doctrine* qui, en cas de réserve inadmissible limiterait les effets de l'invalidité à la seule réserve sans pour autant vicier l'acceptation de la convention qui, elle, reste valide y compris la clause objet de la réserve *(viziatur sed*

---

jusqu'où va son devoir d'examiner dans quelle mesure un Etat s'acquitte de ses obligations au titre de l'article 40 ou d'examiner une communication soumise en vertu du premier Protocole facultatif, il doit nécessairement se faire une idée de la compatibilité d'une réserve avec l'objet et le but du Pacte et avec le droit international général. En raison du caractère particulier d'un instrument relatif aux droits de l'homme, la compatibilité d'une réserve avec l'objet et le but du Pacte doit être établie objectivement, en se référant à des principes juridiques. Le Comité est particulièrement bien placé pour s'acquitter de cette tâche. La conséquence normale d'une réserve inacceptable n'est pas que le Pacte restera totalement lettre morte pour l'Etat auteur de la réserve. Une telle réserve est dissociable, c'est-à-dire que le Pacte s'appliquera à l'Etat qui en est l'auteur, sans bénéficier de la réserve », in URL : < http://hrlibrary.umn.edu/gencomm/french/f-HRC-comment24. htm >, consulté le 26 décembre 2017 à 11h22.

[119] « Une telle jurisprudence comporte réellement un forçage (effraction) par rapport au fondement consensuel du caractère obligatoire des traités » (U. VILLANI, *Dalla Dichiarazione universale*, p. 53).

non vitiat). Le mécanisme adopté par la Cour européenne[120] et le Comité est une traduction juridique positive de l'indisponibilité de la dignité humaine et des droits de l'homme[121]. Il s'agit de défendre les droits des personnes qui sont sous la juridiction des Etats, pas seulement de rester au niveau de la réciprocité des rapports interétatiques. Sans aller jusqu'à imposer les traités des droits de l'homme aux Etats, le mérite se trouve dans la formulation de l'obligation qui incombe à chaque Etat vis-à-vis de ses citoyens. Cela donne compétence aux organes de contrôle de pouvoir recevoir des

---

[120] Cette jurisprudence de la Cour ne semble cependant pas toujours exempte de toute critique en ce sens qu'elle a manqué de cohérence dans certaines de ses sentences. Ainsi, les sentences du 12 décembre 2001, *Bankovic et autres* c. *Belgique et 16 autres Etats* et du 14 décembre 2006, *Markovic* c. *Italie,* dans lesquelles la Cour a déclaré l'irrecevabilité des recours, paraissent principalement motivées par l'intention de ne pas se prononcer au sujet d'un fait politiquement brûlant et risqué comme celui du bombardement massif des populations par les pays de l'OTAN lors de l'opération humanitaire pendant la crise du Kosovo. Le bombardement de la Télévision de Belgrade, le 23 avril 1999, fut le point culminant de ces opérations faisant délibérément de nombreuses victimes parmi la population civile. Par ailleurs, au sujet de la compétence *ratione materiae*, la Cour a connu une évolution qui l'a conduite à ne pas se limiter aux droits reconnus par la Convention européenne mais de défendre aussi les droits non expressément reconnus. On peut mentionner la sentence du 7 juillet 1989, *Soering c. Royaume-Uni*, où la Cour a estimé que le requérant courait le risque d'être extradé en Virginie aux Etats-Unis, pour être jugé et condamné pour homicide multiple. Il serait donc passible de la peine de mort qui était légale selon la législation de l'époque (art 2). Cependant à cause du fait que le condamné devait subir le syndrome du « couloir de la mort » avant son exécution capitale, la Cour a affirmé que l'extradition violerait l'article 3 qui interdit la torture, les peines, les traitements inhumains et dégradants. L'autre cas intéressant montrant l'extension des compétences de la Cour se rapporte à la sentence *Guerra et autres c. Italie* du 19 février 1998, où la Cour reconnaît que les déchets produits par les presses Manfredonia et les dommages subséquents constituent des violations de l'article 8 qui traite du droit à la vie privée et familiale. De façon indirecte, dans cette sentence, la Cour défend le droit à un environnement sain, droit qui n'est pas expressément contemplé par la Convention européenne des droits de l'homme. Le même cas de figure se présente en ce qui touche le droit de grève, des contrats collectifs, indirectement traités par l'article 11 sur la liberté d'association syndicale. Cf. U. VILLANI, *Dalla Dichiarazione universale*, pp. 78-79.

[121] Cf. O. FROUVILLE, *l'intangibilité des droits de l'homme en droit international*, Editions A. Pedone, Paris, 2004

plaintes en cas de violations. Pour approfondir le sujet, nous nous demandons comment concrètement se comporte par exemple la Cour européenne devant les recours.

1.2.2. La tutelle des droits à la Cour Européenne de Justice

Comme nous l'avons vu, les sujets habilités[122] à présenter une requête à la Cour européenne des droits de l'homme sont les Etats et les individus à condition de relever de la juridiction des Etats membres. Quant aux Etats, selon l'article 33, leur requête n'est pas conditionnée par l'intérêt d'agir si bien que tout Etat peut dénoncer des violations ou des entorses aux dispositions de la Convention même s'il n'est pas concerné en premier chef ou même si aucun de ses citoyens n'est impliqué. On parle en d'autres termes d'agir au nom de l'intérêt objectif des droits reconnus par la Convention. Quant à l'individu, selon l'article 34, il désigne une personne physique, une organisation non gouvernementale ou un groupe de particuliers. Ils recourent à la Cour seulement s'ils pensent avoir été lésés dans leurs droits par une des Hautes parties contractantes. Le droit de recours de l'individu est garanti par l'obligation faite aux Etats signataires de la Convention de ne pas empêcher par quelque mesure que ce soit son exercice effectif. La qualité de victime exige que le requérant prétende avoir été la victime d'une violation directe et actuelle d'un droit dont il est titulaire. Sa requête peut être également présentée par d'autres personnes comme le conjoint ou autres parents au cas où la victime serait dans l'impossibilité de le faire ou décédée. L'actualité de la violation signifie que cette violation soit déjà effectivement commise ou qu'il subsiste un risque sérieux et raisonnable d'une violation à venir à cause par exemple d'une décision d'expulser l'intéressé vers un pays où sans nul doute il pourrait être soumis à la torture. En revanche, ne peut recourir à la Cour une personne s'estimant « victime potentielle » à cause de l'existence d'une loi, qui si elle était appliquée à son encontre constituerait une violation de ses droits. A maintes reprises la

---

[122] Cf. U. VILLANI, *Dalla Dichiarazione universale*, pp. 78-79. Voir aussi H. OBERDORFF - J. ROBERT, *Libertés fondamentales et droits de l'homme,* p. 38.

Cour a insisté sur le fait qu'elle avait compétence non pas à juger les lois des Etats contractants mais seulement les violations concrètement perpétrées[123].

Les conditions[124] de recevabilité des requêtes tant individuelles qu'étatiques sont fixées par l'article 35 (paragraphe 1) qui distingue des conditions communes aux deux types de requêtes et des conditions particulières à chacune. Les conditions communes consistent en l'épuisement préalable des recours internes et en la présentation de la requête dans un délai de six mois successifs à la décision interne définitive. La première condition implique que le requérant doive d'abord avoir utilisé vainement tous les moyens ordinaires de la protection judiciaire du pays accusé de violation. Cela montre non seulement la position subsidiaire de la Cour européenne par rapport aux Cours internes des Etats contractants mais encore la responsabilité principale de la juridiction nationale dans la protection offerte aux citoyens. En effet, selon les dispositions règlementaires de l'article 13, toute violation des droits de l'homme doit d'abord connaître une tutelle réelle devant les instances nationales. La Cour limite ce devoir de recourir aux instances internes aux seuls recours accessibles et effectifs, c'est-à-dire vraiment susceptibles d'apporter une réparation ou un dédommagement de la violation subie. Cela signifie que le requérant, au cas où ces recours ne sont ni accessibles ni effectifs, pourrait bénéficier de l'exonération d'une telle condition et présenter directement à la Cour sa requête surtout lorsque les recours internes se heurtent à une jurisprudence de

---

[123] Il faut tout de même signaler que, de façon exceptionnelle, la Cour a eu à affirmer que la présence d'une loi peut être déterminante pour la violation d'un droit de l'homme. Ce fut le cas d'une législation du Royaume-Uni qui prévoyait comme délit le rapport sexuel entre adultes homosexuels consentants. La Cour a retenu que la présence de cette loi avec la menace de la peine qui s'y rattache, est une immixtion dans la vie privée du requérant ainsi qu'une source d'angoisse permanente, donc une violation de l'article 8 (sentence du 22 octobre 1981, *Dudgeon* c. *Royaume-Uni),* in URL : < http://www.echr.coe.int/Documents/FS_Homosexuality_FRA.pdf >, consulté le 26 décembre 2017 à 16h09.

[124] Cf. U. VILLANI, *Dalla Dichiarazione universale*, pp. 78-94 ; H. OBERDORFF - J. ROBERT, *Libertés fondamentales et droits de l'homme*, pp. 38-40.

rejet systématique[125] ou alors quand les recours internes font durer irraisonnablement le temps du procès, contribuant seulement à prolonger ou aggraver la violation. La deuxième condition commune des six mois après la décision définitive répond à une exigence de sécurité juridique, laissant suffisamment de temps au requérant pour introduire sa requête.

Quant aux requêtes individuelles, la Convention pose d'autres conditions supplémentaires qui jouent un rôle de filtre pour éviter, d'une part trop de conflictualité dans les rapports Etats-citoyens, et décongestionner la Cour en empêchant qu'elle soit débordée par le nombre excessif de cas à traiter. Ces conditions sont données dans l'article 35 (paragraphes 2 et 3). D'abord, il est nécessaire que la requête ne soit pas anonyme, ni essentiellement identique à une requête précédemment traitée par la Cour ou déjà soumise à une autre instance internationale d'enquête et de résolution, et qu'elle contienne des faits nouveaux (en application du principe *ne bis in idem* et pour des raisons d'économie processuelle). La requête ne doit pas être incompatible avec les dispositions de la Convention et de ses protocoles ; elle ne doit pas non plus être manifestement mal fondée ni abusive, c'est-à-dire présentée avec des propos injurieux à l'encontre de l'Etat accusé, ou tendant à induire en erreur la Cour en alléguant consciemment des faux faits et preuves. Le 13 mai 2004, une modification introduite par le protocole additionnel n.14 instruit que la requête est déclarée irrecevable si le requérant n'a subi aucun préjudice important, sauf que la garantie des droits de l'homme par la Convention et ses protocoles, impose d'examiner dans le fond les cas afin de ne pas rejeter pour le motif sus cité des recours qui n'ont pas été dûment traités au niveau interne. La Cour, à l'occasion de la première sentence applicative de ce protocole, le 1er juin 2010, *Ionescu c. Roumanie,* a apporté certaines précisions. Trois éléments qui doivent concourir à l'application de cette disposition du protocole n.14: 1) l'absence de préjudice important, 2) la non nécessité d'un examen dans le fond, par rapport aux droits reconnus par la Convention et ses protocoles

---

125 Cf. la sentence du 27 mars 2003, *Scordino* c. *Italie,* in URL : < https://actu.dalloz-etudiant.fr/fileadmin/actualites/pdfs/novembre2011/ Affaire Scordino c. Italia na 1.pdf >, consulté le 26 décembre 2017 à 16h18.

et 3) le fait que l'affaire ait déjà été traitée par un tribunal interne. Ces trois points doivent être tous réunis pour acter l'irrecevabilité de la requête. En outre, la Cour peut rejeter une requête à n'importe quelle phase de la procédure (article 35, paragraphe 4).

Au sujet de la radiation, la Cour, à tout moment, peut rayer une requête du rôle lorsque les circonstances permettent de conclure que le requérant n'entend plus la maintenir, que le litige a été résolu ou qu'à cause d'autres motifs la Cour juge injustifié de poursuivre l'examen de la requête. De la même façon, elle peut décider de la réinscription au rôle de la requête (article 37). L'examen de l'affaire se fait en contradictoire en présence des représentants des parties avec, si nécessaire, une enquête préalable à laquelle les Hautes Parties donneront toutes les facilités (article 38). La Convention prévoit aussi à l'article 39 des règlements amiables, mettant en relief la fonction conciliatrice de la Cour. Les solutions trouvées devront néanmoins être respectueuses des droits de l'homme concernés par l'affaire. Elles ne peuvent pas se résoudre en une simple transaction entre les parties. Dans le but d'instaurer un climat de dialogue apaisé, favorable à une solution amiable, la procédure, qui d'ordinaire est publique, cette fois devient confidentielle. L'article 39 jouit d'une importance capitale au sens de notre réflexion car il établit un pont avec la Convention de Vienne sur les rapports diplomatiques (1961) en soulignant les relations amicales entre les Etats même lorsque surgit un contentieux. Elle fait du respect des droits de l'homme la base des relations entre les Etats, mais aussi entre le citoyen et l'Etat, grâce à une composition de la controverse qui repose sur l'entente des différentes parties. Dans ce règlement à l'amiable, une fois la solution trouvée, la Cour raye l'affaire du rôle par une décision qui se limite à un bref exposé des faits et de la solution adoptée. L'exécution de la décision est du ressort du comité des ministres, comme il en est de l'exécution des sentences de la Cour.

En dehors de règlements amiables, l'examen des requêtes suit un *iter* différent selon qu'elles proviennent des Etats ou des individus. Nous avons déjà vu que le protocole n.14 a mis en œuvre certains mécanismes destinés à accélérer et à rationaliser la procédure, en particulier pour les requêtes individuelles qui représentent la grande majorité des requêtes adressées à la Cour. Cette accélération et cette rationalisation s'appliquent notamment lorsque les requêtes apparaissent *ictu oculi (de toute évidence)* irrecevables ou mal fondées, ou lorsqu'au contraire elles sont immédiatement fondées, par exemple les requêtes répétitives qui dénoncent des violations de droits déjà reconnues par une jurisprudence souvent consolidée de la Cour. Les requêtes individuelles peuvent être déclarées irrecevables par un juge unique[126], assisté d'un rapporteur membre du greffe de la Cour (article 24 paragraphe 2) lorsqu'une telle décision peut être prise sans examen complémentaire ; la décision est alors définitive. Si un juge ne déclare pas une requête irrecevable ou ne la raye pas du rôle, ce juge la transmet à un comité de trois juges ou à une chambre de sept juges pour examen complémentaire. Le comité se prononce à l'unanimité soit pour la recevabilité, soit pour l'irrecevabilité de la requête, soit pour l'enrayement du rôle ; toutes ces décisions sont définitives. Au cas où aucune décision ni sentence n'est adoptée par le juge unique ou le comité, la requête est soumise à une chambre de sept juges, qui se prononce sur la recevabilité et sur le fond, avec possibilité de séparer les deux décisions (article 29 paragraphe 1). En revanche, les requêtes provenant des Etats, sont toujours examinées par une chambre qui, sauf cas exceptionnels, rend la décision sur la recevabilité séparément de celle sur le fond (article 29, paragraphe 2).

Les requêtes, tant étatiques qu'individuelles, initialement confiées à une chambre peuvent être remises par cette dernière à la grande chambre si la question traitée soulève de sérieux problèmes d'interprétation de la Convention ou de ses protocoles, ou si la solution risque de contraster avec une précédente sentence de la Cour. Cependant, la remise à la grande chambre est prohibée si une des parties s'y oppose (article 30). La grande chambre a compétence en appel. Dans un délai de trois mois successifs à la sentence de la chambre, les parties peuvent demander que leur cause soit renvoyée devant la grande chambre. Ce renvoi n'est pas concédé dans le but de

---

[126] Ce juge unique ne peut être citoyen de l'Etat cité à comparaître.

faire réexaminer le cas ni la révision de la précédente sentence, mais est conditionné par le fait que l'examen de la requête soulève d'énormes problèmes d'interprétation de la Convention et de ses protocoles ou alors par l'existence d'une importante question d'ordre général. L'évaluation de cette condition est effectuée par un collège de cinq juges de la grande chambre. Ce n'est qu'après cela que la grande chambre peut se prononcer sur le cas par une sentence (article 43), qui est définitive, tandis que celle de la chambre ne le devient que si, après les trois mois, les parties déclarent ne pas vouloir demander le renvoi devant la grande chambre. La sentence de la chambre devient également définitive si le collège des cinq juges rejette la demande de renvoi (article 44).

Il faut rappeler que la requête à la Cour européenne n'a pas d'effets suspensifs sur l'arrêté prononcé au niveau interne de l'Etat et pour lequel le requérant s'estime lésé dans ses droits. La Convention ne dote pas non plus la Cour de la faculté d'édicter des mesures provisoires, ayant pour but de sauvegarder les droits du requérant *pendente iudicio.* Toutefois, le règlement de la Cour prévoit que la chambre, ou à défaut son président, puisse, suite à la demande d'une partie, de toute personne intéressée, ou de par son office, indiquer aux parties les mesures provisoires nécessaires au bon déroulement de la procédure et dans l'intérêt des parties (article 39). Il ressort de la jurisprudence de la Cour que les prérequis pour l'adoption de mesures provisoires sont d'abord le *fumus boni iuris* c'est-à-dire la certitude du bien fondé en droit de la requête et ensuite l'urgence de protéger les droits en question contre un préjudice irréparable qui rendrait *inutiliter data* (inutilement donnée)[127] la sentence que la Cour allait donner par la suite. De ce fait, habituellement, les mesures établies par la Cour visent à suspendre l'exécution de la sentence ou de l'arrêté supposé violer le droit invoqué.

Par ailleurs, à partir du 6 février 2003, dans la sentence *Mamatkulov eAbdulrasulovic c. Turquie*, la Cour a désormais affirmé le caractère obligatoire de ses mesures, le déduisant du

---

[127] Le cas, par exemple, de l'exécution capitale, de l'extradition, ou de l'expulsion.

devoir des Hautes Parties contractantes de s'abstenir de tout acte ou omission qui pourrait attaquer l'autorité et l'effectivité de la sentence définitive à laquelle l'Etat signataire est tenu de se conformer (article 46). En soi ladite sentence a une valeur de déclaration, en ce sens qu'elle affirme l'éventuelle existence de la violation qui a donné lieu à la requête, mais elle ne condamne pas l'Etat à prendre des mesures déterminées. C'est l'Etat lui-même qui prend les mesures nécessaires pour donner exécution à la sentence de la Cour. L'Etat jouit d'une marge d'appréciation, qui comme le précise le professeur Vincenzo Buonomo, n'est pas discrétionnaire mais une modalité de réception et d'application des normes internationales de la part des Etats[128]. En cas de violation confirmée, dans la mesure où le droit interne de l'Etat auteur de la violation, ne permet pas de remédier aux conséquences de la violation sinon de façon imparfaite, la Cour peut accorder une satisfaction équitable à la partie lésée (article 41). Dans le cas de figure où il est impossible de donner une réparation en forme spécifique, la sentence de la Cour est une sentence de condamnation de l'Etat et impose à ce dernier l'acquittement d'une somme d'argent à la victime. On pense par exemple aux cas de durée irraisonnable d'un procès, de soumission de la victime à la torture ou carrément de privation de la vie. La condamnation à une satisfaction équitable semble être la plus fréquente dans les sentences de la Cour. Certes, la sentence doit être motivée et se limite au cas de la violation concrète, objet de la requête, mais l'interprétation faite par la Cour des dispositions de la Convention tend à se consolider et à s'imposer comme l'interprétation authentique de la Convention. La jurisprudence de la Cour, au-delà des effets formels de la « chose jugée »,

---

[128] Il margine d'apprezzamento: *« quest'ultimo pur costituendo un esempio di approccio alla questione dei diritti umani, non è l'affermazione di una discrezionalità, bensì una modalità di recepimento e di applicazione della norma internazionale da parte degli stati che, pertanto, rappresenta un limite alla loro libertà »* (V. BUONOMO, in J.T. MARTIN DE AGAR, (cur), *Diritti umani, speranza e delusioni*, Subsidia Canonica 14, Roma, 2015, p. 46). A l'opposé, Ugo Villani parle de la marge d'appréciation comme d'une discrétion laissée aux Etats. Mais le risque, ici, c'est d'éluder l'impératif que contient l'exécution de la sentence de la Cour, la rendant facultative. Cela ne correspond pas à l'esprit de la Convention.

exprime une forme d'autorité de la « chose interprétée » qui implique que les juges nationaux doivent interpréter et appliquer la Convention européenne suivant la jurisprudence de la Cour de Strasbourg, quand bien même celle-ci n'est pas toujours univoque. La Cour joue alors un rôle d'unité de la magistrature *(nomofilachia*[129]*)*. Pour illustration, il suffit de considérer les célèbres arrêts n. 348 et n. 349 du 24 octobre 2007, dans lesquels la Cour Constitutionnelle italienne a soutenu que les dispositions de la Convention européenne des droits de l'homme, en vertu de l'article 117 alinéa 1 de la Constitution, jouissent d'une force particulière de résistance devant la loi ordinaire[130]. A la Cour européenne revient le dernier mot quant à l'interprétation de la Convention.

Pour éviter la prolifération des violations dues au dysfonctionnement chronique du droit interne et qui pose des problèmes structurels tant dans la *praxis* judiciaire qu'administrative des Etats, la jurisprudence de la Cour a élaboré une procédure dite de « l'arrêt pilote »[131]. Elle permet d'identifier les problèmes structurels sous-jacents aux « affaires

[129] Du grec νόμος, qui signifie "norme" et du verbe φυλάσσω, qui indique l'action de "protéger avec le regard,"in URL : < https://dice.univ-amu.fr/.../le_controle_de_constitutionnalite_des_decisions_de_justice 2 >, consulté le 26 décembre 2017 à 16h28.

[130] L'article 117, alinéa 1, modifié par la loi constitutionnelle du 18 octobre 2001 n. 3, stipule que le pouvoir législatif est exercé par l'Etat et les Régions, dans le respect, entre autres, des obligations internationales. Il en découle que le juge ordinaire (pouvoir judiciaire) devra interpréter la loi interne en conformité avec les dispositions de la Convention européenne des droits de l'homme.

[131] L'arrêt pilote *stricto sensu*, conformément au paragraphe 3 de l'article 61 du règlement de la Cour européenne, comporte dans le dispositif de l'arrêt, c'est-à-dire sa conclusion, la nature du problème systémique et le type de mesures de redressement que l'Etat doit adopter pour y remédier. Ici, il ne s'agit pas des arrêts où sont simplement pointés un problème systémique et l'adoption de mesures de redressement au niveau des motifs donc du raisonnement de la Cour. Ledit article dispose : « La Cour doit indiquer dans l'arrêt pilote adopté par elle la nature du problème structurel ou systémique ou du dysfonctionnement qu'elle a constaté et le type de mesures de redressement que la Partie contractante concernée doit prendre au niveau interne en application du dispositif de l'arrêt », in URL : < http://www.echr.coe.int/Documents/Rules_Court_FRA.pdf >, consulté le 26 décembre 2017 à 16h52.

répétitives » incriminant de nombreux Etats et d'édicter les mesures idoines que les Etats doivent adopter pour y remédier avec un délai fixé par la Cour. Plusieurs requêtes ayant pour cause le même problème structurel trouveraient solution si on résolvait à la base ce dysfonctionnement. Ainsi, en présence d'une telle situation, la Cour suspend l'examen des requêtes analogues et se concentre sur le seul cas pilote sauf si, après le délai fixé, l'Etat n'a pas pris les mesures nécessaires. Alors la Cour pourra procéder à l'examen desdites requêtes. De façon générale, l'exécution de la sentence comporte la cessation de la violation, la réparation à travers l'élimination de ses effets ou la *restitutio in integrum*, ou en cas d'impossibilité, une satisfaction pécuniaire équitable et enfin la prévention d'ultérieures violations du droit en question. Le *leading case*, le premier arrêt pilote de la Cour, remonte à la sentence du 22 juin 2004, *Broniowski c. Pologne*[132]. Il a été récemment intégré dans le règlement de la Cour le 22 février 2011 et est entré en vigueur le 31 mars.

---

[132] La grande chambre a statué sur cette controverse et décide :
- Le problème structurel : après les modifications de la frontière polonaise suite à la seconde guerre mondiale, l'Etat polonais s'était engagé à dédommager les rapatriés polonais qui furent contraints d'abandonner leurs biens immobiliers se trouvant au-delà de la rivière du Boug et aujourd'hui situés en terre ukrainienne, biélorusse ou lituanienne. Une requête introduite par un ressortissant polonais se plaignant de l'absence d'indemnisation effective permit à la Cour de constater, dans l'ordre juridique polonais, l'existence d'un dysfonctionnement structurel qui empêchait une catégorie de particuliers (environ 80000) de voir leur droit patrimonial respecté.
- Mesures demandées par la Cour : garantir par l'entremise de mesures légales et administratives, la mise œuvre d'un droit patrimonial ou compensatoire pour les autres demandeurs concernés par des biens abandonnés au-delà du Boug.
- Suivi : suite à cet arrêt et à l'ajournement de requêtes similaires (voir le communiqué de presse du 31 août 2004), la Pologne a adopté en juillet 2005 une nouvelle loi de compensation financière pour les biens abandonnés au-delà du Boug. Ces nouvelles dispositions législatives et le régime de compensations mis en place ont emmené la Cour à rayer du rôle plus de 200 requêtes similaires auparavant ajournées. La Cour a jugé désormais injustifiée la procédure d'arrêt pilote dans les affaires en cause (communiqués de presse du 12 décembre 2007 et du 6 octobre 2008), in URL : < https://actu.dalloz-etudiant.fr/fileadmin/actualité/avril_2012/affaire_ broniowski_c.pdf >, consulté le 26 décembre 2017 à 17h04.

Enfin, pour terminer cette section consacrée à la protection des droits de l'homme dans le système européen, il convient de rappeler que la Convention européenne des droits de l'homme est un texte appelé à s'étoffer ou être modifié pour une plus grande efficacité dans la défense et la promotion des droits de l'homme. En effet, deux protocoles (n.15 et n.16) ont apporté des modifications à la Convention. Le protocole n.15 ajoute un considérant au préambule de la Convention pour souligner le caractère subsidiaire de la Convention en ce sens qu'il revient aux Etats de protéger et de promouvoir à l'interne l'ensemble des droits et libertés reconnues dans la Convention. Il modifie également la limite d'âge des juges de la Cour. Jusqu'alors, selon l'article 23, paragraphe 2, le mandat du juge se terminait à l'accomplissement des 70 ans. Mais le nouveau paragraphe 2 dispose que les candidats à la Cour doivent avoir moins de 65 ans et, vu que le mandat dure 9 ans, l'âge limite est donc repoussé à 74 ans. Par cette mesure, la Cour entend profiter des précieux bénéfices de l'expérience acquise des juges. Une autre modification concerne la remise de l'examen d'une requête à la grande chambre qui était alors conditionnée par l'absence d'opposition de la part d'une des parties. Cette condition a été supprimée et il devient désormais possible à la chambre de décider de façon pleinement autonome de la remise de l'examen de la requête à la grande chambre. Aussi le délai de six mois à partir de la sentence définitive interne qui ouvrait la possibilité pour l'individu de présenter sa requête à la Cour, a-t-il été réduit à quatre mois (article 35, paragraphe 1).

Quant au protocole n.16, contrairement au précédent, il ne modifie pas la Convention, il attribue à la Cour une compétence consultative, donc non décisionnelle (résolutive), dans le but de favoriser le dialogue entre la Cour et les juges nationaux en actuation du principe de subsidiarité. Bien entendu, le caractère consultatif de la Cour n'est pas synonyme d'absence d'autorité. Au contraire, le juge est invité à suivre ses recommandations, ce qui permettrait que le cas ne soit de nouveau soumis à la Cour. Ces protocoles[133] visent à renforcer l'efficacité du système

[133] Le protocole n. 15 modifiant la Convention nécessite l'acceptation de toutes les parties auxquelles il s'applique uniformément (article 7). Deux Etats l'ont signé sans le ratifier (La Bosnie-Herzégovine et l'Italie) et quarante-cinq

judiciaire européen et à limiter la durée du procès dans la mesure du raisonnable. Il faut reconnaître au système européen de protection des droits de l'homme le mérite de s'être doté de structures juridiques formellement efficientes et dignes d'être imitées par d'autres continents ou pays. Cependant, malgré tout cet « appareillage juridique », le respect des droits de l'homme reste encore un immense défi et les résultats obtenus ne sont pas à la hauteur des attentes. C'est pourquoi certains auteurs parlent de déception ou d'illusions. La cause de cette contre-performance n'est-elle pas à rechercher dans la manière dont les droits ont été reçus et perçus ?

1.2.3. Les droits de l'homme aujourd'hui

Deux maux ont miné la conception et la réception des droits de l'homme, à savoir le phénomène de leur prolifération et celui du subjectivisme. Un tournant décisif fut amorcé dans les années 1990, à partir de la conférence mondiale sur les droits de l'homme organisée par l'ONU avec pour slogan *« all human rights for all »* de la chute du mur de Berlin. On a pensé à ce moment que, pour mieux les défendre, il fallait s'organiser en diverses corporations et diviser ces droits en diverses catégories. Ainsi s'est produit le phénomène de la fragmentation[134] des droits de l'homme en droits des enfants,

---

l'ont signé et ratifié à l'état actuel (juin 2020). Le protocole 16 pourrait s'appliquer uniquement aux hautes juridictions de certaines des Hautes Parties contractantes qui auraient recours à la fonction consultative de la Cour. Ce protocole est entré en vigueur le 1er août 2018 après avoir recueilli les dix signatures et ratifications nécessaires à cet effet.

134 Déjà en défaveur de l'indivisibilité, certains auteurs dénoncent ce qu'ils présentent comme « le péché originel » à savoir la division des Pactes, les droits civils et politiques d'une part et les droits économique, sociaux et culturels d'autre part. A cela s'ajoute ce qu'ils ont appelé le « vice normatif » à savoir l'isolationnisme des Pactes : « Les organes conventionnels ont été institués de manière opportuniste en vue de contrôler le respect par les Etats parties à certains traités de leurs obligations internationales. Les neufs comités d'experts qui composent aujourd'hui cet ensemble sont indépendants et autonomes. Il n'y a aucun lien hiérarchique entre eux, au même titre qu'il n'y a pas de lien institutionnel entre les organes des comités des Nations Unies et les organes régionaux de protection des droits de l'homme. Chaque organe est libre d'interpréter le traité dont il supervise l'application sans être tenu par les interprétations de ses homologues. La liberté des interprètes expose le droit

des femmes, des malades, des anciens, des consommateurs... Cela a créé une culture de la revendication donnant lieu au surgissement de nouveaux droits en fonction des intérêts, des races, des aires géographiques, des idéologies politico-sociales. Il y a donc eu un déplacement axiologique dans le cadre conceptuel des droits de l'homme, la question de fond ne consistant plus à se demander ce qu'est l'homme mais à chercher quels et combien sont ses droits tout court ? Ce nouveau cadre conceptuel, différent de celui traditionnel qui a prévalu à la Déclaration universelle de 1948 contribue à affaiblir la vision unitaire de l'homme désormais appréhendé en des catégories, multiples, de plus en plus spécifiques, auxquelles il faut reconnaître des droits, fragmentaires, partiels et changeants au gré de la quotidienneté.

La dimension métahistorique de l'homme a cédé le pas à sa dimension historique, pragmatique mais en même temps fluide comme l'est la postmodernité. Dans le slogan *« all human rights for all »,* l'important était moins de donner une définition précise au concept que de se limiter à des proclamations ouvertes laissant à la *praxis* le soin d'en identifier les contenus. Pourtant, la problématique n'est pas nouvelle, car si l'on considère le cadre conceptuel de la Déclaration Universelle, déjà se sont affrontés les courants de l'individualisme, de l'évolutionnisme et du personnalisme pour savoir qui est le destinataire et quel est le fondement des droits de l'homme: l'individu? L'être humain? Ou la personne? La réponse a été de faire référence à la corrélation existant entre la dignité humaine comme fondement des droits (préambule) et l'ordre social et international, comme garantie de la protection des droits et donc de la dignité (article 28). Les droits de l'homme étaient, dans ce cas, le reflet de la loi naturelle[135], comme l'a soutenu Jacques

---

international des droits de l'homme au risque d'une fragmentation substantielle qui pourrait être de nature à porter atteinte au projet universaliste des droits de l'homme. PUBLICATIONS DU CENTRE DE RECHERCHE SUR LES DROITS DE L'HOMME ET LE DROIT HUMANITAIRE, O. FROUVILLE. (dir), *Le système de protection des droits de l'Homme des Nations Unies présent et avenir*, Editions A. Pedone, Paris, 2018, pp. 36-37.

[135] Ainsi se confirme le caractère spécifiquement anthropologique du droit et en particulier du droit naturel. Contrairement à la célèbre opinion de Ulpien, les animaux ne sont pas destinataires des préceptes du droit naturel ; règne

Maritain[136], des droits naturellement propres à la personne, antérieurs et supérieurs à ceux prévus dans les législations nationales et internationales, ne pouvant seulement être que reconnus par celles-ci et non concédés. Ces droits semblaient être une synthèse des valeurs muries dans la conscience de la famille humaine, dans le *modus operandi* des institutions et dans la dynamique des relations internationales. Les discussions au sujet des droits de l'homme[137] sont analogues à celles qui ont eu lieu au sujet de la dignité humaine. Le désaccord sur leur fondement rationnel n'a cependant pas empêché un accord

---

pour eux, indubitablement une loi de la nature (celle de leur constitution biologique) qui, certes, reste inviolable pour eux mais n'a aucun caractère juridique. Par contre, l'homme a le double pouvoir de violer le droit naturel ou de le défendre. Cf. F. D'AGOSTINO, *Filosofia del diritto,* G. Giappichelli Editore, Torino 1984, p. 99, note 20. Barret-Kriegel soutient que l'avenir des droits de l'homme dépend de leur enracinement dans la loi naturelle : « Le destin juridique des droits de l'homme passe par l'avenir d'une philosophie de la loi naturelle et aujourd'hui, comme naguère, par une critique de la philosophie du sujet » (B. BARRET-KRIEGEL, *Les droits de l'homme et le droit naturel,* Presses Universitaires Françaises, Paris, 1989, p. 99).

[136] Comme l'explique le professeur V. Buonomo, cette position était déjà présente in *les droits de l'homme et la loi naturelle* et reprise in *autour de la Déclaration Universelle des droits de l'homme* (1949). Elle se fut plus explicite à l'occasion de la consultation sur la philosophie des droits de l'homme, lancée par l'UNESCO sous la responsabilité du même Maritain (*humain rights. Comments and interpretations. With an introduction by Jacques Maritain,* UNESCO (1949). Plusieurs philosophes, théologiens, politologues, juristes et hommes de tendances, d'idéologies de croyances diverses y ont pris part. Parmi eux, Croce, Teilhard de Chardin, Gandhi, Huxley, Hesse, de Madariaga, Tchechko, Chung Su Lo, cf. V. BUONOMO, in J.T. MARTIN DE AGAR, (cur), *Diritti umani, speranza e delusioni*, p. 48.
La version électronique, in URL :
< http://unesdoc.unesco.org/images/0015/001550/155042eb.pdf >, consulté le 26 décembre 2017 à 17h14.

[137] Jacques Maritain rapporte que lors d'une des réunions de la Commission nationale française de l'UNESCO, où l'on discutait des droits de l'homme, « quelqu'un manifesta son étonnement de voir que certains défenseurs d'idéologies opposées s'étaient mis d'accord pour rédiger une liste de droits. "Mais oui, répliquèrent-ils, nous sommes d'accord sur ces droits à condition qu'on ne nous demande pas pourquoi". C'est avec le pourquoi que la dispute commence » (J. MARITAIN, *L'Homme et l'Etat,* Desclée de Brouwer, Paris, 2009, p. 98).

pratique[138], orienté vers l'action. Selon Jacques Maritain, témoin et protagoniste de la déclaration de 1948, la loi naturelle[139] est le fondement philosophique des droits de l'homme : « La dignité de la personne humaine, ce mot ne veut rien dire s'il ne signifie pas que de par la loi naturelle la personne humaine a le droit d'être respectée et est sujet de droit. Il y a des choses qui sont dues à l'homme par là même qu'il est homme »[140]. Mais, avec le changement de paradigme axé sur l'individu (subjectivisme), donc les catégories, entre en jeu non l'harmonisation des cultures (pluralisme culturel) mais la lutte des cultures et des peuples (diversité culturelle)[141].

---

[138] A ce sujet, Jacques Maritain déclare qu'il est illusoire de vouloir chercher un accord théorique. On peut toutefois arriver à une formulation largement partagée par tous de ces conclusions pratiques. Il écrit : « Comme l'a clairement montré la Déclaration internationale des Droits publiée par les Nations Unies en 1948, il n'est sans doute pas aisé, mais il est possible d'établir une formulation commune de telles conclusions pratiques ou, en d'autres termes, des divers droits que l'homme possède dans son existence individuelle et sociale. Mais il serait très futile de chercher une commune justification rationnelle de ces conclusions pratiques et de ces droits. Si nous le faisons, nous courrions le risque d'imposer un dogmatisme arbitraire ou d'être arrêtés net par d'irréconciliables différences » (*Ibid.* p. 97).

[139] Il reste bien entendu que la loi naturelle ne doit pas être confondue avec les tentatives de ses formulations ou ses théorisations. Max Laserson le dit avec raison : « Les théories de la loi naturelle ne doivent pas être confondues avec la loi naturelle elle-même. Les théories de la loi naturelle, comme n'importe quelles autres théories politiques et juridiques, peuvent proposer des arguments ou des spéculations variées afin d'établir ou de justifier la loi naturelle, mais la faillite de ces théories ne peut pas signifier la faillite de la loi naturelle elle-même, pas plus que la faillite d'une théorie ou d'une philosophie de la loi positive ne conduit à l'abolition de la loi elle-même » (in *ibid.,* p.102).

[140] J. MARITAIN, *Christianisme et démocratie (suivi de) les droits de l'homme*, p. 171.

[141] Cf. *La Convention pour la protection et la promotion de la diversité des expressions culturelles*, adoptée le 20 octobre 2005, à Paris, lors de la 33ème session de la conférence générale de l'UNESCO. Elle est entrée en vigueur en mars 2007. L'Union Européenne y a adhéré en 2006. « La diversité culturelle ne peut être protégée et promue que si les droits de l'homme et les libertés fondamentales telles que la liberté d'expression, d'information et de communication, ainsi que la possibilité pour les individus de choisir les expressions culturelles, sont garantis. Nul ne peut invoquer les dispositions de la présente Convention pour porter atteinte aux droits de l'homme et aux libertés fondamentales tels que consacrés par la Déclaration universelle des

Certains groupes d'opinion ou de *lobbying*, en marge du système juridique des droits de l'homme, ont développé des actions visant à faire valoir leurs propres droits *(advocacy)*. La méthode consiste à déterminer les droits en mettant sur le même plan des situations qui, aux yeux du juriste, ne sont pas comparables. Par exemple, soutenir que les nouvelles valeurs qui répondent plus à une stratégie d'économie du marché, sont moralement supérieures aux valeurs traditionnelles, peut être utile pour donner de l'importance à la stratégie mais pas comme une modalité d'énoncer de nouveaux droits quitte à faire passer les visions contraires comme des obstacles[142] au développement. Cela a conduit progressivement à une crise de l'universalité des droits fondamentaux, à laquelle ont voulu remédier la Déclaration et le Programme d'action de Vienne, adoptés par consensus le 25 juin 1993. Cette Conférence mondiale sur les droits de l'homme s'est tenue, avec dans tous les esprits, cette célèbre formule : *« The universal nature of these rights and freedoms is beyond question »*[143]. Cette formule

---

droits de l'homme ou garantis par le droit international, ou pour en limiter la portée » (article 2, paragraphe 1), in URL :
< http://www.unesco.org<http://www.unesco.org/new/fr/culture/themes/ cultural-diversity/cultural expression/theconvention/convention-text/ >, consulté le 26 décembre 2017 à 17h31.

142 C'est une tendance qui est présente, de nos jours, dans le contexte des droits de l'homme, en lien avec la coopération et le développement. Se rapporter au livre de J. SACHS, *The end of Poverty,* Penguin, Londres, 2005, pp. 60-61, où il affirme: « *Even when governments are trying to advance their countries, the cultural environment may be an obstacle to development. Cultural or religious norms in the society may block the role of women, for example, leaving half of the population without economic and political rights and without education*», cité par V. BUONOMO, in J.T. MARTIN DE AGAR, (cur), *Diritti umani, speranza e delusioni*, p. 45.

143 *Vienna Declaration,* paragraphe 1, (Document A/CONF. 157/23 du 12 juillet 1993). Le texte original en anglais est disponible en version française : « La Conférence mondiale sur les droits de l'homme réaffirme l'engagement solennel pris par tous les Etats de s'acquitter de l'obligation de promouvoir le respect universel, l'observation et la protection de l'ensemble des droits de l'homme et des libertés fondamentales pour tous, conformément à la Charte des Nations Unies, aux autres instruments relatifs aux droits de l'homme et au droit international. Le caractère universel de ces droits et libertés est incontestable. Dans ce contexte, le renforcement de la coopération internationale dans le domaine des droits de l'homme est essentiel pour que les objectifs de l'Organisation des Nations Unies soient pleinement atteints.

a occasionné deux orientations majeures ; il s'agissait, d'une part d'universaliser les sujets de droits en focalisant l'attention sur les groupes vulnérables et les catégories, interprétant l'universalité des droits non plus de façon horizontale (les droits sont égaux partout sur la planète) mais de façon verticale (les droits de toutes les catégories sont des droits pour tous)[144]; d'autre part, il fallait en même temps rejeter toute forme de relativisme et de double standard. La conférence de Vienne a réaffirmé l'universalité, l'indivisibilité, l'interdépendance et l'interconnectivité des droits fondamentaux. Toutefois la question demeure de savoir si ce sont les droits qui sont universels ou la personne humaine ? Le problème est d'actualité et, à cet égard, fut organisé sous la direction de Fabrice Hourquebie, les 16 et 17 décembre 2014 à l'université de Bordeaux, un colloque sur le thème *« pluralisme juridique et droits fondamentaux »*. Partant de l'expérience des peuples autochtones en Afrique[145], au Canada et en Colombie, les

Les droits de l'homme et les libertés fondamentales sont inhérents à tous les êtres humains ; leur promotion et leur protection incombent au premier chef aux gouvernements », in URL :
< http://www.ohchr.org/Documents/Events/OHCHR20/VDPA_booklet_fr.pdf >, consulté le 26 décembre 2017 à 17h50.

[144] Lors de la IVème Conférence mondiale de l'ONU sur les femmes à Beijing en 1995, fut introduit ce slogan significatif : *« Women's rights are human rights »* (paragraphe 14 de la *Beijing Declaration,* Document A/CONF.177/20, du 17 octobre 1995), voir V. BUONOMO, in J.T. MARTIN DE AGAR, (cur), *Diritti umani, speranza e delusioni*, p. 50.

[145] Dans certaines zones d'Afrique, les droits fondamentaux ont été plutôt perçus, à cause de leur origine européo-occidentale, comme les droits du blanc. Djibril Ouédraogo, dans son allocution à ce colloque, (intitulée *Le difficile ménage entre droits coutumiers et droits fondamentaux dans les pays africains : de la contestation à la permanence des droits coutumiers),* montre comment des coutumes contraires aux droits fondamentaux ont la peau dure et résistent. Il dénonce les ambiguïtés: « Plus généralement, écrit-il, il y a une attitude ambivalente et contradictoire des Etats africains qui conforte le sentiment que bien souvent la constitutionnalisation des droits de l'homme répond plus à une opération de charme…avant tout destinée à rassurer les bailleurs de fonds et… à faire plaisir à la communauté internationale » (in F. HOURQUEBIE, *Pluralisme juridique et droit fondamentaux, collection « kultura »,* Institut Universitaire Varenne, lextenso éditions, Issy-les-Moulineaux, 2017, p. 111). Son intervention va de la page 99 à 114 et il reprend la même idée que Maurice Kamto, *Charte africaine, instruments internationaux de protection des droits de l'homme, constitutions nationales :*

auteurs de ce colloque se sont penchés sur la réception des droits fondamentaux dans les coutumes particulières et constatent la précarité des équilibres[146]:

---

articulations et perspectives, in J.F. FLAUSS - E. LAMBERT-ABDELGAWAD (dir.), *L'application nationale de la Charte africaine des droits de l'homme et des peuples,* Bruylant, Bruxelles, 2004, p. 36. Sur le thème, lire R. DEGNI-SEGUI, *chapitre XVIII: codification et uniformisation du droit,* in *Encyclopédie juridique d'Afrique,* t. I, *Etat et droit,* Nouvelles éditions africaines, Abidjan, 1982, p. 453; B.S. NGOM, *Les droits de l'homme et l'Afrique*, Editions Silex, Paris, 1984, p. 51; A.B. FALL, *La charte africaine des droits de l'homme et des peuples: entre universalisme et régionalisme*, in *Pouvoirs* n.129, 2009, pp. 84-85; Pour élargir le thème, E. BALLOT, *Les insuffisances de la notion des droits fondamentaux,* Editions Mare et Martin, Paris, 2014; E. LE ROY, *Les droits de l'homme entre un universalisme hâtif et le ghetto des particularismes culturels,* in UNIVERSITÉS FRANCOPHONES, *L'effectivité des droits fondamentaux dans les pays de la communauté francophone,* Aupelf-Uref, Paris, 1994.

146Cf. B. ETHIER, *La rencontre des natures/cultures juridiques : pluralisme juridique et contemporanéité du droit coutumier lié aux activités traditionnelles en forêt chez les Atikamekw Nehirowisiwok*, in F. HOURQUEBIE, *Pluralisme juridique et droit fondamentaux,* pp. 41-56. Voir aussi dans le même livre (pp. 137-152) où S. Grammond développe le thème « *Droits fondamentaux et systèmes juridiques autochtones au Canada : la guerre des droits n'a pas eu lieu* ». Par exemple sur la question de l'égalité homme/femme, il montre comment les peuples autochtones, de tradition matrilinéaire avaient dans leurs coutumes un système qui valorisait les femmes et qui produisait l'égalité. Mais, après la colonisation qui a introduit une législation inégalitaire appelée « *la loi des indiens* » et qui fut progressivement internalisée par la population, s'est instaurée une violation des droits de la femme. Alors, contre toute apparence, si la guerre des droits n'a pas eu lieu, c'est surtout à cause de cette internalisation de *« la loi des indiens »* inspirée par la philosophie de l'évoque victorienne qui reléguait la femme à un second rang. Lorsqu'en 1869, le parlement a adopté la règle de l'exclusion de la femme mariée à un non indien, de nombreux groupes autochtones ont protesté en arguant que cette règle n'était pas le reflet de leurs coutumes. Mais le temps s'est écoulé et en 1940, le gouvernement fédéral a entrepris une réforme de la loi. Quand il a consulté les chefs autochtones, personne ne s'est opposé au maintien de la règle d'exclusion de la femme mariée. Ensuite, l'autre raison qui explique le non-lieu de la guerre des droits vient du fait que les autochtones considèrent les tribunaux comme des institutions étrangères et à cause de cette méfiance ou de cette inaccessibilité, ils n'y vont pas pour exiger la justiciabilité de leurs droits. Ceci dit, il ne faut pas penser automatiquement qu'il n'existe pas de pratiques coutumières respectueuses des droits fondamentaux. Il faut tenir compte de tous les cas de figures possibles : des coutumes, *contra legem, secundum legem et praeter legem*, qui déterminent les différents positionnements par rapport aux droits

« En toile de fond se dessine un conflit sur la portée spatiale des valeurs, entre l'universel et le local. Avec cette question : le local peut-il amender, déroger voire contredire l'universel ? Ainsi l'universalisme est-il incarné par les droits de l'homme, face à une coutume plus géographiquement et culturellement située ? »[147].

Il y aurait, comme l'écrit M.A. Glélé, un « net décalage entre le pays réel et le pays légal »[148]. C'est pourquoi, il nous paraît impératif que l'universalité soit ontologiquement bien comprise pour être acceptée partout dans le monde et cela implique naturellement un retour à la notion fondamentale de dignité dont nous avons longuement parlé.

Le retour au fondement qu'est la dignité de l'*homo creatus*[149] est le moyen le plus efficace pour permettre une large

---

fondamentaux. A ce sujet, il est intéressant de noter la proclamation, le 26 avril 2014, de la Charte du peuple Kanak par l'ensemble des chefs de la Nouvelle-Calédonie, conformément à la résolution du 13 septembre 2007 de l'Assemblée des Nations Unies sur les droits des peuples autochtones A/RES/61/295. Cette résolution est la nouvelle matrice d'interprétation des accords de Nouméa (1998). F. Feral montre comment les valeurs kanakes ont enrichi les droits fondamentaux notamment la conception de l'identité, où l'individu est toujours vu non de façon isolée mais au sein d'une communauté, le clan. Aussi, une tradition de solidarité et de partage entre le clan et l'individu peuvent aider à appréhender les valeurs d'humanité que recouvre la Déclaration universelle des droits de l'homme. Enfin, la coutume du pardon, offre un paradigme pour la résolution des conflits. Cf. F. HOURQUEBIE, *Pluralisme juridique et droit fondamentaux,* pp. 137-152.

[147] F. HOURQUEBIE, *Pluralisme juridique et droit fondamentaux*, p. 14.

[148] M.A. GLELE, *Naissance d'un Etat noir, l'évolution politique et constitutionnelle du Dahomey* (actuel Bénin), *de la colonisation à nos jours,* LGDJ, Paris 1969, p. 167. On voit ce décalage dans les questions épineuses des mutilations génitales des femmes (excisions) fortement pratiquées, par exemple, en Afrique de l'Ouest, ou encore le problème de l'égalité de droits entre l'homme et la femme, sans oublier la condition laborieuse des enfants.

[149] L'*homo liber* est une catégorie assez conflictuelle à cause des dérives autocratiques et libertaires qu'il peut recouvrer. Il est capable de prendre sa liberté en s'affranchissant non seulement du noyau dur de la dignité humaine tel que défini dans les diverses conventions et même de saper le fondement de la dignité, qui, dès lors n'aura d'autre ancrage que la liberté de l'individu. Il dépendra alors de sa liberté d'accorder ou de nier la dignité à une personne et d'y mettre le contenu qu'il voudra. La dignité étant bafouée, les droits de l'homme, perdent par ricochet leur raison d'être. Cette catégorie est incompatible dans le cadre d'une collaboration entre le Saint-Siège et la Communauté Internationale, car elle comporte une négation du droit naturel,

participation aux conventions des droits de l'homme et dépasser cette culture de la revendication sectorielle. Ainsi, contrairement à l'affirmation de Raymundo Panikkar qui disait que « les droits de l'homme sont un acquis et non un requis »[150], nous pensons qu'ils sont d'abord et avant tout un *prérequis.* Ce n'est pas parce qu'on lutte pour leur respect que l'on doit dire qu'ils nous sont octroyés, car ces droits sont inhérents à la nature humaine avant de faire partie de la culture. La grande peur qui alimente la réticence vis-à-vis de cette conception naturaliste[151] des droits de l'homme réside dans le reproche de rigidité qu'on lui fait et qui empêcherait de prendre en compte les nouveaux droits. Mais, tout bien considéré, la dignité n'est ni une valeur marchande, ni un produit historique périssable ou pouvant être démodé ; elle est commune à tous les hommes, inviolable. Si les droits de l'homme sont fondamentaux, c'est à cause de cette supra valeur qu'est la dignité. Certes, les droits de l'homme sont immuables en leur fondement. Il reste cependant vrai que leurs expressions historiques varient énormément. C'est donc une réalité dynamique, féconde et non statique, capable d'intégrer les nouvelles situations. Le dépassement de tout subjectivisme[152] nous semble une urgence

---

et partant, de valeurs communes de l'humanité, car, elle ouvre la voie au relativisme.

150 R. PANIKKAR, *La notion des droits de l'homme est-elle un concept occidental,* in *Revue québécoise interculture,* n. 82, janvier-mars 1980, pp. 3-27.

151 Pour approfondir le thème du droit naturel, voir F. D'AGOSTINO, *Filosofia del diritto,* pp. 71-99: « *L'unico modo, forse, per fornire alla nostra espressione [diritto naturale] una qualche unitarietà è quello di conferirle una valenza polemica e negativa: postulare l'esistenza di un diritto naturale significherebbe, in questa chiave, affermare che la dimensione della giuridicità non coincide nel suo principio con quella del diritto posto dal legislatore all'interno della comunità politica alla quale egli è preposto. Più analiticamente il riferimento al diritto naturale implicherebbe pertanto tre assunti fondamentali e non separabili :a) l'esistenza di un diritto meta-positivo; b) da ritenere valido intrinsecamente, anche cioè se privo di riconoscimento da parte del legislatore; c) assiologicamente superiore al diritto positivo e da considerare quale suo modello ideale (e quindi dotato di una superiore obbligatorietà, nel caso in cui sorga un qualsiasi irriducibile contrasto tra le sue prescrizioni e quelle poste dal legislatore* » (*Ibid.* p. 71).

152 Ce subjectivisme se rattache à la notion de liberté. Benjamin Constant, témoin de la révolution française, analysait, déjà à son époque, le concept de

ainsi que le besoin de définir l'universalité plus en relation avec la personne titulaire des droits et non par rapport aux proclamations, aux formulations normatives, aussi importantes soient-elles.

En clair, les seules techniques juridiques de la proclamation, de l'admission des réserves, de la *severability doctrine* ou de l'*inclusive universality*, ne suffisent pas à imprimer les droits de l'homme dans l'*ethos* des peuples. Il est nécessaire que ces techniques soient fondées d'abord sur une dimension éthique et rationnelle[153] caractérisée par la centralité de la personne humaine[154]. Le professeur Buonomo justifie que

---

liberté en lien avec celui de la responsabilité et il constata une différence entre la liberté des anciens et celle des modernes révolutionnaires. Il écrit : « Les anciens devaient accepter un effacement de l'individu au profit du corps social (la volonté de chacun pouvant être contrainte par l'autorité collective). Pour les modernes, c'est le phénomène inverse qui se produit : il consiste en un repli sur soi qui s'accompagne d'une perte de souveraineté, dont l'exercice n'est plus réellement sensible pour chacun. Alors que seul comptait l'exercice d'une liberté politique qui risquait de se faire aux dépens de la liberté individuelle, c'est la liberté individuelle qui, à l'époque moderne semble mettre en péril la liberté politique » (B. CONSTANT, *De la liberté des anciens comparée à celle des modernes,* Editions Mille et une nuit, Paris, 2010, p. 48-49). La première édition fut faite en 1874. Il est intéressant de voir comment à environ un siècle et demi d'écart, la même analyse fut faite par le cardinal Pietro Parolin dans la préface du livre de Tomasi. Il écrit: *« It seems rather a culture derived from the evolution of the underlying philosophy of individualism of the American and French Revolutions. In this evolution, the ideas of the person and of the individual have come apart. On one side, the Christian concept of the person with its relations to others and consequent responsibilities; on the other side the self-accountable individual, who justifies his or her choices on the basis of internal assurance (expressed with statements like: "I feel good", "it's my choice", "one choice is good as another", etc.). This type of individual becomes a world closed in on himself, protecting his satisfaction. The notion of an objective norm disappears. Even religion becomes totally subjective »* (in S.M. TOMASI, *The Vatican in the family of Nations*, preface xi).

[153] Le concept de la *rationabilitas*, cher au professeur Valdrini, affirme que les normes doivent être rationnelles et raisonnables ; ce qui rappelle la définition que Saint Thomas donnait de la loi comme *« quaedam rationis ordinatio ad bonum commune, ab eo qui curam communitatis habet, promulgata »* (T. D'AQUIN, *Summa theologicae,* Ia-IIae, q.XC, art. 4). Pour un approfodissement voir P. VALDRINI, *Comunità, Persone, Governo,* p. 300-304.

[154] Sinon l'arsenal juridique mis en place pour défendre les droits de l'homme paraîtrait toujours creux et inefficace comme un très bel arbre avec de belles

« cela reste en effet une méthodologie non réductible à une approche spéculative, à une vision idéologique, ou à une prospective religieuse particulière, mais c'est un instrument qui fait une lecture de la nouveauté des dynamiques sociales à travers la raison, grâce à l'étude et à la recherche, intégrant l'apport des diverses disciplines »[155].

Il en conclut donc que plus les droits sont fondés c'est-à-dire enracinés dans des considérations qui outrepassent la loi positive, plus on est en mesure d'en exiger la protection[156]. Comme méthode, il s'agit de tirer de la rencontre des cultures les éléments capables d'exprimer une pensée unitaire et non univoque des droits. Cette pensée unitaire se veut le fruit de l'interdisciplinarité où les différentes cultures, tout en gardant leurs spécificités, concourent à la *reductio ad unum*, à ne pas confondre avec une quelconque promotion de la pensée unique, caractéristique de la post-modernité. L'objectif consiste à valoriser les différences découlant de l'autonomie des domaines variés de la connaissance, afin de conjurer la fragmentation, les contrapositions, pour cultiver les éléments concordants entre eux pouvant aboutir à la formation d'une pensée cohérente[157].

---

branches mais qui manque de sève faute de racines. Une métaphore similaire est employée par le professeur Buonomo qui parle des droits de l'homme comme d'un réseau (informatique) informant tous les aspects de la vie : *« Assumendo un'immagine da quella che si definisce come èra informatica, possiamo dire che i diritti costituiscono una rete capace di collegare persone,idee, regole, istituzioni ponendole in una communicazione strutturata. Il fatto di stabilire un'interconnessione tra le regole e un'interazione quanto ai soggetti costituisce la duplice modalità tracciata dalla teoria del diritto internationale dei diritti umani »* (V. BUONOMO, in J.T. MARTIN DE AGAR, (cur), *Diritti umani, speranza e delusioni*, p. 42).

155 *« Questa resta, infatti, una metodologia non riducibile ad un approccio speculativo, ad una visione ideologica o ad una particolare prospettiva religiosa, ma è uno strumento che legge il nuovo delle dinamiche sociali attraverso la ragione, mediante lo studio e la ricerca, con l'apporto delle diverse discipline »* (V. BUONOMO, in J.T. MARTIN DE AGAR, (cur), *Diritti umani, speranza e delusioni*, p. 61).

156 Cette thèse est aussi partagée par X. ETXEBERRIA, *Fundamentacion y orientacion etica de la proteccion de los derechos humanos,* in F. GOMEZ ISA (dir.), *La proteccion internacional de los derechos humanos en los albores del siglo XXI,* Bilbao, 2003, p. 63.

157 Cf. V. BUONOMO, in J.T. MARTIN DE AGAR, (cur), *Diritti umani, speranza e delusioni*, p. 62.

Outre la question de l'enracinement des droits dans la dignité, la cohérence de cette méthode réside dans le fait qu'en face de l'impératif des droits est aussi affirmé l'impératif des devoirs[158]. Ainsi aux droits de l'homme correspondent des devoirs de l'homme.

Cette dynamique inverse l'ordre des questions et conduit à une plus grande maturité personnelle vis-à-vis des valeurs contenues dans les droits fondamentaux : au lieu de se demander ce que la communauté humaine doit faire pour lui, chaque individu devrait se demander d'abord ce qu'il doit faire pour l'humanité. Grâce à cette éthique personnelle, les droits recevraient une meilleure défense chez les individus et les nations. Chaque homme est capable de s'élever à cette éthique indépendamment de sa religion, de sa condition sociale, de sa race ou de son sexe. A terme, l'humanité est appelée à bâtir la civilisation de l'amour[159], qui peut reposer sur des convictions

---

[158] Cette réciprocité entre droits et devoirs doit être de plus en plus mise en relief. A ce sujet, dans le droit canonique, Dominique Le Tourneau montre comment le code de 1983 à la différence de celui de 1917 donne la priorité aux devoirs sur les droits, en ce qui concerne le fidèle chrétien : « Contrairement au *CIC* 17, les rédacteurs du code révisé ont délibérément placé les obligations avant les droits, en vertu du principe *iura sunt propter officia (les droits sont fonction des offices).* Cet ordre traduit une conception du droit selon laquelle le chrétien est une personne qui s'engage à participer de façon active à la mission de l'Eglise et qui reçoit les attributions nécessaires à cet effet. Le *CIC* 83 rectifie en ce sens le texte des normes du *CIC* 17 » (D. Le TOURNEAU, *Droits et devoirs fondamentaux des fidèles et des laïcs dans l'Eglise,* p.61).

[159] Certes, l'amour est une réalité métajuridique, mais il n'est pas impossible que la quête de justice inhérente au droit puisse conduire à ce sommet. Fancesco D'Agostino le dit expressément : *« Quella...che è lontanissima da ogni esperienza giuridica, ma è pur sufficiente a riempirci il cuore è l'esperienza dell'essere amati. È quanto emerge splendidamente nel "late fragment" di Raymond Carver: "And did you get what you wanted from this life, even so? I did. And what did you want? To call myself beloved, to feel myself beloved on the earth" »* (F. D'AGOSTINO, *corso breve di filosofia del diritto,* G. Giappichelli Editore, Torino, 2011, p.160). Cette civilisation de l'amour a été évoquée par Jean-Paul II, lors de l'audience du 15 décembre 1999, à l'orée du nouveau millénaire. Il écrit : « Cette tâche que le Concile Vatican II nous a confiée au terme de la constitution pastorale sur "l'Eglise dans le monde de ce temps", répond au défi fascinant de construire un monde animé par la loi de l'amour, une civilisation de l'amour, fondée sur les valeurs universelles de paix, de solidarité et de liberté [...] », in URL :

éthiques ou sur des convictions proprement religieuses. Nous avons vu comment le Saint-Siège, en tant qu'autorité morale, ne cesse de rappeler dans les instances internationales le primat de la dignité comme condition de protection des autres droits fondamentaux[160]. Sans devoir reprendre tous les grands discours du magistère pontifical et de la doctrine sociale de l'Eglise[161] concernant le sujet, nous voulons simplement mettre en relief deux allocutions des papes Benoit XVI et François. Lors de la réunion de la Banque de Développement du Conseil d'Europe, dans son discours du 12 juin 2010, intitulé *l'homme est l'unique capital à sauver*[162], Benoit XVI, réaffirme l'importance de la

---

< https://w2.vatican.va/content/john-paul-ii/fr/audiences/1999 /documents/hf_jp-ii_aud_15121999.html >, consulté le 19 décembre 2017 à 18h27.

[160] Les Papes ne sont pas indifférents à la question de la dignité et des droits de l'homme. Il suffit de rappeler quelques-uns des écrits de l'après-guerre. Jean XXIII et son encyclique *« Pacem in terris » (1963):* aux yeux du pape Roncalli, la déclaration universelle des droits de l'homme de 1948 constitue un pas décisif sur le chemin de l'organisation juridico-politique de la Communauté internationale. Paul VI et *« Gaudium et spes » (1965):* ce document conciliaire contient beaucoup de renvois aux droits fondamentaux de la personne. Jean-Paul II et l'encyclique *« Evangilium vitae » (1995):* avec Jean-Paul II, les droits de l'homme deviennent la boussole qui oriente l'action du Saint-Siège. La liberté religieuse et le droit à la vie occupent une place de choix dans l'enseignement et l'action de ce pape. Benoit XVI, lui, met en garde contre une conception relativiste des droits qui risque de faire des droits de l'homme un terrain d'affrontement entre diverses visions antagonistes de l'homme. Le Pape François manifeste son attachement aux droits de l'homme à travers des gestes emblématiques comme le voyage à Lampedusa à la rencontre des migrants, le lancement de l'année de la miséricorde en Centrafrique. Son action a pour objectif de dénoncer les violations des droits fondamentaux et les nouvelles formes de colonisation idéologique.

[161]Cf. A. KERE, *La relation entre l'Eglise et la communauté politique aujourd'hui,* imprimerie de la Savane, Bobo Dioulasso, 2015, p. 117-162. Il s'agit d'une réflexion sur *Gaudium spes* n° 76, à partir du paradigme de la responsabilité que partagent l'Eglise et l'Etat concernant la politique. La doctrine sociale de l'Eglise sert de base à la vision que l'Eglise a de l'homme et de sa destinée. Voir aussi K. WOJTYLA, *La dottrina sociale della Chiesa,* Lateran University Press, Città del Vaticano, 2007 ; A. DESPAIGNE, *Comprendre la doctrine sociale de l'Eglise,* Editions Traditions monastiques, Flavigny-sur-Ozerain, 2008.

[162] On souligne souvent l' « ancrage du droit de la bioéthique dans les droits de l'homme » (El-zein S.) Il conviendrait de dire surtout que le droit international des droits de l'homme constitue une juridicisation des principes

personne humaine, aux détriments de la croissance et du profit qui caractérisent l'univers bancaire et financier :

> « Devant les défis actuels que le monde et l'Europe doivent affronter, dans ma dernière encyclique "*caritatis in veritate*", j'ai voulu attirer l'attention sur la doctrine sociale de l'Eglise et sur son apport positif à la construction de la personne humaine et de la société »[163].

En effet, l'action caritative de l'Eglise et l'action diplomatique du Saint Siège se veulent la manifestation concrète de la doctrine sociale de l'Eglise qui cherche à mettre l'homme au centre des institutions et à faire en sorte que sa dignité soit respectée. Benoit XVI, à la suite de ses prédécesseurs, l'a réaffirmé :

> « L'économie et la finance n'existent pas pour elles-mêmes, elles ne sont rien d'autre qu'un instrument, un moyen. Leur fin est uniquement la personne humaine et sa pleine réalisation dans la dignité. C'est cela l'unique capital qu'il est opportun de sauver »[164].

---

de respect de l'espèce humaine. En ce domaine de la bioéthique, il faut souligner le rôle de bouclier et de protection que joue le droit, qui depuis Nuremberg, vise à internationaliser les normes y afférant. Le droit, ici, consiste à déterminer ce qui est autorisé et ce qui ne l'est pas. L'objectif est d'encadrer le « Prométhée déchainé » de Hans Jonas : « le Prométhée définitivement déchainé, auquel la science confère des forces jamais encore connues et l'économie son impulsion effrénée, réclame une éthique qui, par des entraves librement consenties, empêche le pouvoir de l'Homme de devenir une malédiction pour lui » in PUBLICATIONS DE L'INSTITUT INTERNATIONAL DES DROITS DE L'HOMME (sous la direction de D.SZYMCZAK, C. GAUTHIER, S. PLATON.), *Bioéthique et droit international et européen des droits de l'homme*, Editions A. Pedone, Paris, 2018, pp. 19 et 23. Voir EL-ZEIN S., « La déclaration universelle sur le génome humain et les droits de l'Homme », in S. MALJEAN-DUBOIS (dir), *La société internationale et les enjeux bioéthiques*, Pedone, Paris, 2006, p.42.

[163] *« Dinanzi alle sfide attuali che il mondo e l'Europa devono gestire, nella mia ultima Enciclica, "Caritas in veritatis", ho voluto attirare l'attenzione sulla dottrina sociale della Chiesa e sul suo apporto positivo alla costruzione della persona umana e della società »* (BENEDETTO XVI, Discorso: *L'uomo è l'unico vero capitale da salvare,* 12 giugno 2010, in *L'Osservatore Romano,* domenica 13 giugno 2010, 8).

[164] *« L'economia e la finanza non esistono per se stesse, esse non sono altro che uno strumento, un mezzo. Il loro fine è unicamente la persona humana e*

Dans la même logique, le pape François[165], dans son discours à l'ONU, le 25 septembre 2015, en appelle à la fraternité universelle et au respect de la sacralité de tout être humain :

> « La maison commune de tous les hommes doit continuer de s'élever sur une juste compréhension de la fraternité universelle et sur le respect de la sacralité de chaque vie humaine, de chaque homme et de chaque femme ; des pauvres, des personnes âgées, des enfants, des malades, des enfants à naître, des chômeurs, des abandonnés, de ceux qui sont jugés bons à exclure, parce qu'on ne les perçoit plus que comme des chiffres de l'une ou l'autre statistique. La maison commune de tous les hommes doit aussi s'édifier sur la compréhension d'une certaine sacralité de la nature créée »[166].

Plus loin à propos du rôle de l'ONU depuis 70 ans, le Souverain Pontife souligne la nécessité d'orienter l'activité de cet aréopage mondial vers le service du bien commun de l'humanité :

> « La louable construction juridique internationale de l'Organisation des Nations Unies et de toutes ses réalisations, perfectible comme toute œuvre humaine et, en même temps, nécessaire, peut être le gage d'un avenir sûr et heureux pour les futures générations. Elle le sera si les représentants des Etats sauront laisser de côté des intérêts sectoriels et idéologiques, et chercher sincèrement le service du bien commun. Je demande à Dieu Tout-Puissant qu'il en soit ainsi, et je vous assure de mon soutien, de ma prière ainsi que du soutien et des prières de tous les fidèles de l'Eglise catholique, pour que cette institution, tous ses Etats membres et chacun de ses fonctionnaires rendent toujours un service efficace à l'humanité, un service respectueux de la

---

la sua piena realizzazione nella dignità. E questo l'unico vero capitale che è opportune salvare » (BENEDETTO XVI, Discorso: *L'uomo è l'unico vero capitale da salvare, 12 guigno 2010,* in *L'Osservatore Romano,* domenica 13 giugno 2010, 8).

[165] Le pape François est présenté comme le diplomate de la miséricorde. Cf. J-B. NOE, *François le diplomate*, Salvator, Paris 2019.

[166] FRANÇOIS PAPE, discours à l'ONU, le 25 septembre 2015, in URL : <http://w2.vatican.va/content/francesco/fr/speeches/2015/september/documents/papa-francesco_20150925_onu-visita.html>, consulté le 18 décembre 2017 à 19h15.

diversité et qu'ils sachent renforcer, pour le bien commun, le meilleur de chaque peuple et de tout citoyen »[167].

Renforcer le meilleur de chaque peuple, de chaque culture et de tout citoyen revient à insuffler aux institutions *ad hoc* ce *sensus humanitatis*, indispensable à toute diplomatie en quête de paix et d'harmonie entre les peuples. La construction de la paix devient alors le but ultime des traités et de la collaboration entre le Saint-Siège et la Communauté internationale. Cette paix est conditionnée par le respect de la dignité humaine, le respect des droits de l'homme, dont la démocratie se fait le défenseur au niveau de la gouvernance politique et sociale. Ce sens de l'humanité permet de dépasser les antagonismes qui agitent les deux courants du positivisme et de l'humanisme. Ainsi, le positivisme kelsénien et ses adeptes qui ont détaché les droits de l'homme de leur racine qu'est la dignité humaine trouveront dans ce *sensus humanitatis* la raison première de la loi positive. En revanche les humanistes qui font de la dignité humaine le socle des droits de l'homme trouveront dans la loi une pédagogie. Il s'agit à terme de faire du *sensus humanitatis* le critère de genèse et d'application de la technique juridique.

Le respect des droits de l'homme ne devrait pas être imposé uniquement par la loi et les institutions mais il devrait être cultivé par chaque personne comme une vertu, une éthique[168],

---

[167] *Ibidem.* Dans le même discours le Souverain Pontife souligne la nécessité de bâtir un ordre international pacifique. Il écrit : «Le Préambule et le premier article de la *Charte des Nations Unies* montrent quels sont les ciments de la construction juridique internationale : la paix, la résolution pacifique des conflits et le développement de relations d'amitié entre les nations. La tendance toujours actuelle à la prolifération des armes, spécialement les armes de destruction massive comme les armes nucléaires, contraste fortement avec ces affirmations et les nie dans la pratique. Une éthique et un droit fondés sur la menace de destruction mutuelle – et probablement de toute l'humanité – sont contradictoires et constituent une manipulation de toute la construction des Nations Unies, qui finiraient par être ‘‘ Nations unies par la peur et la méfiance’’. Il faut œuvrer pour un monde sans armes nucléaires, en appliquant pleinement l'esprit et la lettre du Traité de non-prolifération, en vue d'une prohibition totale de ces instruments ».

[168] En philosophie morale, une distinction est faite entre la métaéthique et l'Ethique normative. La métaéthique se veut descriptive en ce sens qu'elle cherche à identifier les éléments caractéristiques du jugement moral par rapport à d'autres types de jugement (esthétique, factuel…). Quant à l'Ethique

parce que c'est d'abord une valeur *erga omnes.* C'est de cette même intention que répond le pouvoir d'action judiciaire dont est titulaire tout individu se sentant lésé dans ses droits. En dépit des nombreuses critiques[169] faites aux droits de l'homme, on

---

normative, elle est essentiellement prescriptive, en ce sens qu'elle se borne à dire ce qu'il faut faire et ne pas faire, ce qui est juste et injuste, ce qui est bien et mal...Les orientations qu'elle donne doivent avoir de solides fondements dans les théories morales, cohérentes et complètes. Il existe trois grandes lignes doctrinales (Baron, Pettit, Slote) : 1) La déontologie : ici, la principale question morale est celle-ci : « Que dois-je faire ? ». 2) Le conséquentialisme ; ici la question morale est celle-ci : « Quel est le meilleur état du monde ? ». Il faut donc œuvrer pour le bien du plus grand nombre. 3) L'éthique des vertus : cette éthique tourne le regard de l'agent moral sur lui-même. La principale question morale n'est ni « que dois-je faire ? » ni « quel est le meilleur état du monde ? » mais « quel genre de personne dois-je être ? ». « Être vertueux » devient pas simplement un bon moyen d'agir justement et moralement, mais assurément le but de la morale elle-même. En général, on rattache le courant kantien à la déontologie, les courants utilitaristes de Jeremy Bentham et de John Stuart Mill au conséquentialisme et enfin les inspirations morales d'inspiration aristotélicienne sont rattachées à l'éthique des vertus. Jusque-là, la question des droits de l'homme en philosophie a été discutée principalement dans le cadre du conflit opposant la déontologie et le conséquentialisme (Nagel). Il est sans doute bénéfique de l'envisager du point de vue de l'éthique des vertus. Telle est la perspective de notre réflexion. Cf. OGIEN R., « Ethique (Grandes doctrines de l'éthique et droits de l'homme) », in ANDRIANTSIMBAZOVINA J. - GAUDIN H. – MARGUÉNAUD J-P. – RIALS S. – SUSRE F., *Dictionnaire des droits de l'homme*, Presses Universitaires de France, Paris, 2012, pp. 398-402.

169 Justine Lacroix et Jean-Yves Pranchère énumèrent cinq nouvelles critiques faites aux droits de l'homme. Il s'agit des critiques antimoderne 1, antimoderne 2, communautaire 1, communautaire 2 et la critique radicale. La critique antimoderne 1 voit dans les droits de l'homme une négation de l'ordre juste au profit de droits subjectifs. Les droits sont détachés de l'idée du bien commun pour faire valoir l'autonomie de la volonté. La critique antimoderne 2 considère que les droits de l'homme sont contre la politique. Ils sont impolitiques selon la terminologie de Freund, qui a emprunté les idées de Schmitt. L'impolitique, selon Freund n'est pas à confondre avec le non politique (extérieur à la politique) ni à l'antipolitique (rejet de la politique). Elle désigne plutôt le manque de jugement et de pertinence dans l'exercice de l'action politique. La logique des droits de l'homme semblerait dédaigner tout ce qui est politique, car elle est dépolitisante. La critique communautaire 1, reproche aux droits de l'homme d'être oublieuse du caractère engagé et contextualisé de l'existence et donc de se fonder sur un sujet abstrait, impassible titulaire des droits. La critique communautaire 2 pense qu'avec les droits de l'homme, la démocratie se retourne contre elle-même. Le sacre contemporain des droits de l'individu au détriment de la Nation ou de la

peut néanmoins retenir avec Habermas que les luttes contemporaines continuent de donner aux droits de l'homme « l'explosivité d'une utopie concrète »[170]. Mais, ces luttes, si elles veulent rester efficaces, doivent obéir elles aussi à une éthique. Il semble donc absurde de devoir faire la guerre pour instaurer la démocratie ou pour contraindre au respect des droits de l'homme, car la guerre en elle-même est une négation des droits et une violation de la dignité humaine[171]. L'instrument juridique le plus efficace pour bâtir la paix ne serait-il pas la prévention ? La recherche de la paix ainsi que la question de la sécurité internationale doivent prendre en compte le critère des droits de l'homme non seulement comme objectif à atteindre mais surtout comme un critère d'évaluation des actions menées en faveur de la paix et de la sécurité. Le recours à la force n'est-il pas contraire à la dignité humaine ? Le choix des moyens de résolution des conflits doit-il être indifférent pour la diplomatie ? Celle-ci peut-elle s'accommoder de tous les moyens possibles ? L'étude des droits de l'homme soumet la diplomatie vaticane ou étatique à toutes ces interrogations. Le dernier volet de notre travail abordera donc la question de la prévention et de la résolution des conflits.

République est le signe le plus éclatant, selon les tenants de cette critique, de la dégénération de la démocratie. A la version républicaine d'appartenance d'origine s'oppose l'inhérence des droits à la personne, créant une ligne de fracture entre démocratie et droits de l'homme. Enfin, la critique radicale croit que les droits de l'homme s'opposent à l'émancipation. Elle accuse l'idéologie des droits de l'homme de freiner le progrès. Les droits de l'homme ne seraient qu'une idolâtrie qui recouvre, sous une apparence antipolitique, des formes insidieuses de domination. Cf. J. LACROIX- J.-Y. PRANCHÈRE, *Le procès des droits de l'homme,* Editions du Seuil, Paris, 2016, p. 37-84. Ces critiques n'enlèvent pas au sujet des droits de l'homme son importance contrairement à ce que pensait Charles Beitz qui affirmait que les droits de l'homme ne sont pas un bon sujet pour la philosophie politique car « ils ne soulèvent pas d'enjeux théoriques réellement intéressants » (C. BEITZ, *The idea of human rights,* Oxfort University Press, Oxford, 2009, p. XI).

[170] J. HABERMAS, *La Constitution de l'Europe,* Gallimard, Paris, 2012, p. 137. (Traduction de C. Bouchindhomme).

[171] Certains auteurs préfèrent parler de la guerre comme un défi. Cf. J. F. GUILHAUDIS - L. BALMOND, *Relations internationals contemporaines,* LexisNexis, Paris, 2017, pp. 1067-1095.

CHAPITRE II

PRÉVENTION ET RÉSOLUTION DES CONFLITS

Puisqu'il s'agit à terme de favoriser une saine coopération entre le Saint-Siège et la Communauté internationale, il convient d'emblée de préciser le cadre général dans lequel nous abordons ces thèmes de la prévention et de la résolution des conflits. La question du respect des droits de l'homme et la recherche de la paix mondiale obligent à réfléchir sur les stratégies et les moyens d'action à déployer pour atteindre l'objectif de la convivence pacifique entre les Etats ainsi qu'entre les personnes. Pour rendre concrète et explicite l'idée de convivence harmonieuse, les Papes Benoit XVI et François parlent carrément de fraternité, notion sous-jacente à celle de la paix, de la démocratie, des droits de l'homme, objet de la préoccupation aussi bien de la diplomatie du Saint-Siège que des différents Etats ou Organisations internationales. Benoit XVI regrette que cette fraternité n'ait pas reçu un traitement approfondi dans les pensées philosophiques des différents pays :

> « Le bel idéal de la fraternité, écrit-il, qui se trouve dans l'hymne national de beaucoup de pays, a eu un écho mineur dans le développement de la pensée philosophique par rapport à d'autres idéaux tels la liberté, l'égalité, le progrès ou l'unité. Il s'agit d'un principe qui en grande partie est resté lettre morte dans les sociétés

politiques modernes et contemporaines, surtout à cause de l'influence des idéologies individualistes et collectivistes »[172].

Précisons que la pensée philosophique dont il est question dans le magistère de Benoit XVI, veut dire une réflexion éthique au sujet de la fraternité qui débouche sur des mesures juridiques de promotion et de protection de la paix. La paix recherchée par la diplomatie du Saint-Siège consiste à remplacer l'axiome « l'homme est un loup pour l'homme » par celui de « l'homme est un frère pour l'homme ». Cette diplomatie vise à éviter de tomber dans ce que Gabriel Negretto a appelé « le piège de Hobbes »[173]. Comme le souligne le cardinal Jean-Louis Tauran, l'insistance sur la priorité de l'homme permet aux diplomates du Saint Siège de rappeler à leurs interlocuteurs que l'homme est toujours objet et fin de l'activité politique, de la promotion et de la défense si nécessaire de la paix. Cela implique le refus de la guerre comme moyen pour résoudre les différends et la mise en œuvre d'initiatives concrètes pour parvenir à un désarmement effectif des belligérants. C'est à la lumière de cette éthique de la fraternité et de la dignité que nous voulons comprendre le concept de prévention, le choix des moyens de résolution des conflits et la question de la responsabilité internationale.

2.1. LA PREVENTION

Avant de nous focaliser sur une approche critique des opérations de maintien de la paix ainsi que sur les réformes que cela a entrainées au sein de l'ONU, nous allons situer le concept de prévention dans le cadre initial de sa genèse en essayant d'éclairer son approche juridique et sa typologie.

---

[172] BENEDETTO XVI, Discours à cinq nouveaux ambassadeurs accrédités près le Saint Siège : *Per una convivenza armoniosa,* 16 dicembre 2010, in *L'Osservatore Romano,* 17 dicembre 2010, 3.

[173] Cf. G. NEGRETTO, *Kant and the illusion of collective security*, in *Journal of International Affairs,* 46, 2, 1993, pp. 501-523.

2.1.1. La prévention : approche et typologie

Le concept de prévention des conflits est une notion transversale dont le champ d'application déborde le seul cadre de l'avant-guerre pour embrasser des périodes comme celle pendant la guerre et celle de l'après-guerre. Faire de la prévention d'avant-guerre consiste à mettre en œuvre un certain nombre de mesures visant à éviter la survenue ou l'éclatement du conflit. En période de guerre, la prévention a pour objectif d'empêcher l'extension et la cristallisation du conflit. Enfin, la prévention d'après conflit cherche à remédier aux causes dudit conflit pour tuer les germes d'un nouvel embrasement. Historiquement, l'ONU serait principalement une organisation essentiellement préventive en ce sens qu'elle fut créée après l'horreur de la deuxième guerre mondiale pour « préserver les générations futures du fléau de la guerre » en chargeant les Etats de « prendre des mesures collectives efficaces pour la prévention et l'élimination des menaces pour la paix ». L'évitement du conflit et la résolution pacifique des différends font partie de l'ADN de l'ONU, hérité de la SDN (la société des Nations) et plus avant encore de la Conférence de paix de la Haye, en 1899. La prévention serait donc le fil de continuité entre l'ordre ancien et le nouvel ordre mondial du 21ème siècle, même si beaucoup d'auteurs considèrent que la prise de conscience s'est accrue avec le discours mémorable de l'ancien secrétaire des Nations Unies, en 1992, lorsqu'il livre son agenda pour la paix. Boutros Boutros-Ghali, affirmait :

> « Les guerres et les conflits ont de profondes racines. Pour les atteindre, il nous faut déployer tous les efforts dont nous sommes capables en vue de renforcer le respect des droits de l'homme et des libertés fondamentales, favoriser le développement économique et social durable, si nécessaire à une prospérité plus grande, soulager la misère et réduire les arsenaux d'armes de destruction massive ou, au moins, en restreindre l'emploi »[174].

---

[174] BOUTROS BOUTROS-GHALI, *Agenda pour la paix*, document A/47/277 S/24111 français n°5, p. 2, in URL :
< http://www.un.org/fr/documents/view_doc.asp?symbol=A/47/277 >, consulté le 18 décembre 2017 à 19h 22.

En effet, dans ce document, il est question de la diplomatie préventive[175], de rétablissement de la paix[176], de maintien de la paix[177] et de consolidation de la paix[178]. Les nuances entre ces différents termes n'autorisent pas à ériger entre eux des barrières infranchissables ou une chronologie figée et mécanique dans leur activation, au contraire, ces divers processus doivent être pensés de façon coordonnée et simultanée pour atteindre les objectifs de paix assignés à l'ONU. C'est d'ailleurs ce qui ressort des rapports successifs, tel celui du Secrétaire Général faisant l'analyse des échecs des années 1992-1995 sur Srebrenica et sur le Rwanda (1999). Il y a surtout en 2000 le rapport du groupe d'études sur les opérations de paix de l'Organisation des Nations Unies, appelé Rapport Brahimi, en référence au nom du président de ce groupe, Lakhdar Brahimi[179].

Ce rapport va jouer un rôle décisif pour la décennie suivante en ce sens qu'il sera la référence première pour toutes les opérations de paix entreprises par les Nations Unies. Il aboutira ainsi à l'élaboration d'une doctrine fondamentale *(Capstone*

---

[175] Le point 20 de l'*Agenda pour la paix* donne des définitions de la diplomatie préventive, du rétablissement de la paix, du maintien de la paix : « La diplomatie préventive a pour objet d'éviter que des différends ne surgissent entre les parties, d'empêcher qu'un différend existant ne se transforme en conflit ouvert et, si un conflit éclate, de faire en sorte qu'il s'étende le moins possible ».

[176] « Le rétablissement de la paix vise à rapprocher les parties hostiles, essentiellement par des moyens pacifiques tels que ceux prévus au chapitre VI de la Charte des Nations Unies ».

[177] « Le maintien de la paix consiste à établir une présence des Nations Unies sur le terrain, ce qui n'a jusqu'à présent été fait qu'avec l'assentiment de toutes les parties concernées, et s'est normalement traduit par un déploiement d'effectifs militaires et /ou de police des Nations Unies, ainsi, dans bien des cas, que de personnel civil. Cette technique élargit les possibilités de prévention des conflits aussi bien que de rétablissement de la paix ».

[178] Le point 21 aborde la notion de consolidation de la paix après les conflits et la définit comme: « action menée en vue de définir et d'étayer les structures propres à raffermir la paix afin d'éviter une reprise des hostilités », in URL : < http://www.un.org/fr/documents/view_doc.asp?symbol=A/47/277 >, consulté le 18 décembre 2017 à 19h22.

[179] Rapport du groupe d'études sur les opérations de paix de l'organisation des Nations Unies, A/55/305- S/2000/809, 20 août 2000.

doctrine)[180] sur les opérations de paix, par le Département des opérations de maintien de la paix (DOMP) en 2008. Toutes ces étapes historiques nous enseignent que l'ONU est une organisation *« semper reformanda »* en vue d'une plus grande efficacité[181]. Au nombre des récentes réformes, on a par exemple, les réformes de l'agenda de paix de Boutros Boutros-Ghali (1992)[182], les réformes Brahimi (2000-2004)[183], les

---

[180] *« Capstone Doctrine »*, in *Opérations du maintien de la paix : principes et orientations,* in URL :
< http// www.un.org/french/peace/peace/pdf/capstone_doctrine_fr.pdf >, consulté le 18 décembre 2017, à 19h27.

[181] Cf. A. NOVOSSELOFF, *Le Conseil de sécurité des Nations unies, entre impuissance et toute puissance,* CNRS Editions, coll. « Biblis », Paris, 2016, p. 261-297.

[182] Les principaux objectifs de la réforme initiée par Boutros Boutros-Ghali sont énumérés dans le point 15 de l'*Agenda pour la paix ;* il s'agit donc :
1) « D'essayer de déceler aussitôt que possible les situations porteuses de conflit, et de parer au danger, par la voie diplomatique, avant que la violence ne se déclare ».
2) « Lorsqu'un conflit éclate, d'entreprendre de rétablir la paix en réglant les différends qui le sous-tendent ».
3) « De maintenir la paix, aussi précaire soit-elle, lorsque cesse le combat, et de contribuer à la mise en œuvre des accords auxquels sont parvenus les médiateurs ».
4) « De nous tenir prêts à prendre part au rétablissement de la paix sous ses diverses formes : reconstruire les institutions et les infrastructures des nations déchirées par la guerre civile et les conflits internes ; créer entre les nations précédemment en guerre des liens fondés sur l'avantage mutuel ».
5) « Au sens le plus large, enfin, d'essayer d'extirper les causes les plus profondes du conflit : misère économique, injustice sociale et oppression politique. Une morale nouvelle se discerne dès à présent, que partagent de plus en plus les nations et les peuples du monde, et qui trouve à s'exprimer dans les dispositions du droit international, dont un bon nombre sont le fruit des efforts de notre Organisation ».
Cette diplomatie préventive exige des mesures devant instaurer la confiance, la mise en place d'un dispositif d'alerte à partir de la collecte d'informations ainsi que des procédures formelles ou informelles favorisant l'établissement des faits. Elle préconise aussi la possibilité d'un déploiement préventif et dans certaines situations, la création de zones démilitarisées. Tout cela repose sur les principes cardinaux de la confiance mutuelle et de la bonne foi.

[183] A la suite de l'*Agenda pour la paix*, les désastres humanitaires causés par les conflits de Srebrenica et le génocide rwandais, ont alerté le Secrétariat des Nations Unies sur la nécessité d'approfondir la réflexion en matière de maintien de la paix. La conscience de cette nécessité fut renforcée par la prise en otage des casques bleus en Sierra Leone en 2000. Pour éviter que L'ONU ne soit reléguée au rang de

simple organisation civile, chargée de la gestion des situations post-conflit, à l'instar des Organisations régionales comme ce fut le cas au Kosovo et au Timor, le panel Brahimi formula des recommandations précises qui furent étudiées au Sommet du Millénaire en Septembre 2000, et lors des deux sessions du Comité spécial pour les opérations de maintien de la paix (ou C-34) en 2000 et 2001. Ces recommandations ont donné lieu à une résolution spécifique (S/RES/1 327) du Conseil de sécurité. Que retenir de ce rapport Brahimi ? Essentiellement deux aspects à savoir le constat de l'inefficacité des casques bleus, due non seulement à leur nombre insuffisant mais aussi à l'inadéquation de leurs équipements (logistique). Il faut donc augmenter le nombre de casques bleus et leur fournir la logistique idoine à leur mission. Un casque bleu doit pouvoir défendre et se défendre. Ensuite le second aspect pointe du doigt le manque de coordination entre les organes de l'ONU, ce qui engendre un grand problème en ce qui concerne les « vraies décisions » à prendre. Du coup, le Rapport propose une réorganisation du Département des Opérations de Maintien de la Paix (DOMP) et un renforcement de la communication interne et externe de l'ONU. Car, à terme, il s'agit de doter l'ONU d'une véritable capacité de mener avec succès ses opérations de paix, ce que le Rapport désigne par le vocable d'*« opération crédible »*. La présence de l'ONU dans les zones de conflit doit être une présence *« crédible et dissuasive »* et pas seulement une présence *« symbolique et non menaçante »*. Cela exige de redimensionner les missions de paix en édictant des mandats clairs, crédibles et réalistes. Le premier terrain d'application des recommandations de Brahimi fut l'Afghanistan, où Lakhdar Brahimi lui-même fut nommé envoyé spécial en l'automne 2001. Il fut opposé à l'envoi de casques bleus en Afghanistan, estimant que les conditions sécuritaires étaient trop dégradées. Il privilégiait ainsi les accords de Bonn, signés en 2001 et que la Communauté internationale devait seulement appuyer. Ainsi fut mise en place une sobre mission d'assistance aux autorités afghanes, mission composée environ de 100 à 200 personnes majoritairement afghanes (*Light footprint approach)*. Nous observons à ce niveau un changement de stratégie comparativement à ce qui est advenu au Kosovo et au Timor oriental : à la place de la politique de substitution et de forte présence internationale, une nouvelle approche dite *« mission intégrée »* fut expérimentée. La MANUA (Mission d'Assistance des Nations Unies en Afghanistan) fut la première mission du genre avec le Représentant Spécial du Secrétaire Général (RSSG) comme coordinateur des autres organes du système onusien sur place. Malheureusement cette démarche initiale fut progressivement minée, au fil des années avec la forte dégradation sécuritaire, l'absence de coordination et la prolifération tous azimuts des acteurs internationaux ainsi que des programmes d'aide et d'assistance. Finalement, en 2010, la MANUA comptait plus de 1500 personnes dont 350 internationaux. Cf. A. NOVOSSELOFF, *Dix ans après le Rapport Brahimi sur les Opérations de Paix des Nations Unies, quel bilan d'une décennie de reformes ?* in URL :
< http://www.afri-ct.org/wp-content/uploads/2015/02/231_NOVOSSELOFF-AFRI_2010.pdf >,
consulté le 27 décembre 2017 à 9h29.

réformes structurelles de Koffi Anan (2005-2007)[184], la *Capstone Doctrine* (2006-2008), les réformes issues du Rapport « New Horizon » (2009-2010).

---

[184] En 2003, la crise iraquienne et la tendance américaine à la décrédibilisation de l'ONU qui s'en est suivie, en raison du fait que l'Organisation n'ait ni autorisé ni légitimé l'intervention en Iraq, ont conduit Koffi Annan, à charger un « groupe de personnalités de haut niveau » de lui proposer des réformes « claires et pratiques » nécessaires pour remettre l'ONU au cœur des crises du moment et de sa mission première. En décembre 2004, ce groupe remit au Secrétaire Général un rapport titré *« Un monde plus sûr : notre affaire à tous »*. Prenant appui sur ce rapport, Koffi Annan fit le sien qu'il présenta en mars 2005 avec le titre : *« Dans une plus grande liberté : développement, sécurité et respect des droits de l'homme pour tous »* (A/59/2005, 24 mars 2005). L'examen de ces deux rapports lors des débats aboutit à la Déclaration du Sommet mondial du 60ème anniversaire de l'Organisation. Bien qu'elle ne traite pas spécifiquement de maintien de la paix, cette Déclaration contribuera à combler une des lacunes mises en relief dans le rapport Brahimi, à savoir la création d'une Commission pour la consolidation de la paix. Entre 2005 et 2007, l'ONU est sollicitée au-dessus de ses capacités, dans des situations politiques sans processus de paix et dans des situations sécuritaires très précaires. La demande en casques bleus s'accroît notamment pour le Libéria, la Côte d'Ivoire, Haïti, le Burundi, le Sud-Soudan, le FINUL au Liban, le Darfour et le Tchad. Le nombre de casques bleus, de 40000 en 2004 monte à 98000 en 2009. Le nouveau Secrétaire Général, Ban Ki-Moon, à sa prise de fonction en janvier 2007, conscient de l'incapacité du Département des Opérations de Maintien de la Paix (DOMP) à gérer seul les conflits, entreprend de le restructurer et de créer un nouveau Département de l'Appui aux Missions (DAM) destiné à fournir des ressources à l'ONU dans le montage et le soutien des opérations de maintien de la paix en tenant compte de la multiplication des conflits et de leur complexité. Le DOMP fut alors structuré en cinq bureaux articulés et complémentaires : le Bureau du Secrétaire Général adjoint, le Bureau des opérations, le Bureau des affaires militaires en remplacement de la Division militaire, le Bureau de l'Etat de droit et des institutions chargées de la sécurité, enfin la Division des politiques, de l'évaluation et de la formation. Le DAM intervient dans les OMP mais apporte son soutien aux missions politiques spéciales (environ 12) et aux envoyés spéciaux relevant du Département des affaires politiques. Afin de minimiser les accrochages entre le DOMP et le DAM, Ban Ki-Moon donna la préséance au chef du DOMP auquel le chef du DAM devrait rendre des comptes. Cela visait à coordonner et intégrer les tâches des deux départements. Cf. URL : < http://www.afri-ct.org/wp-content/uploads/2015/02/231_NOVOSSELOFF-AFRI_2010.pdf >, consulté le 27 décembre 2017 à 9h29.

2.1.2. L'ONU et les Opérations de Maintien de la Paix (OMP)

Le travail de la *Capstone Doctrine,* fut commencé en 2006 à l'initiative de Jean-Marie Guéhenno, alors Secrétaire Général pour les OMP. Les opérations pour le maintien de la paix devaient recevoir un nouvel encadrement doctrinal pour éviter, avec la multiplication des interventions et la complexité des situations, que l'ONU ne soit indûment appelée à la rescousse des Etats pour des opérations outrepassant la mission de l'institution. La nouvelle doctrine a puisé la plus grande partie de ses éléments dans le Rapport Brahimi. Elle affirme que la base juridique des opérations de maintien de la paix se trouve dans le chapitre VI (règlement pacifique des différends), le chapitre VII (action en cas de menace à la paix) et le chapitre VIII (coopération avec les arrangements régionaux). Curieusement, si le Conseil de sécurité a souvent évoqué seulement le chapitre VII, c'est pour éviter l'accusation d'ingérence dans les affaires internes d'un Etat (article 2, paragraphe 7) et marquer la fermeté de sa détermination politique. Toutefois il n'est pas explicitement fait mention du chapitre VI. Il est donc clair que ce qui importe ici, ce serait moins la référence à tel ou tel chapitre de la Charte plutôt que le vocabulaire utilisé par l'ONU pour sa résolution. Il apparaît donc que les opérations de maintien de la paix ne sont qu'un type d'action parmi une pléthore d'activités menées par l'ONU ou d'autres acteurs internationaux pour le maintien de la paix et de la sécurité internationale. D'autres vocables désignent ces activités multidimensionnelles de l'ONU : prévention des conflits, rétablissement de la paix, imposition de la paix, consolidation de la paix. La doctrine précise que les opérations de maintien de la paix ne sont, ni dans leur conception ni dans leurs équipements, destinées au renforcement des capacités institutionnelles des Etats sur le long terme. Ce rôle revient aux acteurs de développement et l'ONU doit faire une différence entre le maintien de la paix et l'imposition de la paix. Le maintien de la paix exige l'usage de la force au niveau tactique avec le consentement des autorités du pays hôte ou des parties principales au conflit ou des deux. L'imposition de la paix se fait, elle, par l'usage de la force au point de vue stratégique ou international, ce qui constituerait une violation de l'article 2, paragraphe 4 de la Charte, à moins que l'opération n'ait été autorisée par le Conseil de sécurité. Toute la nuance entre ces deux opérations réside dans la différence entre une stratégie et une tactique. La stratégie est définie comme l'« art d'organiser et de conduire un ensemble d'opérations militaires prévisionnelles et de coordonner l'action des forces armées sur le théâtre des opérations jusqu'au moment où elles sont en contact avec l'ennemi »[185]; tandis que la tactique se définit comme l'« art de diriger une bataille, moyens employés pour réussir »[186].

Il découle de ces deux définitions que la différence entre stratégie et tactique tient du fait que la stratégie va regarder le côté planification, le long terme alors que la tactique va porter sur le côté opérationnel, donc le court terme. On constate par conséquent que l'ONU entend faire usage de la force non comme une stratégie mais comme une tactique[187]. Elle compte sur les acteurs de développement pour ce qui est de la stratégie. Il est donc indéniable que, même là, la guerre n'est pas une stratégie pour l'ONU qui privilégie les moyens pacifiques pour atteindre la paix. Les principes fondateurs du maintien de la paix, élaborés depuis 1956, ne sont pas abandonnés dans la nouvelle doctrine, au contraire, ils servent de guide, de boussole. Ce sont le consentement des parties au conflit et de l'Etat-hôte, l'impartialité, le recours à la force uniquement en cas de légitime défense. Le consentement des parties n'est pas à entendre dans un sens holistique, où il faut l'accord de toutes les parties au conflit mais il s'agit du consentement des parties

---

185 CENTRE NATIONAL DE RESSOURCES TEXTUELLES ET LEXICAL (CNRTL), *stratégie,* in URL : < http://www.cnrtl. fr/definition/Strategie >, consulté le 26 octobre 2017 à 10h25. Voir aussi *Encyclopaedia Universalis France*, S.A. stratégie et tactique, Volume 15, sixième publication, janvier 1976, pp. 408-409.

186 *Dictionnaire Français*, in URL :
< http://www.linternaute.com/dictionnaire/fr/definition/tactique/ > consulté le 26 octobre 2017 à 10h35. Voir également G. HABEREY - H. PEROT, *L'art de conduire une bataille,* Editions Pierre De Taillac, Paris, 2016.

187 Cf. A. NOVOSSELOFF, *Le Conseil de sécurité des Nations Unies, entre impuissance et puissance,* CNRS Editions, coll. « Biblis », Paris, 2016, pp. 101-199.

principales au conflit de sorte à préserver aux OMP la liberté d'action politique et physique nécessaire à l'exécution des mandats. Il s'agit d'outiller toute opération de maintien de la paix en la dotant des ressources opérationnelles ainsi que des capacités politiques et d'analyse, pour faire face à l'éventuelle oscillation du consentement, à sa réversibilité, à son érosion ou carrément à son absence. Ensuite, l'impartialité dont il est question n'est pas synonyme d'indifférence, ni de négligence, ni de neutralité : tout comme un bon arbitre impartial qui ne manquera pas de siffler les fautes, une opération de la paix est censée dénoncer les violations d'un accord de paix ou de normes internationales, commises par les parties. Enfin, le recours à la force en cas de légitime défense s'applique aux casques bleus dans le cadre de la défense de leur mandat. Ils sont donc amenés à user de la force pour sauvegarder la crédibilité et la liberté de mouvement de l'opération. Cependant le recours à la force doit servir à dissuader ceux qui entravent par leurs actions le processus de paix. Il ne doit pas servir à attaquer les civils ni à les exterminer (élimination physique).

En définitive la doctrine fondamentale *(Capstone Doctrine)*[188] a fixé quelques règles d'or. 1) La condition première du déploiement d'une opération de maintien de la paix, c'est d'abord l'existence d'un accord de paix. Aucune opération de maintien de la paix ne pourra se faire en l'absence d'un accord de paix, préalablement signé par ceux qui vont recevoir l'intervention. 2) La réussite de l'opération exige

---

[188] Cette doctrine fondamentale porte aussi le titre de : *« Opérations de maintien de la paix ; principes et orientations »*. Précisons que ce document est une publication interne au Département pour les opérations de maintien de la paix, dont le Comité spécial pour les opérations de maintien de la paix (C-34) a seulement pris note. A l'opposé du rapport Brahimi (S/RES/1 327), il n'a jamais fait l'objet d'aucune résolution ni de déclaration présidentielle par le Conseil de sécurité. Cette modalité évidemment incontournable pour le DOMP s'explique par le caractère sensible du sujet puisque les Etats sont réticents à poser des limites aux opérations de maintien de la paix et ne veulent pas les mener de la même façon ni avec les mêmes moyens. La publication de ce document a entraîné au sein du C-34 une discussion visant à approfondir les principes fondamentaux des opérations de maintien de la paix jusqu'à l'avènement de la crise aux Kivu qui a fini de convaincre le Conseil de sécurité qu'il ne pouvait pas se tenir en marge de la manière dont les opérations de maintien de la paix étaient mises en œuvre sur le terrain.

l'engagement sans concession de la Région, en ce sens qu'il est primordial pour une issue favorable en situation de conflit de pouvoir compter sur les Etats voisins. 3) Il faut également une mobilisation franche du Conseil de sécurité dans son entièreté. Une opération de maintien de la paix doit avoir l'appui total du Conseil de sécurité uni, ce qui veut dire l'engagement sans faille des Etats membres qui l'ont décidé et qui vont y contribuer. Toute scission au sein du Conseil de sécurité comporterait le risque de fragiliser la légitimité et l'autorité de la mission. 4) Il y a nécessité d'un mandat clair, réalisable, avec les ressources adéquates assorties, c'est-à-dire suffisantes et adaptées au mandat. 5) Il est capital qu'une opération de maintien de la paix sache susciter l'appropriation nationale et locale de l'opération, ainsi que l'adhésion de la population locale au processus, de manière à pouvoir contrôler et gérer l'impact social, économique et environnemental de l'opération.

La crise au Kivu en septembre 2008[189] forcera le Conseil de sécurité à réfléchir davantage sur cette doctrine des opérations pour le maintien de la paix. Cette crise a mis à nu les dysfonctionnements de la MONUC (Mission d'observation des Nations Unies au Congo) comme par exemple les problèmes organisationnels en ce qui concerne les relations entre le Département pour le maintien de la paix et le terrain. En outre, elle a permis au Conseil de sécurité de prendre davantage conscience de la nécessité d'améliorer le suivi des opérations depuis leur préparation jusqu'à leur mise en œuvre. Cette crise a par ailleurs révélé certaines lacunes structurelles inhérentes à l'ONU elle-même, pourtant deuxième pourvoyeur pour ce qui est des opérations de déploiement, après le leader en la matière que sont les Etats-Unis. Tout cela a généré encore une volonté de réforme de l'institution, lancée le 23 janvier 2009, par la France et l'Angleterre qui ont publié un *non-paper*[190]. Cette

---

[189] Voir T. VIRCOULON, *La guerre sans fin des kivu ou les limites de la diplomatie de la paix,* in *annuaire français des relations internationales,* Vol. X, 2009.

[190] Un *non-paper* est une communication informelle ne comportant pas de signature et servant, lors de discussions, à présenter des idées ou des textes qui n'engagent pas les parties. Le terme est souvent rendu en français par l'expression non-papier, qui, stricto sensu, ne semble pas adéquat. Il faut

nouvelle réforme conduira le Secrétariat (DOMP et DAM) à publier le 17 juillet 2009 un *documentum laboris* avec le titre suivant : *« New Horizon »*[191] (Nouvel horizon). Selon *« new horizon »*, le problème majeur des opérations de maintien de la paix réside dans le manque de consensus sur leur rôle et leurs modalités de mise en œuvre, un point toutefois épinglé dans le Rapport Brahimi et d'autres. Alors, la solution serait de travailler à construire un partenariat le plus large et le plus multidimensionnel possible. *« New Horizon »* établit pour ce faire un triple partenariat d'objectifs, d'action et d'avenir, ce qui implique de la part du Conseil de sécurité d'émettre des mandats aux objectifs clairs et aux tâches précises. Il propose de substituer à l'approche par les chiffres et les effectifs *(number-intensive strategy)*, une approche par les capacités *(capability-driven approach)*. Cela consiste à renforcer la crédibilité des opérations, dans un premier temps, en promouvant une compréhension commune des tâches (*mandated tasks*), notamment celles les plus transversales à savoir la protection des civils, le maintien de la paix dite « robuste » et la consolidation de la paix; dans un second temps, il faut coordonner et ordonner les interactions entre les différents

---

plutôt parler de « note libre » qui rend mieux le sens de non-paper. Le Représentant britannique résumait la note libre publiée par la France et l'Angleterre en ces termes : « La première partie de ce document passe en revue les difficultés, que nous avons regroupées en trois domaines. Le premier porte sur le contrôle stratégique efficace, en particulier la nécessité d'une meilleure préparation, d'une meilleure planification, d'un meilleur contrôle et d'une meilleure évaluation des opérations. La deuxième partie examine les pénuries de ressources, y compris l'importance de trouver de nouveaux moyens de gérer la pression du financement et de la disponibilité des troupes et d'autres ressources alors que les demandes de maintien de paix des Nations Unies ne cessent d'augmenter. La troisième partie porte sur les enseignements tirés de la mise en œuvre, y compris sur la manière dont les mandats de plus en plus complexes que nous donnons aux soldats de la paix des Nations Unies peuvent être remplis », in URL : < http://www.afri-ct.org/wp-content/uploads/2015/02/231_NOVOSSELOFF-AFRI_2010.pdf >, consulté le 27 juillet 2017 à 10h37.

[191] Un rapport du *Center for International Cooperation* (Centre pour la coopération internationale) a servi de base à la rédaction du document « New Horizon », du moins en partie. Pour approfondissement voir in URL : < http://www.Peacekeepingbestpratices.unlb.org/PBPS/library/CIC%20New%20Horizon%20Think% 20Piece.pdf >, consulté le 18 décembre 2017 à 19h30.

acteurs: 1) ceux qui autorisent une mission, 2) ceux qui la réalisent, 3) ceux qui y contribuent, 4) ceux qui l'accueillent, 5) ceux qui sont en partenariat avec les soldats de la paix des Nations Unies. *« New Horizon »* préconise de faire systématiquement usage des coalitions, c'est-à-dire des groupes *ad hoc (informal mission-specific coalitions of engaged stakeholders)* qui obéiront à une planification détaillée tout en évaluant l'impact de leur action grâce aux indicateurs (*benchmarks)* ou points d'étapes qu'ils auront mis en place.

Une des propositions les plus controversées de *« New Horizon »* a été de vouloir reconduire un des points du rapport Brahimi qui prévoyait que les résolutions du Conseil de sécurité pour le maintien de la paix, soient prises en deux temps. D'abord, la première résolution comporterait l'annonce de l'intention de créer une opération avec des objectifs clairs de sorte à pouvoir rassembler tous les moyens nécessaires à son actuation. Lorsque tous les moyens sont réunis, alors on passerait à la seconde résolution qui créerait formellement ladite opération. Cette proposition fut accueillie avec défiance, du fait qu'elle semblait ne pas prendre en compte l'urgence qui prévaut souvent pour les opérations et la grande difficulté non seulement à mobiliser les ressources nécessaires, mais encore le casse-tête pour maintenir l'engagement des Etats dans la durée[192]. Somme toute, nous devons retenir qu'à partir des années 2000, le maintien de la paix se caractérise par trois éléments principaux, à savoir l'engagement d'un grand nombre d'acteurs ou d'organisations, ensuite l'accroissement des fonctions visant à reconstruire l'Etat *(State-building)* et enfin la nécessité de pourvoir à une protection plus forte des cibles

---

[192]Par exemple, la MINUAD (Mission des Nations Unies et de l'Union Africaine au Darfour) a été créée sous la pression des Etats-Unis, désireux de montrer à l'opinion publique leur engagement et leurs actions au Darfour. Mais une fois la résolution 1769 votée, le 31 janvier 2007, les Etats qui s'étaient manifestés pour sa création, ont rapidement reculé devant les exigences nécessaires à sa mise en œuvre (problèmes logistiques, tergiversations et manœuvres du gouvernement de Khartoum, lenteur du déploiement, insuffisance des équipements). Par conséquent, deux ans après le vote de création de la MINUAD et un an apès la passation d'autorité entre l'AMIS (African union mission in Sudan) et la MINUAD, le déploiement de la Force n'était effectif qu'à seulement 70%.

vulnérables que sont les populations. Au plan organisationnel, les défis majeurs s'articulent aussi autour de trois points : la mobilisation des forces devant être disponibles pour les cas de déploiement rapide, le renforcement et l'augmentation des capacités du Secrétariat des Nations Unies, enfin, l'affectation des civils et experts suivant les besoins multidimensionnels du *state-building.* Au plan politique, plusieurs défis sont à relever pour le maintien de la paix : 1) le devoir d'explication claire des raisons de l'engagement de chaque Etat contributeur à cette opération non exclusivement nationale ; 2) le problème de la stabilité de l'accord avec l'Etat hôte (souvent fluctuant) ; 3) l'unité du Conseil de sécurité par rapport au soutien apporté à l'opération ; 4) la question des moyens dédiés à l'opération. A tous ces défis s'ajoute le challenge de l'harmonieuse coordination de l'ONU avec les multiples Organisations régionales, les Organisations Non Gouvernementales et les initiatives de la société civile, chacune des entités étant préoccupée surtout par sa visibilité sur le terrain, au point d'entraver l'objectif global de paix théoriquement recherché.

Ce parcours nous fait prendre conscience de la manière dont est abordée la question de la prévention dans le droit international comme un concept transversal et englobant, en lien avec les opérations de maintien de la paix. La diplomatie préventive s'est resserrée autour des opérations de maintien de la paix ainsi que des réformes que cela exige de l'ONU. La prévention primaire paraît avoir été quelque peu négligée. Dans la pratique de l'ONU, au fil des années, l'attention semble s'être focalisée sur la prévention pendant et post conflit si bien que l'institution onusienne n'aurait plutôt fait que gérer des différends au lieu de les prévenir *stricto sensu.* La paix ainsi prospectée est une paix *post bellum,* cependant ne serait-il pas préférable d'arriver à une paix non pas *ante bellum* mais *sine bello ?* Cette paix sans guerre n'est possible que si la prévention s'attaque aux causes et germes des conflits pour les éradiquer afin d'empêcher la survenue de différends. Ce type de prévention est appelé en droit pénal *« prévention primaire »*[193]. Son application en droit international consisterait à œuvrer pour que les droits économiques et sociaux, considérés comme les premières causes des conflits, soient respectés autant pour les individus que pour les Etats. En ce sens, la prévention s'occuperait de deux questions fondamentales à savoir la question du développement et de la lutte contre la pauvreté d'une part, et d'autre part celle de la lutte contre la prolifération des armes notamment nucléaires[194]. L'ONU précise que le premier volet relève de l'action des acteurs du développement. Quant au second volet, plusieurs organisations internationales dont le bureau des affaires de désarmement des Nations Unies (UNODA)[195], y travaillent. Ce bureau veille à la sécurité internationale par le contrôle et la limitation du commerce illicite des armes. Le Saint-Siège est particulièrement sensible à cette problématique et travaille à promouvoir le premier projet

---

193 Cf. L. EUSEBI, *La risposta al reato e il ruolo della vittima*, in *Diritto Penale e Processo*, XIX (5), 2013, p. 527-531, in URL: < https://publicatt.unicatt.it/handle/10807/49734#.WkNz0bpFyUk >, consulté le 18 octobre 2017. L'auteur soutient la même idée dans un autre livre: *« La presa di coscienza sociale dell'importanza che compete alla prevenzione primaria, cioè all'intervento sui i fattori i quali (in ambito economico, sociale,culturale) favoriscono la criminalità... »* (L. EUSEBI, *La Chiesa e il problema della pena,* Editrice La Scuola, Milano, 2014, p. 152). Eusebi regrette que la prévention primaire ne soit pas souvent promue: *« Ma la prevenzione primario-proprio per il fatto che richiede a tutti un impegno, ha dei costi, almeno in una prospettiva di breve periodo, ed esige di contrastare precisi interessi-è rimasta sin qui ampiamente negletta ».* (*Ibidem).*

194 Le traité de non-prolifération nucléaire (TNP) fut signé en juin 1968 par les Etats détenteurs de l'arme nucléaire et quarante autres Etats. Il est entré en vigueur, le 5 mars 1970. De nombreux traités existent en la matière : traité de Pelindaba, traité de Tlatelolco, traité de Bangkok, traité de Rarotonga, traité de Semipalatinsk, Initiative de sécurité en matière de prolifération…

195 Acronyme anglais, *United Nations office for disarmament affairs* (UNODA), ce bureau fut mis en place en 1982 sur recommandation de l'Assemblée Générale, lors de la deuxième session spéciale. En 1992, il fut appelé centre des affaires du désarmement et dépendait du Département des affaires politiques. Par la suite, il devient à son tour un département autonome, fut alors appelé Département des affaires du désarmement ; en 2007, il redevient le Bureau des affaires du désarmement.

de traité sur l'interdiction des armes nucléaires, qui a été adopté aux Nations Unies le 7 juillet 2017 par 122 Etats[196].

Monseigneur Silvano Maria, secrétaire délégué du Dicastère au service du développement humain intégral, estime qu'on doit passer de la dissuasion nucléaire à un autre comportement qui est la non possession de l'arme nucléaire :

> « Nous devons, dit-il, tenir compte de ce que cette menace réciproque de mort n'est pas la voie que doit emprunter la famille humaine ; la route à emprunter est celle de la collaboration et de la recherche d'un dialogue permanent à travers des structures internationales efficaces. La sécurité est garantie par le dialogue et non par la force »[197].

Dans ce sens, l'Organisation chargée de faire signer et ratifier le Traité sur l'Interdiction Complète des Essais nucléaires (OTICE), créée le 19 novembre 1997, accomplit sur le plan international un travail de surveillance et de conscientisation assez remarquable[198].

---

[196] Ce texte d'une dizaine de pages, voté par 122 pays sur 192, a pour objectif d'inscrire les armes nucléaires dans le registre des actes hors la loi à l'instar des armes biologiques depuis 1972 et des armes chimiques depuis 1993. Cependant, sa portée ne fait pas l'unanimité, puisqu'il n'a été signé par aucun des neuf Etats détenteurs de la bombe atomique : les six officiellement dotés au point de vue des conventions internationales (les Etats-Unis, la Russie, le Royaume-Uni, la Chine, la France et l'Inde) et les trois Etats non déclarés mais fortement soupçonnés (la Corée du Nord, le Pakistan et Israël). Ce tout premier projet de convention qualifié d'historique par ses promoteurs (les ONG unis dans la campagne internationale pour l'abolition des armes nucléaires, ICAN), semble n'avoir en réalité qu'une portée symbolique à cause du non engagement des pays détenteurs de l'arme atomique. Néanmoins, il constitue une légère avancée, au point de vue du contrôle des armements nucléaires, passant de la non-prolifération à l'interdiction complète. Le chemin est encore long mais déjà entrevu.

[197] In URL : < https://fr.zenit.org/articles/onu-le-saint-siège-salue-le-traité-sur-les-armes-nucléaires/, > du 10 juillet 2017, consulté le 9 août 2017 à 16h45.

[198] L'OTICE (Organisation du Traité d'Interdiction Complète des Essais nucléaires) a organisé, du 26 au 30 juin 2017, à Vienne, la 6ème édition de la conférence : « Sciences et Technologie ». Les procédés de surveillance font usage de quatre principales technologies de pointe : la technologie sismique visant à enregistrer les mouvements de la terre, la technologie hydroacoustique en ce qui concerne les océans et les eaux en général, la technologie infrason qui repère les sons imperceptibles à l'ouïe humaine et la technologie radionucléide, employée pour détecter les gaz rares. Certes, le traité n'est pas encore entré en vigueur. Il reste, toutefois, un outil juridique indispensable, non seulement pour empêcher la fabrication d'armes nucléaires

Les Organisations non gouvernementales (qui ont uni leur force dans la campagne internationale pour l'abolition des armes nucléaires) et les organisations gouvernementales œuvrant dans le domaine de la sécurité internationale, s'accordent sur le fait que l'interdiction de l'arme nucléaire, au même titre que l'interdiction des armes biologique[199] et chimique[200], sont des précautions qui rendent efficace la prévention des conflits. Car l'éthique des relations internationales est avant tout une éthique qui refuse la guerre et qui promeut la fraternité et la solidarité entre les peuples. Il faut sans doute en finir avec le mythe de la guerre propre, notamment avec l'usage des drones ou l'emploi de l'intelligence artificielle dans les conflits robotisés. Nous avons vu comment s'emploie la diplomatie du Saint-Siège, notamment dans le magistère des récents Papes, à rappeler le besoin de restaurer au plan international des rapports pacifiques basés sur la conscience commune de cette fraternité universelle.

Cette touche particulière de la diplomatie du Saint-Siège, rejoint l'éthique politique de Kant[201]qui, ayant pressenti le

par les Etats qui en ont les moyens mais aussi pour empêcher le perfectionnement ainsi que l'usage des armes déjà existantes.

[199] Cf. la Convention sur l'interdiction de la mise au point, de la fabrication et du stockage des armes bactériologiques (biologiques) ou à toxine, et sur leur destruction (CIABT). La signature fut ouverte à Londres, Moscou et Washington, le 10 avril 1972 et la Convention est entrée en vigueur le 26 mars 1975. Cette Convention vient en appui au protocole de Genève du 17 juin 1925 sur les armes chimiques et biologiques et entré en vigueur le 8 février 1928.

[200] Cf. la Convention sur l'interdiction de la mise au point, de la fabrication, du stockage et de l'usage des armes chimiques et sur leur destruction (CIAC), signée le 13 janvier 1993 à Paris et entrée en vigueur le 29 avril 1997. Cette Convention a mis en place une institution indépendante de contrôle, l'OIAC (Organisation sur l'Interdiction des Armes Chimiques).

[201] Kant, à son époque déjà, avait pris conscience que la croissance des échanges commerciaux et le colonialisme sont deux principaux vecteurs de ce qu'on a appelé aujourd'hui la mondialisation. Il combattit vigoureusement le second vecteur qu'est le colonialisme, mais milita en faveur du premier, c'est-à-dire les échanges commerciaux dont il pense que chaque peuple doit tirer partie. Certainement influencé par le livre de A. SMITH, *The wealth of Nations,* il voit dans ce commerce désormais mondialisé, l'occasion pour les régions éloignées les unes des autres de tisser des relations amicales. Ainsi, l'étranger avait la liberté de proposer à la population locale l'échange commercial. Mais le peuple avait le droit de refuser cet échange commercial. Cependant, il ne pouvait aucunement refuser à l'étranger le droit d'asile.

phénomène de la globalisation à travers le développement du commerce et le colonialisme, enseigna un idéal cosmopolite fondé sur le concept d'hospitalité[202] qu'il définit comme « le droit qu'a chaque étranger de ne pas être traité en ennemi dans le pays où il arrive »[203]. D'où, selon Kant, il découle que le droit d'asile reste le seul droit qu'on ne doit pas refuser à l'étranger. Ce droit, selon notre auteur, est

> « fondé sur celui de la possession commune de la surface de la Terre, dont la forme sphérique les oblige à se supporter les uns à côté des autres, parce qu'ils ne sauraient s'y disperser à l'infini et qu'originairement l'un n'a pas plus de droit que l'autre à une contrée »[204].

Kant pose les bases d'un *jus cosmopoliticum* qui s'oppose à ce que la guerre ne soit justifiée ni par la terre (questions frontalières), ni par les ressources terrestres et maritimes (possession commune) ni par la partition des hommes en deux groupes de « ayants droit » et les « n'ayants pas droit » (discrimination et exclusion)[205]. Sans cette éthique sous-jacente,

---

[202] Une réflexion approfondie sur le concept d'hospitalité a été menée par des penseurs contemporains, au nombre desquels figure Benjamin Boudou. Dans son livre, intitulé *politique de l'hospitalité,* il fait une recension du concept dans son usage privé mais aussi dans son aspect politique. Car, l'hospitalité n'est pas seulement une vertu privée. A la couverture du livre, cela transparait clairement : « L'hospitalité ne saurait néanmoins être réduite à une vertu privée. Elle est au contraire une pratique politique. Elle institue des règles, des frontières, et des dispositifs d'intégration ou d'exclusion. Cet ouvrage expose les différentes formes qu'elle a pu revêtir, des sociétés traditionnelles à nos jours en explicitant les relations de pouvoir qui se jouent dans le langage vertueux de l'hospitalité. Une telle généalogie permet de retrouver les moments et les lieux clés qui ont façonné ce concept en le transformant, le déplaçant et le recomposant selon sa fonction politique. Cet ouvrage tout en répondant à une actualité brulante et souvent tragique ouvre à une réflexion distanciée mais active afin de démocratiser les frontières » (B. BOUDOU, *Politique de l'hospitalité,* CNRS Editions, Paris, 2017, couverture).

[203] I. KANT, *Projet de paix perpétuelle*, p. 350. Le philosophe éthicien allemand a réservé au thème de l'hospitalité le troisième article définitif de son *projet de paix perpétuelle* et le paragraphe 62 de la *Doctrine de droit.*

[204] *Ibid.*, p. 350.

[205] Cf. A.M. THEVENOT-WERNER, *« Le projet de paix perpétuelle de Kant »*, in INSTITUT DES HAUTES ÉTUDES INTERNATIONALES, *Grandes pages du droit international, la guerre et la paix,* Editions A. Pedone, Paris 2017, pp. 193-216.

le travail de prévention orienté vers la sauvegarde de la « paix perpétuelle » entre les individus et entre les peuples, les autochtones et les étrangers compris, serait nul. En définitive, la conscience de la fraternité universelle, induit un changement d'optique politique au sein des Nations Unies pour une véritable prévention des conflits avant que ceux-ci n'éclatent. Sans nier aux opérations de maintien de la paix leur nécessité, il s'avère indispensable de nos jours, au niveau international, de promouvoir le développement social et économique comme un élément central des mesures de prévention. Un autre aspect de la prévention concerne la limitation de la course aux armements. C'est à cette condition que la paix serait possible et durable. Cependant, à cette étape de notre réflexion, il convient de se demander si le pacifisme qui imprègne notre approche de la prévention vaut aussi dans le domaine de la résolution des conflits. La prévention primaire reste un idéal mais lorsqu'elle échoue, la paix est-elle définitivement perdue ? Lorsqu'éclate un conflit, existe-t-il des moyens pacifiques pour le résoudre ?

2.2. LA RESOLUTION DES CONFLITS[206]

Au sujet de la résolution des conflits, partant du cas libyen, nous mènerons une réflexion sur l'usage de la force dans les résolutions de l'ONU, en mettant en exergue la guerre des méthodes, puis nous verrons les moyens pacifiques dont dispose le droit international pour régler les différends augurant ainsi le primat de la non-violence et l'éthique de la responsabilité.

2.2.1. La guerre des méthodes

Parmi les moyens utilisés pour résoudre les conflits, on distingue ceux autorisant l'usage de la force et ceux qui la bannissent. Au nombre du premier groupe, on peut classer la notion de plus en plus décriée de la guerre préventive souvent justifiée au nom du principe de la *responsability to protect*. Si la guerre préventive est, de nos jours, largement critiquée, ce n'est certes pas sans raison. Pour s'en rendre compte, nous proposons, à titre illustratif, l'analyse critique de l'intervention

---

206 Cf. J.L. MARRET, *La fabrication de la paix, nouveaux conflits, nouveaux acteurs, nouvelles méthodes,* Ellipses Edition Marketing, Paris, 2001, pp. 19-96. La résolution des conflits est un concept qui fut abordé de façon multidisciplinaire. Les fondateurs sont K. Boulding, J. Galtung et J. Burton. On reconnaît à Boulding un rôle éminent dans la recherche de la paix. Aidé par un petit groupe universitaire pluridisciplinaire, il fonda en 1957, le *Journal of Conflit Resolution* et le centre pour la recherche sur la résolution des conflits. En ce qui concerne l'Europe, c'est en Scandinavie que débutèrent les recherches sur la paix et Galtung y a fortement contribué notamment à travers ses travaux sur les aspects de la violence (violence structurelle, violence culturelle, paix positive, paix négative). Il possédait son unité de recherche à l'Institut de recherche sociale (Université d'Oslo), centre qui sera le précurseur du PRIO (*International Peace Research Institute Oslo*). Galtung créa également le *Journal of Peace research.* Les initiatives nord européennes vont se multiplier : en 1962 fut créé, à Groningen (Pays-Bas), un institut de polémologie. A Stockholm (Suède), en 1966, fut fondé le *Stockholm Peace Research Institute.* En Finlande, en 1969, fut créé le *Tampere Peace research Institute.* Quant à Burton, il contribua à créer la revue *Conflit in Society.* S'appuyant sur les travaux antérieurs au sujet du conflit social, Burton élargit la notion de conflit et y voit « un des moyens d'actions intrinsèques aux êtres humains et non pas un disfonctionnement qu'il convenait de corriger, comme le pensait par exemple l'école de Chicago » (J. L. MARRET, *La fabrication de la paix,* p. 23). A la suite, Burton contribua à la naissance d'une association internationale pour la recherche de la paix (IPRA) en 1965. Ces différentes approches sociologiques sont intéressantes pour le juriste qui comprend dès lors la base conceptuelle des normes et leur évolution en institutions juridiques internationales pour la paix et la sécurité.

militaire en Libye[207]. La crise qui a éclaté en mi-février 2011 à Benghazi, opposait le gouvernement de Mouammar Kadhafi et une portion du peuple insurgée contre le régime. La dégénération de la situation en une sanglante répression de la part du gouvernement libyen, ainsi que la propagande politique visant à rendre le guide libyen odieux aux yeux de l'opinion internationale, ont abouti à l'adoption par le Conseil de sécurité de la résolution 1973 du 17 mars 2011. Cependant deux questions majeures intéressent le juriste en la matière, à savoir d'abord si ladite résolution est légitime et ensuite si l'intervention militaire s'est effectuée exactement selon les termes de la résolution. Dans le cas en étude, la question des droits de l'homme fut l'argument décisif qui a conduit à l'option d'une intervention militaire. En effet, après la répression sanglante de Benghazi, le Conseil des droits de l'homme prend la résolution S-15/1 du 25 février 2011, par laquelle il condamne vigoureusement les massacres et les violations commises en Libye. Il incrimine les attaques indifférenciées contre les civils, les exécutions extrajudiciaires, les arrestations arbitraires, les détentions abusives, les tortures de pacifiques manifestants, toute chose assimilable à des crimes contre l'humanité.

Le Conseil des droits de l'homme décide donc d'instituer urgemment une commission internationale indépendante d'enquête pour investiguer et vérifier l'effectivité des violations susmentionnées. Cette commission devait établir les faits et les circonstances des crimes perpétrés, identifier les responsables et

---

[207] Concernant le sujet, voir P. PICONE, *Considerazioni sulla natura della risoluzione del Consiglio di sicurezza a favore di un intervento « umanitario » in Libia,* in *diritti umani e diritto internazionale,* 2011, p. 213ss; U. VILLANI, *Aspetti problematici dell'intervento militare nella crisi libica*, in *diritti umani e diritto internazionale,* 2011, p. 369ss; C. FOCARELLI, *La crisi libica: un punto di svolta nella dottrina della responsabilità di proteggere?* in *Crisi libica: un punto di svolta nella dottrina della responsabilità di proteggere?*, in *Diritti umani e diritto internazionale*, vol. 5 (2012), pp. 373-377. Cf. URL: < http://www.sidi-isil.org/wp-content/uploads/2010/02/Carlo-Focarelli-La-crisi-libica_-un-punto-di-svolta-nella-dottrina-della responsabilit %C3%A0-di-proteggere.pdf >, consulté le 27 décembre 2017 à 12h08; A. RICCARDI, *Sul refferal della situazione libica alla Corte penale internazionale,* in *Diritti umani e diritto internazionale,* vol. 2, 2011, pp. 377-382.

faire des recommandations sur les mesures à prendre afin que ces derniers répondent de leurs actes. Considérant les nombreuses violations commises par le gouvernement libyen, le Conseil des droits de l'homme demanda à l'Assemblée Générale la suspension de la Libye au sens du paragraphe 8 de la résolution 60/251 du 15 mars 2006 portant création du Conseil des droits de l'homme. L'Assemblée Générale accéda à la demande du Conseil, et avec la résolution 65/265 du 1° mars 2011, procéda à la suspension de la Libye du Conseil des droits de l'homme. De telles mesures s'entrecoupent avec celles du Conseil de sécurité et font croire à l'indéfectible engagement de tous ces organes pour la défense des droits de l'homme. Cependant, il reste curieux et singulier que la condamnation unanime de la Libye ait été prononcée avant la vérification des faits dont la commission d'enquête indépendante était chargée. La condamnation repose sur les informations des médias (dont certaines étaient fausses) et sur les dénonciations de certains gouvernements contre la Libye. Il faut relever que le rapport de la commission d'enquête présidée par Cherif Bassiouni, après avoir attesté l'existence de nombreuses violations de la part des troupes loyalistes, souligne aussi que depuis la prise de Benghazi en février 2011, les mêmes atrocités reprochées à Kadhafi, ont été commises par les rebelles (tueries de mercenaires et de simples travailleurs étrangers, tortures, humiliations et violences), ce qui suppose que les rebelles auraient dû répondre également de leurs actes. Le Conseil de sécurité a condamné unanimement la violence contre les civils et les violations massives et systématiques des droits de l'homme à travers la résolution 1970 du 26 février 2011.

Prenant ainsi acte des condamnations analogues provenant de la Ligue Arabe, de l'Union Africaine, du Secrétariat Général de l'organisation de la Conférence islamique, et s'appuyant sur l'article 41 de la Charte (sans dire expressément qu'il y a menace contre la paix), le Conseil de sécurité exigea la cessation immédiate de la violence et préconisa de prendre les mesures idoines pour satisfaire les revendications de la population. Il recommanda à l'autorité libyenne d'agir avec modération dans le respect des droits de l'homme et celui du droit humanitaire, puis de permettre le déploiement immédiat d'observateurs internationaux des droits de l'homme. En outre, le Conseil décida de référer la situation libyenne depuis le 15 février 2011 à la Cour pénale internationale (CPI). Il décida aussi un embargo sur les armes en Libye et une série de mesures individuelles concernant les personnes inscrites à l'annexe I et II : interdiction de voyage, gel des avoirs. Le Conseil a établi pour cela un comité de suivi des sanctions. Suite à la plainte déposée près le Procureur de la Cour pénale internationale, Moreno Ocampo, et à la demande de ce dernier, la *Pre-Trial Chamber,* dans son arrêté du 27 juin 2011, a retenu qu'il y avait de sérieux indices pour incriminer Kadhafi, son fils Saïf et le chef des services secrets, Al-Senussi pour crime contre l'humanité. Ainsi fut émis un mandat d'arrêt international les concernant.

Après l'inobservance de la part des autorités libyennes des recommandations contenues dans la résolution 1970, la nouvelle résolution 1973 fut adoptée par le Conseil de sécurité le 17 mars 2011 avec dix voix favorables et cinq abstentions dont le Brésil, la Chine, l'Allemagne, l'Inde et la Russie. Cette résolution autorisait les Etats membres à faire usage de la force (bien que non explicitement). Le 12 mars la Ligue arabe avait demandé l'imposition d'une zone d'interdiction aérienne à la flotte militaire libyenne et la création d'une zone de protection de la population libyenne, y compris les étrangers résidant en Libye. Le Conseil de sécurité entérina ces requêtes de la Ligue arabe et autorisa les Etats membres qui avaient adressé une notification à cette fin au Secrétaire Général, à prendre toutes les mesures nécessaires pour protéger la population civile et les aires habitées par des civils, y compris Benghazi. Les Etats qui s'engageaient dans cette opération, soit à titre national, soit sous la houlette d'organisations internationales, devaient en informer le Secrétaire Général qui, à son tour, allait immédiatement en référer au Conseil de sécurité dans un rapport. Toutefois, la résolution avait pris le soin de préciser qu'était prohibée toute forme de force d'occupation étrangère sur l'ensemble du territoire libyen. En sus, évoquant le chapitre VIII de la Charte onusienne, la résolution demandait aux Etats membres de la Ligue arabe leur coopération pour la mise en œuvre desdites mesures. Il est clair qu'à l'interdiction de survol de l'espace aérien, faisaient exception les vols destinés à garantir la prise effective des « mesures nécessaires » pour atteindre les objectifs de la résolution et les vols humanitaires.

A ce stade, le Conseil de sécurité, en dépit des fortes mesures envisagées et de l'autorisation d'une intervention militaire, restait dans la dynamique de résoudre pacifiquement la crise. A ses yeux, il fallait intensifier les efforts pour trouver une solution satisfaisante qui réponde aux aspirations du peuple libyen. C'est dans cet esprit qu'il prit acte, d'une part de la décision du Secrétaire Général de dépêcher son envoyé spécial en Libye, d'autre part de la décision du Conseil pour la paix et la sécurité de l'Union Africaine d'envoyer en Libye son comité de haut niveau dans le but d'instaurer un dialogue pouvant conduire aux réformes politiques nécessaires pour une solution pacifique et durable. A première vue, la résolution 1973 possède une apparente légitimité, donc une apparente conformité aux dispositions de la Charte de l'ONU : les violations des droits de l'homme commises en Libye furent qualifiées comme une violation de la paix par le Conseil de sécurité. Cette pratique désormais courante au sein du Conseil de sécurité ne rencontre pas d'objections au niveau des Etats et souligne le lien étroit existant entre le respect des droits de l'homme et le maintien de la paix, suivant les indications de l'article 55. En effet, cet article porte sur le devoir du Conseil de sécurité de veiller au respect des droits de l'homme et des libertés fondamentales sans acception de sexe, de race, de langue ou de religion, dans le but de créer les conditions de stabilité et de bien-être nécessaire à l'instauration de rapports pacifiques et amicaux entre les nations.

Qualifier les « *gross violations of human rights* » de menaces à la paix ou de violation de la paix, n'est pas un fait isolé propre au cas libyen. C'est une *praxis* consolidée dont nous pouvons trouver des antécédents dans des résolutions antérieures. C'est le cas, par exemple, des résolutions prises en 1966 et 1968 contre la Rhodésie du sud ou en 1977 contre l'Afrique du sud au sujet de la politique d'*apartheid*. Plus largement, on peut citer la résolution 688 du 5 avril 1991, par laquelle le Conseil de sécurité a condamné la répression des populations kurdes par l'Iraq, en déclarant que cette répression constituait une menace à la paix et à la sécurité internationale. Ici, la menace ne consistait pas tant dans la répression que dans ses conséquences, car elle entrainait un flux migratoire massif vers les frontières internationales. En vertu de l'article 41 de la Charte, à partir des années 90, le Conseil de sécurité a initié des opérations n'autorisant pas l'usage de la force, et d'autres opérations autorisant l'usage de la force à certaines conditions notamment dans les missions de *peace keeping.* Toutefois il convient de relever que ces derniers types d'intervention font l'objet d'une sélection minutieuse à cause du droit de veto, surtout lorsque les violations sont commises par les puissances possédant ce droit de véto.

La consécration juridique de la *praxis* d'intervention du Conseil de sécurité a été inscrite dans le marbre avec le concept de la *responsability to protect*[208] lors du sommet du millénaire, le 16 septembre 2005 (résolution de l'Assemblée Générale n. 60/1). La résolution n. 60/1 stipule qu'il est de la responsabilité de chaque Etat de protéger sa population du génocide, des crimes de guerre, de l'épuration ethnique et des crimes contre l'humanité (paragraphes 138-140). Par ailleurs, la Communauté internationale a la responsabilité d'employer des moyens diplomatiques, humanitaires et pacifiques adéquats, conformément au chapitre VI et VII de la Charte. De ce fait, la résolution 1973 apparaît légitime, même concernant l'emploi de la force. Elle contient une formule déjà utilisée dans d'autres résolutions et maintes fois reprise dans des situations analogues. Il s'agit de la formule « *tous les moyens nécessaires* » qu'on retrouve dans la résolution 678 du Conseil de sécurité adoptée le 29 novembre 1990 et grâce à laquelle une coalition d'Etats membres fut autorisée à user des armes afin de libérer le Koweït, agressé et militairement assiégé par l'Iraq. Pour la légitimité de l'usage de la force, il est indispensable que le Conseil de sécurité ne renonce pas à sa responsabilité principale qui consiste au maintien de la paix et de la sécurité internationale (article 24); au sens de l'article 24, il est aussi indispensable que même après avoir délégué aux Etats la

[208] Ce concept a été élaboré par un organe indépendant, la Commission Internationale sur l'Intervention et la Souveraineté de l'Etat.

conduite des opérations militaires, le Conseil de sécurité continue d'exercer son contrôle sur le déroulement de ces opérations militaires, à travers l'envoi de rapports de la part des Etats étant intervenus, à travers des réunions vouées à l'examen de la situation, l'institution d'organes subsidiaires *ad hoc*, et la collaboration du Secrétaire Général.

Cependant en ce qui concerne la résolution 1973, que ce soit pour les mesures destinées à la protection de la population civile ou pour celles visant à assurer le respect de la *no fly zone*, il fut demandé aux Etats membres d'agir en coopération avec le Secrétaire Général avec lequel ils devaient se coordonner. Ce dernier devait immédiatement informer le Conseil de sécurité de toute action entreprise. On observa comme une mise en retrait du Conseil de sécurité. Le même désengagement se fit sentir au niveau des organisations régionales impliquées dans les opérations militaires, comme ce fut le cas de la Ligue Arabe ou de l'OTAN qui, dès le début, avait pourtant conduit les opérations militaires. Certes, il n'est pas proscrit que le Conseil de sécurité puisse mener les opérations par l'entremise des organisations régionales ou des accords du même type, mais, selon l'article 53 de la Charte, ces opérations ou actions coercitives se font sous la direction et le contrôle du Conseil de sécurité. Dans le cas en étude, la résolution semble confier ces fonctions au Secrétaire Général, qui assure en même temps les fonctions prévues pour le Secrétaire Général de la Ligue Arabe. Cela montre que le Conseil de sécurité a décidé de rester activement hors de l'affaire. *It « decides to remain actively seized of the matter »* (paragraphe 29).

Une analyse plus approfondie du comportement du Conseil de sécurité, soulève de sérieux doutes sur la légitimité de son action en Libye. Il est indéniable que la qualification d'une situation comme menace à la paix (article 39) ainsi que l'adoption de mesures adéquates, sont l'apanage du Conseil de sécurité qui jouit d'une large discrétion en la matière. Toutefois, il convient de rappeler que le Conseil de sécurité n'est pas *« legibus solutus »* car, dans l'architecture générale des dispositions de la Charte, le Conseil de sécurité doit agir en conformité avec les fins et les principes généraux des Nations Unies (article 24, paragraphe 2). Aussi, l'action coercitive des

Nations Unies et les décisions du Conseil de sécurité doivent être prises conformément aux dispositions de la Charte, précisément, l'article 2, paragraphe 5 et l'article 25. Et la nature politique du Conseil de sécurité, malgré une marge d'appréciation aussi ample, « ne peut le soustraire à l'observation des dispositions conventionnelles qui le régissent, lorsque celles-ci constituent des limites à son pouvoir ou des critères à son jugement »[209].

Dans notre cas, le Conseil de sécurité n'a fait aucune enquête sérieuse et indépendante (plus exactement, il n'a pas attendu les résultats de l'enquête diligentée par la commission des droits de l'homme) mais s'est appuyé sur des informations données par les médias ou certains pays et organisations régionales. Avant de délibérer sur des mesures aussi graves comme celles prises à l'encontre de la Libye et qui impliquent l'usage de la force, il était nécessaire qu'une enquête indépendante du Conseil de sécurité ait effectivement confirmé l'existence de « *gross and systematic violations of humain rights, including arbitrairy detentions, enforced disappearances, torture and summary executions* » telles que contenues dans la résolution 1973. En l'absence de cette enquête préliminaire, la condamnation de la Libye par le Conseil de sécurité ne semble pas adéquatement motivée. Par ailleurs, le Conseil de sécurité a occulté toute initiative de résolution pacifique de la crise libyenne, manquant ainsi son rôle de conciliation prévu par le chapitre VI de la Charte. Cette passivité du Conseil de sécurité dans la recherche de solutions pacifiques contraste fortement avec le rôle prioritaire que l'article 52 assigne aux organisations régionales dans la résolution des conflits locaux. Même si la résolution 1973 semble encourager les efforts de l'Union Africaine et du Secrétaire Général en vue d'une résolution pacifique de la crise, il demeure que cette position est nettement mise à mal par le fait d'avoir autorisé l'usage de la force qui n'est évidemment pas la meilleure voie pour une résolution pacifique.

---

[209] COUR INTERNATIONALE DE JUSTICE, *Avis consultatif sur les conditions d'admission aux Nations Unies*, du 25 mai 1948, in *I.C.J. Report* 1948, p. 57 ss.

En réalité, ni le Conseil de sécurité, ni le Secrétaire Général, n'ont jamais vraiment soutenu les seules tentatives de résolution pacifique entreprises par l'Union Africaine, tentatives acceptées par le gouvernement libyen mais constamment rejetées par le Conseil national de transition représentant les insurgés. Le Conseil de sécurité en particulier n'a même pas considéré la possibilité de suspendre les bombardements de l'OTAN pendant les colloques de négociation que l'Union Africaine entretenait entre le gouvernement libyen et les rebelles (Conseil national de transition). Ces bombardements contre Tripoli et Syrte constituaient un fort encouragement pour les rebelles à ne guère accepter de résolution pacifique et à simplement attendre que ces bombardements leur ouvrent les portes de Tripoli. Une telle attitude du Conseil de sécurité se montrant répulsive aux solutions pacifiques n'est rien moins qu'une violation des clauses de la résolution 60/1 du 16 septembre 2005 de l'Assemblée Générale fixant les conditions nécessaires à toute intervention coercitive dans le cadre de la *responsability to protect.* Il est évident que l'intervention coercitive n'a lieu que lorsque les moyens pacifiques prévus dans le chapitre VI et VII de la Charte se révèlent totalement inadéquats et inappropriés. Dans le cas libyen, ces moyens pacifiques ne se sont guère révélés inefficaces, au contraire, ils n'ont en aucune façon été employés par le Conseil de sécurité et les tentatives de l'Union Africaine n'ont pas reçu l'appui indispensable à leur succès. A considérer tous ces éléments, on pourrait considérer l'autorisation d'user de la force donnée par le Conseil de sécurité comme entachée d'illégitimité[210].

---

[210] Dans le cas présent, selon certains auteurs, la théorie libérale des relations internationales court le risque d'instrumentaliser les droits de l'homme pour en faire un outil stratégique au service des intérêts des Etats. Ces mêmes auteurs opposent à la théorie libérale une théorie dite « de réalisme politique » qui donne le primat à la place de l'Etat dans les relations diplomatiques : « A la théorie libérale des relations internationales, s'oppose celle d'un réalisme politique qui place l'Etat et sa puissance au cœur de toute action diplomatique. Prônée par le théologien Reinhold Niebuhr et le politologue américain Hans Morgenthau, dans son célèbre ouvrage *Politics among Nations : The struggle for power and peace,* publié en 1948, elle remettait en cause l'idéal d'une promotion des droits de l'homme sous-tendue par des ambitions morales, et concentre les critiques les qualifiant d'avatars du néocolonialisme » (M.

Selon Villani, la résolution 1973 est le fruit d'une mauvaise appréciation de la situation libyenne, entrainant une qualification erronée des faits :

> « En réalité la crise lybienne consistait en une guerre civile dans laquelle des insurgés (armés et soutenus, selon diverses sources d'information, par des puissances étrangères) s'opposaient au gouvernement légitime »[211].

Si effectivement la crise libyenne était une guerre civile opposant des insurgés au gouvernement « légitime », la résolution du Conseil de sécurité, bien que formellement destinée à protéger la population civile, a servi, de fait, à intervenir militairement contre le gouvernement et à soutenir les insurgés. Ceci est aux antipodes des fonctions principales du Conseil de sécurité. En clair, cette autorisation d'user de la force (en soutien aux rebelles) est une violation du principe de souveraineté de l'Etat (article 2, paragraphe 1) qui, bien que limité par la *responsability to protect,* ne saurait justifier qu'une aide militaire soit mise en œuvre pour renverser un gouvernement au profit de groupes rebelles. En plus, cette

---

GUIBERT, in AA. VV., (LES YEUX DU MONDE), *Perspectives diplomatiques, les politiques étrangères au XXIe siècle,* p. 223). M. Guibert poursuit son analyse en appliquant cette critique de l'instrumentalisation des droits au cas libyen : « Avancée principalement par les pays du Sud, écrit-il, et conceptualisée par des intellectuels tels que le philosophe et politologue Alain de Benoist dans son ouvrage *Au-delà des droits de l'homme* (2004), cette thèse dénonce une instrumentalisation des droits de l'homme, utilisés comme caution morale pour justifier l'interventionnisme étatique et le droit d'ingérence. L'intervention militaire en Libye en 2011, autorisée par le Conseil de sécurité des Nations Unies pour lutter contre la répression menée par le dirigeant Mouammar Kadhafi, considérée comme une "menace à la paix et à la sécurité internationale", en serait un exemple. En matière de stratégie, l'intervention a notamment été dénoncée comme étant motivée par la volonté de l'Occident de faire reculer l'instabilité politique d'un pays situé aux portes de l'Europe, la crainte d'un choc migratoire, et la nécessité de conserver la mainmise sur ses ressources économiques, tels que son gaz ou son pétrole (la Libye disposant des premières réserves d'Afrique) » (M. GUIBERT, in AA. VV., (LES YEUX DU MONDE), *Perspectives diplomatiques, les politiques étrangères au XXIe siècle,* pp. 223-224).

[211] *« In realtà la crisi libica consisteva in una guerra civile, nella quale degli insorti (armati e sostenuti, secondo varie fonti d'informazione, da potenze straniere) si contrapponevano al governo legittimo»* (U. VILLANI, *Dalla dichiarazione universale,* p. 66).

résolution viole le droit à l'autodétermination des peuples qui interdit toute ingérence et toute action étrangère visant à renverser le gouvernement en faveur des insurgés. Il en découle que les opérations militaires menées solitairement, par des Etats dans un premier temps puis dans un second temps, dans le cadre de l'OTAN, s'avèrent illicites. Même si l'on se prend à vouloir donner une quelconque légitimité à la résolution 1973, force est de reconnaitre la disproportion et le caractère inapproprié des moyens utilisés par rapport aux objectifs visés.

L'intensité de la force employée fut dénoncée dès les premiers moments par l'évêque de Tripoli Monseigneur Martinelli qui déplorait que les frappes aient touché des objectifs civils, entrainant de nombreuses victimes, parmi lesquelles on peut mentionner le fils et le neveu de Kadhafi. Cela n'était naturellement pas une clause de la résolution du Conseil de sécurité sinon clairement une violation du droit humanitaire. Les bombardements de l'OTAN auraient dû attirer l'attention de Moreno Ocampo, Procureur de la Cour pénale internationale, qui devait alors diligenter des enquêtes non seulement sur les crimes commis par Kadhafi et les membres de son régime, mais aussi sur la situation de la Libye à partir du 15 février 2011. Ces investigations devaient concerner les massacres de civils causés par les bombardements et également situer le rôle des civils dans la percée des rebelles à Tripoli ainsi que les crimes internationaux que ces derniers avait perpétrés après la prise de la ville, le 24 août 2011 : les exécutions sommaires de prisonniers militaires, la chasse aux mercenaires noirs y compris les travailleurs immigrés, les outrages, les tortures et les violences à l'encontre de civils. Ces crimes ont été dénoncés par *Amnesty international* qui a fustigé le mutisme ou la désinformation orchestrés par certains médias, surtout d'Europe.

Cependant, la chose la plus subtile mais tout aussi regrettable dans les opérations de l'OTAN et des autres pays intervenants, c'est sans doute le travestissement de la fin première de la résolution 1973. Ces opérations ont outrepassé les délimitations juridiques dans lesquelles ont été autorisées « toutes les mesures nécessaires ». L'objectif primordial de la résolution était avant tout la protection de la population civile.

Au contraire, comme l'ont soutenu ouvertement certains chefs d'Etat ayant participé aux opérations ainsi que le Secrétaire Général de l'OTAN, Rasmussen et certaines organisations régionales comme l'Union Européenne, les bombardements de l'OTAN avaient pour but principal de provoquer la chute du gouvernement-Kadhafi avec plusieurs hypothèses concernant Kadhafi lui-même : son exil (le ministre Frattini), sa mort, sa capture « mort ou vif ». Ce but justifie la violence des frappes et c'est à lui qu'il faut rattacher la reconnaissance[212] du Conseil National de Transition, par plusieurs Etats, dont la France, le Qatar et l'Italie, non comme une formation politique ou un groupe d'insurgés mais comme l'unique interlocuteur représentant la Libye.

Pour justifier la modification ou l'élargissement des objectifs de l'autorisation donnée en faveur de l'intervention militaire, on ne peut pas non plus invoquer le paragraphe 20 de la résolution 2009 du 16 septembre 2011, par laquelle le Conseil de sécurité affirme être prêt à révoquer ladite autorisation lorsque les circonstances le permettront et après avoir consulté le Conseil National de Transition. Car, ce paragraphe 20, reprenant le paragraphe 4 de la résolution 1973, maintient que l'autorisation est donnée seulement en vue de la protection des civils. Le fait de vouloir éliminer le gouvernement libyen transforme cette intervention en une « guerre »[213] que l'on sait traditionnellement caractérisée par l'*« animus bellandi »*, c'est-à-dire la volonté de détruire complètement la capacité de résistance de l'ennemi.

---

[212] *« Si aggiunga che tali riconoscimenti non fondati sul criterio della effettività di governo, non erano giustificabili neppure in nome di un ipotetico principio di legalità internazionale dei governi: non si vede, infatti,, quale fosse la presunta base « democratica » o « popolare » di tale Consiglio, il quale, invero, si è ben presto qualificato per i crimini commessi dai suoi armati dapprima a Bengasi e poi, in maniera ancora più massiccia e generalizzata, a Tripoli [...]a Sirte e dal quale l'Italia si aspetta (oltre al rispetto dei suoi interessi petroliferi) che continui esattamente l'azione (considerata da molti inumana) di contrasto ai flussi migratori tenuta sinora da Gheddafi! »* (U. VILLANI, *Dalla dichiarazione universale*, p. 69).

[213] *« La guerra condotta contro la Libia, in conclusione, lungi dal rappresentare un intervento umanitario, si rivela per essere un grave illecito internazionale, forse il più grave che possa configurarsi, cioè un atto di aggressione »* (U. VILLANI, *Dalla dichiarazione universale*, p. 70).

La résolution 1973 n'a jamais autorisé une guerre et le Conseil de sécurité ne peut même pas le faire en ce sens que, même lorsqu'il a recours aux opérations militaires, c'est pour maintenir ou rétablir la paix et la sécurité internationale, non faire la guerre pour renverser le gouvernement d'un Etat. Alors, la guerre menée contre la Libye est un délit international, aux antipodes d'une intervention humanitaire. Il s'agit d'un acte d'agression, tel que défini par l'Assemblée Générale, dans la résolution 3314 (XXIX) du 14 décembre 1974, comme l'usage de la force armée contre la souveraineté de la Libye, avec installation ou plus exactement imposition d'un nouveau gouvernement. Le résultat final des opérations n'est pas à la hauteur des objectifs de la résolution 1973 et, quelques années après, la Libye oscille encore entre urgence sécuritaire et chaos institutionnel. La crise libyenne a eu des conséquences considérables en Afrique et dans le reste du monde, en ce sens qu'elle a exacerbé la question des identités communautaires tendant de plus en plus à s'affirmer aux détriments de la cohésion sociale. De plus, la circulation ou l'interception des armes par des groupes fondamentalistes remettent en péril la stabilité politique des pays frontaliers susceptibles d'attaques terroristes, de pillage organisé, de traite humaine et de violations des droits fondamentaux. Beaucoup d'analystes politiques soutiennent que la crise au Mali et au Sahel serait une conséquence immédiate de la crise libyenne.

L'étude du cas libyen met à nu certaines ambiguïtés des opérations de la paix. Comme le soutient Ophélie Thielen :

> « Les Nations Unies ont, en effet, combiné des mécanismes d'intervention nécessitant, pour certains, la coopération des belligérants et relevant, pour d'autres, d'une action coercitive, autonome de leur consentement manifesté, ce qui a favorisé une confusion entre maintien et imposition de la paix »[214].

---

[214] O. THIELEN, *Le recours à la force dans les opérations de maintien de la paix contemporaines,* LGDJ, Lextenso éditions et Ophélie Thielen, Paris, 2013, p. 24.
Pour une étude d'ensemble sur ces ambigüités ainsi que les difficultés opérationnelles qu'elles ont engendrées, voir J. COULON et M. LIEGEOIS, *Qu'est-il advenu du maintien de la paix ? L'avenir d'une tradition,* Etude préparée pour l'Institut canadien de la défense et des affaires étrangères,

L'expérience a pourtant montré que le respect des principes de consentement, d'impartialité et d'interdiction du recours à la force est la condition indispensable au succès des opérations de maintien de la paix[215]. Thielen en conclut qu'à partir des années 2000, par rapport à l'usage de la force, l'ONU a dépassé l'approche strictement prohibitive de la force, pour retenir une approche permissive. L'expression *« approche permissive »* peut s'entendre, ici, dans un sens amphibologique comme une autorisation, donc une permission ou encore comme un laisser-aller. Dans ce dernier cas, il s'agirait plus d'une perversion des buts assignés aux opérations de maintien de la paix que de leur promotion. La paix dite « robuste » se bâtit ainsi, elle épouse la philosophie générale du système contemporain des Nations Unies résumé par Marrack Goulding, qui a été premier secrétaire adjoint aux opérations de maintien de la paix : *« The essence of the new doctrine is that force is, if necessary, used*

janvier 2010, pp. 9-17 ; Y. DAUDET, *Les opérations de maintien de la paix sont-elles toujours viables ? (Observations sur les conflits en ex-Yougoslavie)*, in *L'évolution du droit international, Mélanges offerts à Hubert Thierry*, Pedone, Paris, 1998, pp. 159-173; J. E. FINK, *From peacekeeping to peace enforcement: The blurring of the mandate for the use of force in maintaining international peace and security*, in *The Maryland journal of International Law and Trade*, 1995, p. 1- 46; E. LAGRANGE, *Les opérations de maintien de la paix et le chapitre VII de la Charte des Nations Unies*, Montchrestien-CEDIN-Paris XIII, coll. Perspectives internationales n° 16, Paris, 1999, pp. 93-143; M. LIEGEOIS, *Maintien de la paix et diplomatie coercitive. L'Organisation des Nations unies à l'épreuve des conflits de l'après-guerre froide*, Bruylant, Bruxelles, 2003, pp. 94-108; P. MORILLON, *Les aspects civils et militaires*, in B. STERN, (dir.), *La vision française des opérations de maintien de la paix*, Montchrestien, Paris, 1997, p141-172; C. PECK, *Summary of colloquium on new dimensions of peacekeeping*, in *New dimensions of peacekeeping*, Martinus Nijhoff Publisher, Dordrecht/Boston/London, 1995, pp. 181-204; S. THAROOR, *The changing face of peacekeeping and peace enforcement*, in *Fordham International Law Journal*, 1995, pp. 408-426.

[215] Cf. *Supplément à l'Agenda pour la paix*, Rapport de situation, présenté à l'occasion du cinquantenaire de l'Organisation des Nations Unies, par le secrétaire général, (paragraphe 33), A/50/60/S/1995/1, janvier 1995 ; *Manuel du subalterne-Opérations de maintien de la paix des Nations unies*, Département des opérations de maintien de la paix, UN/223/TH/JURA97, février 1997, pp. 92-93 et 98.

against armed persons because of what they do, not because of the side they belong to »[216].

Il apparaît désormais que le recours à la force et à la contrainte militaire fasse partie intégrante des opérations de maintien de la paix, car autorisé par le Conseil de sécurité ou le Secrétaire Général, sans qu'une réflexion approfondie n'ait été menée sur l'obligation de résultat qui semble sous-tendre ladite autorisation. Cet aspect a d'ailleurs été la préoccupation majeure de Thielen qui déplore que l'Organisation des Nations Unies et les Etats contributeurs en soient restés à un niveau seulement empirique, alors qu'il faut une analyse sur la nouvelle doctrine et son efficacité :

> « L'analyse de la finalité stratégique, politique et militaire de la force armée par les Nations Unies, reste ainsi occultée, obérant le respect des conditions, sans lesquelles le recours à la force ne peut constituer un instrument efficace et adéquat de mise en œuvre du mandat »[217].

Le fait que la pratique actuelle repose sur l'expérience empirique entraine des incertitudes sur les conditions juridiques de mise en œuvre de la force. Cela crée certains points de vide juridique, susceptibles d'affecter tant la légitimité que l'efficacité des opérations onusiennes. Ces vides juridiques, que le professeur Patrick Valdrini désigne par l'expression « zones grises », obligent à se demander quel est effectivement l'encadrement juridique de l'usage de la force par les Nations Unies. La guerre n'est-elle pas en train de devenir une stratégie plutôt qu'une tactique, ce qui contredirait l'esprit du chapitre

---

[216] « L'essence de la nouvelle doctrine est qu'en cas de nécessité, la force est utilisée contre des personnes armées à cause de leurs actes et non à cause du camp auquel elles appartiennent ». In S. CHESTERMAN, *The use of force in United Nations operations*, External study, New York, 2004, p. 18; version électronique: in URL: < http://smallwarsjournal.com/documents/useofforceunpko.pdf >, consulté le 18 décembre 2017 à 20h45.

[217] O. THIELEN, *Le recours à la force* p. 24. Pourtant dès 1999, un rapport du Département des opérations de maintien de la paix avait recommandé une telle analyse : *Multidisciplinary peace keeping, lesson from recent experience,* Department of Peacekeeping Operations, Best Practice Unit, avril 1999, Section A, paragraphe 2-5 et section E, paragraphe 8. Voir également le rapport du Secrétaire Général, S/2001/394, 20 avril 2001.

VII[218] de la Charte, souvent invoqué pour justifier le recours à la force armée. De plus, dans l'exécution des mandats, quelle est la frontière entre la force et la violence ? Christian Vigouroux insiste sur l'importance de ne pas confondre les deux et préconise d'assumer la force[219]. Pour lui, la différence fondamentale réside en deux éléments principaux : la force est d'abord au service du Droit et du Bien tandis que la violence est un usage dévoyé de la force ; ensuite, pour lui, la force repose sur la maîtrise tandis que la violence se fonde sur l'arbitraire.

Assumer la force revient donc à tenir dialectiquement la « loi de la force et la force de la loi »[220]. Cela autorise deux petites remarques intéressantes, à savoir que le pouvoir discrétionnaire du Conseil de sécurité dans l'usage de la force n'est pas un pouvoir arbitraire et que l'usage de la force doit être l'*extrema ratio* des résolutions votées à l'ONU d'où l'obligation de maîtrise et de contrôle. En subordonnant le recours à la force à l'épuisement de tous les moyens pacifiques, les Nations expriment clairement la volonté d'éviter la violence que peut engendrer l'usage de la force, donnant ainsi la priorité à la non-violence comme moyen primordial de résolution des conflits.

---

218 O. Thielen argumente: « L'autorisation du recours à la force au niveau tactique et non stratégique renvoie ainsi à une triple idée: d'une part qu'il n'appartient pas aux forces de maintien de la paix d'imposer leur présence ni la paix, les Nations Unies n'ayant en tout état de cause jamais pour mandat ni fonction de faire la guerre; d'autre part, que l'usage de la force n'est autorisé que dans les strictes limites du mandat, décidé par le Conseil de sécurité, mais accepté par les principales parties au conflit; enfin, que la réussite des missions onusiennes reste dépendante, en tout état de cause, de la coopération et de l'inclusion dans le processus de paix de l'ensemble, l'usage de la force n'étant d'ailleurs autorisé que dans cette stricte optique politique » (O. THIELEN, *Le recours à la force*, p. 52).

219 Cf. C. VIGOUROUX, *Du juste exercice de la force,* Odile Jacob, Paris, 2017, p. 25-91. L'auteur y mène une réflexion générale sur l'usage de la force mais en l'appliquant au contexte français. Ces réflexions méritent l'attention du juriste internationaliste à qui il appartient de s'élever au-dessus des contingences nationales pour ne recueillir que ce qui est juridiquement intéressant au plan international.

220 La formule est reprise par C. VIGOUROUX comme le titre du chapitre 5 de son livre, *Du juste exercice de la force,* (p. 175), Vigouroux l'a trouvée chez J.-C. CHESNAIS, *Histoire de la violence,* Editions Robert Laffont, Paris, 1981, p. 407.

2.2.2. Le primat de la non-violence[221]

Le primat de la non-violence comme moyen privilégié de résolution des conflits peut sembler nouveau. Mais, en réalité, il est très ancien[222], car la non-violence est le concept cardinal[223]

---

[221] Cf. A. CASSESE, *diritto internazionale*, seconda edizione, il Mulino, Bologna 2013, p. 325-341. Cassese parle de l'obligation de résoudre pacifiquement les conflits (*L'obbligo di soluzione pacifica delle controversie)* dans le chapitre 14 de son livre. Il y fait une synthèse des instruments juridiques dont dispose le droit pour la résolution des conflits. Le chapitre 14 a fortement inspiré la structure et le contenu de ce point sur la non-violence. Par ailleurs, selon la philosophie du droit, le terme non-violence revêt deux significations différentes : la non-violence pragmatique et la non-violence doctrinale. La non-violence pragmatique consiste en la prohibition de l'usage pratique de la violence. C'est une technique d'action politique qui retient de pouvoir et de devoir trouver en elle-même sa propre justification. La non-violence doctrinale consiste aussi en la prohibition de l'usage de la violence, mais en s'appuyant sur une doctrine, c'est-à-dire un ensemble de principes théoriques, éthiques et politiques, qui restent valables indépendamment de leur application concrète. La non-violence pragmatique met l'accent sur l'action, donnant peu de place aux développements théoriques, tandis que celle doctrinale met l'accent sur la théorie, bien que pratiquement, elle puisse manquer de résultats tangibles. Cf. F. D'AGOSTINO, *corso breve di filosofia del diritto,* pp. 82-84.

[222] A la question : qu'est-ce que la non-violence, Ghandi répond qu'il n'a rien de nouveau à enseigner au monde et que la vérité et la non-violence sont vieilles comme les collines. Ensuite, il montre clairement sa préférence pour la non-violence : *« Io approvo la completa non-violenza e la considero possibile nei rapporti tra uomo e uomo e tra nazione e nazione, ma questa non è una rinuncia ad ogni lotta concreta contro l'ingiustizia. Al contrario, nella mia concezione, la non-violenza è una lotta contro l'ingiustizia piu attiva e piu concreta della ritorsione, il cui effetto è solo quello di aumentare l'ingiustizia »* (GANDHI, *teoria e pratica della non-violenza,* Giulio Einaudi Editore, Torino, 1996, p. 7-8). *(Traduzione italiana di Fabrizio Grillenzoni e Silvia Calamandrei)*. Gandhi distingue trois formes de non-violence : celle du fort, celle du faible et celle du lâche. A ses yeux, la non-violence du lâche n'est pas une *ahimsa,* c'est-à-dire une non-violence active, authentique. Dans le cas où il faut se battre même violemment pour ses droits légitimes ou ceux des autres et que l'alternative est seulement celle de se soumettre par couardise à l'oppresseur ou de le combattre violemment, Gandhi n'a aucun doute, il choisit de se battre : *« Preferirei che l'india ricoresse alle armi per difendere il suo onore piuttosto che, in modo coardo, divenisse o rimanesse testimone impotente del proprio disonore »* (*Ibid.* p. 19). Enfin, pour d'ultérieurs approfondissements sur le thème de la non-violence, voir M. LUTHER KING, *Il sogno della non violenza,* Giangiacomo Feltrinelli Editore, Milano, 2006, pp. 21-102. (traduzione italiana di Stefano Valenti); F.

du droit international, spécifiquement celui diplomatique, visant à instaurer entre les Etats des relations amicales[224]. Si la non-violence parait une approche nouvelle, c'est simplement parce qu'elle n'a pas beaucoup été usitée et mise en avant dans la résolution des conflits depuis la seconde guerre mondiale. Le droit international regorge d'instruments pacifiques auxquels les Nations Unies devraient donner la priorité. Cette solution peut sembler utopique dans des rapports de puissance, mais, comme le dit le dicton allemand, *Ein grosser Einfall scheint am Anfang toll*[225], c'est-à-dire une grande idée paraît tout d'abord folle. Sans doute, les Etats devront-ils « essayer la folie pour voir »[226] et si les résultats sont en deçà de nos attentes en termes de paix et de sécurité internationale, on reconnaitra avec Kant que « le véritable enthousiasme ne porte que sur l'idéal »[227]. Du moins, il ne sera guère reproché aux Etats de n'avoir pas essayé la non-violence prônée par les moyens pacifiques. Dans le droit international, on distingue habituellement deux catégories de procédures pour la résolution des controverses : la première catégorie est celle des procédures dites diplomatiques[228] qui visent à trouver un accord entre les parties en vue de la résolution pacifique du différend. La seconde catégorie regarde les procédures du type arbitral ou judiciaire, qui se soldent par une sentence obligeant les parties. A ces différentes catégories s'ajoutent d'autres procédures, en particulier les mécanismes d'inspection et de contrôle du respect des standards normatifs internationaux et le mécanisme spécifique à l'Organisation mondiale du commerce (OMC).

PASETTO, *Pacifismo profetico e pacifismo politico,* Arti Grafiche Cianferoni, Pratovecchio Stia, 2017.

[223]Cf. M. BETTATI, *Droit humanitaire*, Dalloz, Paris, 2012, pp. 12-25.

[224] Cf. E. DECAUX, O. FROUVILLE, *Droit international public*, Dalloz, Paris, 2016, pp. 461-504.

[225] Cf. P. KOLESNORE, *De la démocrature à la démocratie au Burkina, Rôle de l'Eglise et défis,* L'Harmattan, Paris, 2016, p. 107.

[226] L'expression est tirée du titre d'une thèse de doctorat en sociologie soutenue en 1993 à l'université Paris 5 par F.X. DAMIBA, *Essayer la folie pour voir. Risque et prudence des Mosse,* A.N.R.T., Paris, 1993.

[227] I. KANT, *Le conflit des facultés,* in *Œuvres philosophiques,* t III, Coll. « Bibliothèque de la pléiade », F. ALQUIER, (dir), Paris, 1986, p. 896 (AK VII, 87).

[228] Cf. E. DECAUX, O. FROUVILLE, *Droit international public*, pp.389-398.

Parmi les procédures diplomatiques, on peut mentionner la Négociation, l'Enquête, les Bons Offices, la Médiation et la Conciliation. La Négociation est la plus élémentaire et la plus traditionnelle des solutions pacifiques. Elle se caractérise par l'absence totale de l'intervention d'un tiers (Etat ou Organisation internationale). Elle a l'avantage de laisser aux parties en conflit la tâche de trouver une solution par elles-mêmes, sans pression extérieure. Le but de la Négociation étant de parvenir à un accord, les parties s'emploient à trouver un compromis au sujet des intérêts, objet du conflit et l'on n'est pas dans la logique d'un vainqueur ni d'un vaincu. Elément caractéristique de la diplomatie, la Négociation fait partie de la pratique diplomatique, consacrée dans les Conférences de la Haye du 29 juillet 1899 et du 18 octobre 1907, pendant lesquelles fut définie l'obligation de règlement pacifique des différends. Nous la retrouvons dans le pacte de la Société Des Nations (SDN), dans l'article 33 de la Charte des Nations Unies et dans la Déclaration de 1970 sur les relations amicales et la coopération interétatique. Enfin, il est aussi question de la Négociation dans le Traité de Manille de 1982 concernant le règlement pacifique des conflits. Il s'avère important que la Négociation soit juridiquement bien encadrée de manière à éviter que la partie forte ne s'impose à la partie faible mais que l'accord soit le fruit de concessions réciproques visant d'abord le bien de l'ensemble. En effet, A. Plantey affirme que le droit est la condition de possibilité de l'exercice et de la validité de la Négociation internationale[229]. En fonction du degré de conflictualité et des intérêts défendus par les parties, la sociologie de la pratique diplomatique distingue plusieurs types de Négociations qu'on peut regrouper en trois genres : la Négociation distributive, la Négociation intégrative et la Négociation de totale coordination.

Les Négociations distributive et intégrative ont été développées par R. Walton et R. Mckersie, qui se sont basés sur les mathématiques pour élaborer des stratégies de négociations. La Négociation distributive est une négociation à somme nulle :

---

[229] Cf. A. PLANTEY, *La Négociation internationale au XXIe siècle,* CNRS Editions, Paris, 2002, pp. 151-206.

elle consiste pour chaque partie à maximiser ses gains contre l'autre partie. Ainsi, chaque concession est considérée comme une perte puisque la partie gagnante gagne au détriment de l'autre partie. Le gain d'une partie est équivalent à la perte de l'autre. Dans ce cas, les intérêts des parties sont parfaitement opposés et nous sommes en présence d'un conflit dur. La tâche du diplomate, dans cette Négociation, revient à chercher à gagner contre l'autre partie. Le cas de la Négociation distributive se pose par exemple dans les situations de tracé de frontières entre deux Etats. Il est clair que la portion territoriale concédée à l'un des Etats constitue une perte pour l'autre. Quant à la Négociation intégrative, elle correspond à la coopération entre les parties pour trouver ensemble une solution à un conflit partiel, puisque, dans ce cas, les intérêts sont convergents bien que partiellement nuancés. A la différence de la Négociation distributive, le rapport est du type gagnant-gagnant, une Négociation à somme variable. La Négociation de totale coordination, elle, correspond à la situation où les intérêts sont parfaitement concordants et où il n'y a pas de conflit. Le travail du diplomate, ici, est de pure coordination. La vraie question en matière de résolution pacifique des différends est celle-ci : la méthode de la Négociation intégrative ne doit-elle pas être utilisée également pour les situations où les intérêts sont parfaitement opposés ? Assurément ! Les solutions dialoguées dans la réciprocité des Etats auront donc pour objectif d'arriver à une solution qui, à défaut de satisfaire toutes les parties, servirait au moins au bien de l'ensemble.

La Négociation internationale se doit d'être essentiellement intégrative. Ainsi, si les échanges n'aboutissent pas à la formation d'un accord de paix entre les parties, ils pourront néanmoins déboucher sur un *modus vivendi*[230], capable

---

[230] Cf. *Nouveau Larousse Universel 2,* Librairie Larousse, Paris, 1949, p. 229 ; Un *modus vivendi* est un compromis entre deux parties. Ce terme latin signifie littéralement "manière de vivre" et désigne un accord atteint entre deux personnes ou parties afin de coexister et d'éviter un conflit. Le *Nouveau Larousse Universel* de 1949, donne une définition encore plus engageante et intéressante à cause du contexte post-guerre et du vocabulaire utilisé : « Accommodement, transaction moyennant laquelle il soit possible à deux parties en litige de se supporter mutuellement ». L'expression *« se supporter »* selon le même dictionnaire signifie *« porter, soutenir, avoir la charge de »*, ce

d'assurer le cessez-le feu en temps de guerre et la tranquillité en temps de non-agression. Si l'idéal de la paix ne peut être atteint, le *modus vivendi* permettra de s'en approcher sinon d'éviter les agressions mutuelles. Certes, le choix des moyens de résolution des conflits est laissé à la décision libre des Etats, mais certaines conventions[231] font de la Négociation une obligation (article 283 de la Convention de Montego Bay sur le droit de la mer). Serait-il donc souhaitable que l'obligation de la Négociation soit érigée en règle générale du droit international ? Lors de la création de la Cour permanente de justice internationale (CPJI) en 1920, la commission de juristes avait demandé que cette obligation soit inscrite dans la Charte de la Cour, mais cela fut refusé, car on voulait ouvrir à la solution d'un litige une gamme large de remèdes, sans faire de la Négociation un préalable. Toutefois dans la jurisprudence de la Cour permanente de justice internationale (CPJI), la tendance était de faire de la Négociation un préalable, bien que la doctrine soit divisée sur l'interprétation à donner à l'absence formelle de préalable pour la recevabilité des requêtes dans les statuts et la Charte de la Cour permanente de justice internationale (CPJI). Celle-ci, dans sa jurisprudence a ainsi fait du préalable diplomatique une norme coutumière du droit international : « La Cour se rend compte de toute l'importance suivant laquelle ne doivent être portées devant elle que les affaires qui ne sont pas susceptibles d'être réglées par la négociation »[232]. Contrairement à la Cour permanente de justice internationale (CPJI), la Cour internationale de justice (CIJ) a opté pour une position plus souple selon laquelle les pourparlers diplomatiques ne seraient qu'une obligation de bon sens.

---

qui met en relief une ressemblance frappante avec la parole communion en son étymologie de *cum munus* (avec charge). Cela veut dire que même en présence de litige ou de conflit dur, la communion reste possible même si elle est imparfaite.

[231] Surtout les Conventions pour la protection de l'environnement, voir A. CASSESE, *Diritto internazionale*, p. 47. *(Piattaforma continentale del mare del Nord)*.

[232] COUR PERMANENTE DE JUSTICE INTERNATIONALE, *Arrêt relatif aux concessions Mavromatis en Palestine*, CPJI, Série A, n°2, du 30 avril 1924, p. 15.

L'obligation de la Négociation découle plutôt d'un accord entre les parties, donc la source est conventionnelle et non coutumière : « En principe l'obligation de négocier n'implique pas l'obligation d'arriver à une solution concertée, tout au plus exige-t-elle la poursuite de la négociation aussi longtemps que nécessaire »[233]. Les pourparlers ne s'imposent que si les parties l'ont ainsi formalisé dans un instrument juridique. Ils ne sont pas non plus un préalable à la recevabilité des requêtes. Dans sa jurisprudence[234], la Cour internationale de justice (CIJ) considère la négociation internationale et le règlement judiciaire comme des remèdes complémentaires, qui ne s'excluent donc pas. Revenir sur la proposition du comité des juristes qui voulaient faire de l'obligation de négocier un préalable n'est pas dénué de sens dans la mesure où elle privilégie la Négociation[235] comme un moyen primordial de résolution des conflits au sein même des moyens pacifiques. Sans entrer dans la polémique pour savoir si une solution extra-judiciaire est préférable à celle judiciaire, la Négociation offre l'avantage d'un dialogue constructif tout en ne donnant pas de solennité à l'adversité. Cependant, il est clair qu'une négociation purement formelle et non orientée vers la recherche d'un accord, serait contraire à l'esprit du droit :

---

233 P. DAILLIER - M. FORTEAU - A. PELLET, *Droit international public,* p. 926.

234 COUR INTERNATIONALE DE JUSTICE, *Affaires du Sud-Ouest africain (Namibie),* CJI, 11 juillet 1950, in *Recueil,* 1950. Ou *les affaires des activités militaires ou paramilitaires au Nicaragua et contre celui-ci,* CJI, 26 Novembre 1984, in *Recueil,* 1984.

235 La *praxis* de la Cour internationale de justice (CIJ) semble avoir donné de l'importance à la diplomatie dite « parlementaire » ou celle des conférences. La Conférence est *« l'un des moyens établis de conduire des négociations internationales »,* reconnaît la Cour internationale de justice en 1962, lors de l'affaire *sud-ouest africain. Recueil,* 1962, p. 346. Voir *Annuaire Français de droit international,* année 1962, Volume 8, numéro 1, pp. 277-284. Les « conversations » qui forment les actes de la négociation présentent certes des avantages lorsqu'elles sont menées en Conférence ou en congrès, les Etats ne voulant pas défendre de façon publique certaines positions ou ne voulant pas porter la responsabilité du prolongement dans le temps d'une controverse. Cependant, la publicité des échanges comporte un revers : le risque de devoir subir le *diktat* de l'opinion publique interne qui fait que les Etats refusent certaines concessions qu'ils auraient acceptées si la négociation avait été confidentielle.

« Les parties ont l'obligation de se comporter de telle manière que la négociation ait un sens, ce qui n'est pas le cas lorsque l'une d'entre elles insiste sur sa position sans envisager aucune modification. Les parties sont tenues d'agir de telle sorte que, dans le cas d'espèce et compte tenu de toutes les circonstances, des principes équitables soient appliqués ... »[236].

Dans la collaboration du Saint-Siège et de la Communauté internationale, la Négociation se révèle l'arme diplomatique de premier rang. Elle fut efficace, par exemple, pour le dénouement de la crise qui a secoué le Burkina Faso[237] le 16 septembre 2015 lorsque le Général Gilbert Diendéré a voulu s'emparer du pouvoir par un coup d'Etat. Il a fallu une collaboration étroite entre l'ambassade américaine et la nonciature pour négocier la reddition du Général aux autorités de la Transition, avec la garantie de son intégrité physique, la sauvegarde des droits humains internationalement reconnus et la tenue d'un procès équitable. Contraint par des pressions multiples, le Général Diendéré se refugia à la nonciature de

---

[236] COUR INTERNATIONALE DE JUSTICE, *Plateau continental de la mer du Nord*, du 20 février 1969, in *Recueil*, 1969, p. 47.

[237] Le Burkina Faso est un pays de l'Afrique de l'Ouest avec une superficie de 274 200 km^2 et une population de 19 632 147 habitants. L'ancien président Blaise Compaoré, arrivé au pouvoir depuis 27 ans, à la faveur d'un coup d'Etat qui a causé la mort du père de la révolution Thomas Sankara, est à son tour chassé du pouvoir par une insurrection populaire les 29 et 30 octobre 2014. Est mise en place une autorité pour conduire la transition vers des élections démocratiques avec Michel Kafando comme président et Isaac Yacouba Zida comme premier ministre. Mais le 16 septembre 2015, le Général Gilbert Diendéré entreprend un coup d'Etat : après avoir pris en otage le président Kafando et son premier ministre Zida, il se proclame président. A la suite d'une résistance de la population, une médiation est conduite au nom de la CEDEAO (Communauté Economique des Etats de l'Afrique de l'Ouest) par les présidents Yayi Boni (Benin) et Macky Sall (Sénégal). Face au refus du Général Diendéré de céder, l'armée décide de donner l'assaut et oblige le Général à se réfugier à la Nonciature de Ouagadougou. Pour une meilleure connaissance du contexte socio-politique du Burkina, voir : P. KOLESNORE, *De la démocrature à la démocratie au Burkina Faso, rôle de l'Eglise et défis*, L'Harmattan, Paris, 2016; A. OUEDRAOGO, *Blaise Compaoré, de l'Ascension à la Descension*, UNITEC, Ouagadougou, 2016; A. K. TRAORE, *Burkina Faso: Les implications juridiques et politiques de la démission de Blaise Compaoré*, Sankofa et Gurli Editions, Ouagadougou, 2016; R. B. KABORE, *Un peuple debout, chute de Blaise Compaoré, coup d'Etat de Diendéré au Burkina Faso*, Edition Firmament, Presses Africaine, Ouagadougou, 2016.

Ouagadougou. Après sa reddition le 1er octobre 2015, aux autorités burkinabè, le nonce apostolique au Burkina, fit ce communiqué explicatif le 2 octobre 2015 :

> « La demande d'hospitalité pour le Général, adressée à cette Nonciature, s'est située, depuis le début, dans la perspective de sa reddition aux autorités burkinabè dans des conditions de sécurité et de sauvegarde de son intégrité physique, et dans le respect des droits humains internationalement reconnus. Le Général Diendéré est arrivé dans cette Nonciature au moment où toute la zone étant encerclée, l'armée donnait l'assaut final à la caserne Naaba Koom II, autrement dit, à un moment où il aurait été difficile de garantir les conditions dont il est question plus haut[…] A présent que la reddition du Général Gilbert Diendéré aux autorités burkinabè a eu lieu, en syntonie avec son excellence Tulinabo Mushingi, Ambassadeur des Etats unis, le Nonce Apostolique est d'avis que maintenant il faut faire confiance en la justice et travailler pour la réconciliation nationale et la tenue d'élections apaisées »[238].

Ce coup d'Etat a failli plonger le pays dans le chaos, dans l'incertitude. L'action conjuguée du Nonce apostolique et de l'Ambassadeur américain a permis d'éviter l'affrontement et de poursuivre le processus de transition vers les élections qui eurent lieu le 29 novembre 2015. La clé de ce succès diplomatique est sans doute à rechercher dans la place donnée à la concertation et à la Négociation.

Lorsque les parties décident de recourir à un tiers pour la résolution de leur différend, elles disposent de plusieurs mécanismes juridiques : l'Enquête, les Bons offices, la Médiation et la Conciliation. L'Enquête[239] est une procédure prévue par la Convention de la Haye en 1899 pour la résolution pacifique des controverses. Elle fut revue et améliorée en 1907. Proposé par le juriste russe F.F. De Martens aux Conférences de la Haye, ce mécanisme consiste à charger un organe international, souvent institué par les parties et composé d'individus indépendants et impartiaux, de mener des investigations en vue d'établir les faits à l'origine d'une

[238] In R. B. KABORE, *Un peuple debout, chute de Blaise Compaoré, coup d'état de Diendéré au Burkina Faso,* Edition Firmament, Presses Africaine, Ouagadougou 2016, p. 153.
[239] Cf. A. CASSESE, *Diritto internazionale*, pp. 328-329.

controverse, en vue de constater leur matérialité, leur nature, les circonstances qui les accompagnent et de fournir un rapport aux parties[240]. Cela suppose que les parties soient déjà d'accord sur le droit applicable à ladite situation. Il est également du ressort des parties de décider si elles s'obligent ou non par les résultats de l'Enquête menée. Cette Enquête peut être le début d'une procédure résolutive plus complexe, car elle est susceptible d'être utilisée par les commissions de Conciliation ou des tribunaux internationaux : justement l'article 50 des statuts de la Cour International de Justice (CIJ) dispose qu'« à tout moment, la Cour peut confier une enquête ou une expertise à toute personne, corps, bureau, commission ou organe de son choix ».

L'Enquête peut être aussi utilisée dans le cadre de la justice transitionnelle, ou des commissions de réconciliation nationale post crise. L'Enquête est un instrument bilatéral de résolution des crises qui, progressivement, a perdu de son importance. Cependant, comme méthode d'investigation, son rôle s'est accru en raison de l'usage fréquent que les organisations internationales font d'elle pour la vérification des faits *(fact-finding).* Ainsi, l'Organisation Internationale du Travail (OIT), en vertu de l'article 26 de son statut, a souvent eu recours à l'Enquête. Il en est de même pour le Conseil de sécurité (article 34), l'Assemblée Générale et le Secrétaire Général des Nations Unies. Nous devons aussi faire mention de la Commission d'enquête prévue par l'article 90 du premier protocole additionnel à la Convention de Genève (1949)[241]. Cette Commission n'a jamais opéré en raison du fait qu'aucune partie en conflit ne l'ait jamais sollicitée ni activée. Dans le cadre des Nations Unies, plusieurs Commissions d'enquête ont été créées en ce qui concerne les violations des droits de l'homme et du droit humanitaire, ce fut le cas de l'ex Yougoslavie et du

[240] Cf. article 9 de la Convention de la Haye de 1907. Voir aussi P. DAILLIER - M. FORTEAU - A. PELLET, *Droit international public,* p. 930.

[241] L'article 90 du protocole additionnel de 1977 prévoit la création d'une commission internationale d'établissement des faits. Sa compétence doit être acceptée expressément par les Etats concernés, soit par une déclaration générale, soit à propos d'un litige donné. La commission est composée par les Etats parties qui ont formulé cette acceptation. Sa mission est d'enquêter sur les violations graves des normes humanitaires de 1949 et de 1977. Cf. P. DAILLIER - M. FORTEAU - A. PELLET, *Droit international public,* p. 932.

Darfour. Mais en plus des Commissions, le haut-Commissariat des droits de l'homme a initié des missions de *fact-finding*. A titre illustratif, nous avons la mission de *fact-finding*, présidée par Richard Goldstone au sujet des violations de droits de l'homme et du droit humanitaire international pendant la guerre de Gaza, du 27 décembre 2008 au 18 janvier 2009. Toutefois, l'expérience a montré que l'Enquête ne se suffit pas à elle-même en termes d'efficacité dans la résolution des conflits si bien qu'elle est souvent complémentaire des procédés de la négociation ou du règlement juridictionnel ou arbitral. Pour suppléer à cette étroitesse, la tendance commune est d'élargir les tâches de la Commission d'enquête comme cela est arrivé d'ailleurs dès la première expérience mondiale de l'Enquête, dans l'affaire de *Hull*, également appelé affaire du *Dogger Bank* (1904-1905). La Commission, tout en alléguant s'en tenir uniquement aux faits, avait procédé en outre à l'établissement des responsabilités, un travail de droit.

Quant aux Bons Offices, à la Médiation et à la Conciliation, ils se différencient les uns des autres par le degré d'implication du tiers dans la recherche d'un accord entre les parties. En ce qui concerne les Bons Offices, le tiers intervenant qui peut être un Etat ou un organe international, cherche uniquement à permettre que les parties s'asseyent ensemble à une table de négociation pour trouver une solution à leur différend :

> « C'est le degré le plus modeste de l'intervention. L'Etat tiers utilise son influence morale ou politique pour établir le contact-ou le rétablir- s'il a été rompu entre les parties et faciliter l'organisation matérielle(...) sa tâche est terminée dès que les adversaires acceptent de se rencontrer »[242].

Un exemple de Bons Offices nous est donné à travers le rôle qu'a joué le Président des Etats-Unis en 1906 pour mettre fin au conflit entre la Russie et le Japon. On a aussi l'exemple du rôle qu'a eu l'Union Soviétique en 1965 lors du conflit entre l'Inde et le Pakistan. Plus récemment, les Bons Offices de la France ont favorisé la signature des accords mettant fin à la deuxième guerre d'Indochine en 1973 et ont permis une solution politique

[242] *Ibid.*, p. 929.

au litige consécutif à l'intervention de la Russie en Géorgie (Ossétie du sud) en 2008.

Par contre, dans la Médiation[243], le tiers participe activement au déroulement des négociations en proposant de façon informelle des pistes de règlement :

> « La médiation, offerte ou demandée, consiste en premier lieu, comme les bons offices, à mettre en présence les protagonistes d'un conflit. Mais elle ne s'en tient pas là. Le médiateur propose des bases de négociation et intervient dans le déroulement de la

---

[243] Pour notre part, nous nous intéressons à la médiation internationale, mais il est bon de rappeler qu'il y a plusieurs domaines et plusieurs niveaux d'application de la médiation : aux plans régional, national, social, familial et interpersonnel. Partant du cas spécifique de l'Italie, Bulgheroni et Facco montrent comment l'instrument juridique de la médiation s'intègre dans la législation nationale et peut servir dans les familles, la relation de couple, la relation avec les parents, les conflits de génération, les relations de travail dans l'entreprise. Du point de vue fonctionnel, Bulgheroni et Facco distinguent trois types de médiations à savoir la médiation de facilitation, d'évaluation et de transformation. La médiation de facilitation est l'approche la plus traditionnelle, elle consiste de la part du médiateur, à faciliter la négociation entre les parties sans leur exposer ses propres points de vue. Le médiateur se contente de faciliter la communication entre les parties, de faire ressortir les vrais besoins des parties, faire émerger des solutions. Ici, la médiation est réussie lorsque les parties arrivent à un accord satisfaisant. La médiation d'évaluation consiste pour le médiateur à donner sa propre évaluation ou appréciation de la situation. Il peut faire des propositions, peut mettre en relief les points forts et les points faibles des positions adoptées par les parties. Il peut s'occuper non seulement des besoins des parties ou de leurs intérêts, mais aussi peut s'intéresser aux questions d'ordre juridique. Ici, la médiation est réussie lorsque les parties acceptent les propositions du médiateur. Enfin, la médiation de transformation consiste pour le médiateur à aider les parties à transformer la qualité de leur relation qui a causé le conflit pour la substituer à un autre type de relation en fonction des besoins de chaque partie. Ainsi se renforce la capacité des parties à résoudre le conflit par elles-mêmes *(empowerment)* et reconnaitre les besoins de la partie adverse *(Recognition)*. Cette dernière médiation est d'application récente, mais elle est très utile lorsque les parties entretiennent entre elles des relations « continues et irremplaçables ». L'objectif, ici, n'est pas la recherche d'un accord mais la recherche d'un autre type de relation, ce qui peut amener à édicter des normes à observer dans le futur par les parties. Sans toutefois influencer la solution de la controverse, le médiateur demeure le référent du conflit et de la relation entre les parties. Pour approfondir, C. BULGHERONI - L. FACCO, *La mediazione un nuovo strumento legale per risolvere i conflitti,* Edizioni San Paolo, Milano, 2011, pp. 17-85.

négociation pour favoriser un rapprochement des points de vue des intéressés sans chercher cependant à imposer une solution »[244].

Généralement, la Médiation est confiée à des organes de haut niveau ou à des dignitaires influents ou de hauts fonctionnaires des organisations internationales. On peut se rappeler, par exemple, la médiation conduite par le Pape Jean-Paul II, à la demande du Chili et de l'Argentine, le 8 janvier 1979, au sujet de la controverse du canal de Beagle. A l'issue de suggestions, de propositions et de conseils de la part du Pape (12 décembre 1980), les deux Etats finissent par signer, en 1984, un accord de résolution du différend. Plus récemment, on peut mentionner la médiation menée lors de la crise du Kosovo. En 1999, à la demande des ministres des affaires étrangères, appartenant au groupe des sept (7) pays les plus industrialisés et de la fédération russe, le président finlandais, Ahtisaari et l'ancien chef du gouvernement russe, Chernomyrdin, cherchèrent à promouvoir une solution politique à la crise du Kosovo. Ils proposèrent un règlement qui fut à la fois adopté par la République fédérale yougoslave (Serbie-Monténégro) et des pays de l'OTAN (Organisation du traité de l'atlantique nord). Ce règlement fut aussi approuvé et adopté par le Conseil de sécurité, dans sa résolution 1244/1999[245].

Quant à la Conciliation, elle prévoit une participation encore plus intense du tiers auquel revient le devoir d'examiner attentivement les éléments de fait et de droit du différend et de proposer formellement des solutions qui regardent le fond. N'étant pas d'obligation coutumière, le recours à la Conciliation ne s'impose aux Etats que par l'entremise d'une convention qui peut avoir un caractère préventif (organisant à l'avance la constitution et le mode de saisine de la commission de conciliation) ou un caractère résolutif (constitution de la

---

[244] P. DAILLIER - M. FORTEAU - A. PELLET, *Droit international public*, p. 929.

[245] Cf. A. CASSESE, *Diritto internazionale*, p. 330. L'auteur rapporte d'autres exemples de médiations : celle du président Carter (USA) entre l'Egypte et Israël qui aboutit à la signature des accords de camp David en 1978 ; celle du groupe de contact (composé d'un certain nombre d'Etats dont les Etats-Unis, le Royaume Uni et la Russie) entre les parties en conflit sur le territoire de l'ex Yougoslavie, qui portera à la stipulation des accords du Dayton en novembre-décembre 1995.

commission après la survenue d'un différend). Il est fréquent que les parties s'accordent conventionnellement sur l'obligation de recourir à la conciliation qui est appelée, de ce fait, Conciliation obligatoire. Celle-ci peut se conclure à travers un traité *ad hoc* ou grâce à l'insertion d'une clause spécifique dans un traité, en vertu de laquelle on reconnaît aux parties le droit de recourir unilatéralement à cette procédure de la Conciliation. Dérivée de l'Enquête, la Conciliation épouse une gamme variée de solutions à telle enseigne qu'il n'est guère possible de parler d'un régime unique et uniforme. Selon Cassese, elle est le résultat de deux courants de pensée opposés à savoir, d'une part la position des pays occidentaux qui soutiennent qu'il est inconcevable d'ériger des normes substantielles sans créer en même temps des mécanismes obligatoires de résolution des conflits, d'autre part, la position des autres pays, qui, tout en reconnaissant le principe de la résolution pacifique des conflits, n'entendent pas se soumettre obligatoirement à une procédure surtout pas à celle qui comporte une décision obligeant les parties, comme c'est le cas pour l'arbitrage et le règlement judiciaire.

La solution de compromis entre ces deux positions antagonistes a été de rendre obligatoire la Conciliation tout en sachant que les conclusions et les propositions de la commission de Conciliation n'obligent pas les parties. Néanmoins, cela constitue déjà un progrès du droit international pour les raisons suivantes: 1) le fait d'offrir la possibilité d'un recours unilatéral d'une partie qui oblige l'autre partie à se soumettre à la procédure de Conciliation ; 2) la prédétermination de l'*iter* à suivre durant la Conciliation ; 3) l'institution d'un organe (Commission de Conciliation) dont le travail sera de promouvoir la rencontre amicale des parties. Même si elle se rapproche d'une véritable « instance » internationale de par sa procédure contradictoire, la Conciliation demeure un mécanisme non juridictionnel. Il va s'en dire que la Commission de conciliation n'est pas un tribunal :

> « La Commission de Conciliation aura pour tâche d'élucider les questions en litige, de recueillir à cette fin toutes les informations utiles, par voie d'enquête ou autrement, et de s'efforcer de concilier les parties. Elle pourra, après examen de l'affaire,

exposer aux parties les termes de l'arrangement qui leur paraitra convenable et leur impartir un délai pour se prononcer »[246].

Concernant la pratique, il faut signaler que le développement de la Conciliation fut progressif, depuis la réticence des auteurs de la Société Des Nations jusqu'à la banalisation ou vulgarisation par certaines conventions multilatérales tels les traités de Locarno en 1925, l'Acte général d'arbitrage de 1928, révisé en 1949 pour ajuster le passage de la Société Des Nations (SDN) à l'Organisation des Nations Unies (ONU). Ce mouvement est allé grandissant si bien qu'on retrouve le recours à la Conciliation dans le traité de Bogota en 1948 (article 15), la Convention européenne de 1957 sur le règlement pacifique des conflits (article 4). La Convention de Rome de 1950 sur la sauvegarde des droits fondamentaux de l'individu étend même le champ d'application de la Conciliation à des litiges entre Etat et individu dans le cadre des droits de l'homme. La Commission européenne devait tenter une Conciliation entre les parties avant tout recours à la Cour européenne (article 28, et jusqu'à l'entrée en vigueur du protocole n° 11).

Par ailleurs, pour les litiges relatifs à leur interprétation ou leur application, les conventions internationales désignent, à titre obligatoire ou facultatif, la Conciliation comme moyen de règlement : le Pacte de 1966 sur les droits civils et politiques (article 42), Convention de Montego Bay de 1982 sur le droit des mers (article 284 et annexe V). Aussi, depuis les années 1990, l'OSCE (Organisation pour la Sécurité et la Coopération en Europe), a enregistré un renouveau spectaculaire de la Conciliation obligatoire[247]. La Convention de Vienne (1969) sur les traités semble donner définitivement la consécration à la Conciliation en son article 66[248] qui en fait la procédure de droit

---

[246] Article 15 de l'Acte général d'arbitrage de 1928, in P. DAILLIER - M. FORTEAU - A. PELLET, *Droit international public,* p. 933.

[247] *Ibid.,* p. 933.

[248] Les controverses sur l'invalidité des traités à l'exception de ceux portant sur le *jus cogens* peuvent être soumises à la procédure de la Conciliation douze mois (12) après leur début (article 66, lettre *b).* Elles peuvent être activées grâce à une demande faite unilatéralement par une partie et adressées au Secrétaire Général des Nations Unies et la partie adverse a l'obligation de

commun se rapportant à la nullité, l'extinction, ou la suppression de l'application des traités, exception faite du *jus cogens*. Notons quelques exemples de recours à la Conciliation : le Comité de conciliation, institué le 15 juin 1957, par le traité austro-allemand, relatif au règlement des biens, a permis de résoudre plusieurs litiges sans qu'il ne fût nécessaire de recourir au règlement juridictionnel que les textes prévoyaient en cas d'échec de la Conciliation. Aussi, la Commission de conciliation, issue de l'accord du 28 mai 1980, a pu fixer les délimitations du plateau continental entre l'Islande et l'île norvégienne de Jan Mayen. Comme un facteur propulseur, cela a conduit ultérieurement à la signature de l'accord d'Oslo du 22 octobre 1981, portant exploitation équitable des ressources de ce plateau.

Pour compléter cette section dédiée aux moyens de résolution pacifique et diplomatique, il nous reste à examiner les moyens juridictionnels de résolution des conflits[249] que sont l'arbitrage[250] et le règlement judiciaire. On assiste, ici, à un saut

---

se soumettre à la procédure. La commission de Conciliation est formée à partir d'une liste nommée par le Secrétaire Général. Cf. A. CASSESE, *Diritto internazionale*, p. 331.

[249] Cf. *Ibid.*, pp. 331-336.

[250] Issue du droit romain où il était question d'arbitrage *ex compromisso*, fait par un *arbiter* et assorti d'une *poena* comme garantie ou encore dans le cadre d'un contrat de bonne foi (*arbitum boni vivi*) fait par un *arbitrator*, la technique de l'arbitrage servait à départager les parties en litige lorsque les juges n'y parvenaient pas en cas de vide juridique. La procédure de l'arbitrage ancien comportait une dimension religieuse puisque l'accusé, pour son acquittement, devait jurer devant Dieu en clamant son innocence par un serment. Afin d'augmenter ses chances d'acquittement, ses parents et amis pouvaient co-jurer avec lui. Lorsque cela ne suffisait pas il devait subir une épreuve physique qui consiste à saisir avec sa main une barre de fer chauffée au rouge. Alors l'absence ou la présence de traces sur ses mains faisait de lui un innocent ou un condamné. Il fallait donc « mettre sa main au feu ». Progressivement, cette institution de l'arbitrage va se transformer au moyen-âge et devenir obligatoire en 1560 (François Ier) pour certaines matières comme les échanges commerciaux, les partages de biens familiaux, les comptes de tutelle et d'administration. La technique arbitrale s'est ensuite développée et fut consacrée comme moyen de résolution des conflits à la Conférence de la Haye de 1899 (titre IV, article 15 à 57), puis lors de la seconde Convention correspondante en 1907(convention n° 1). Des progrès furent faits avec l'adoption le 28 septembre 1928 de l'Acte général d'arbitrage par la Société Des Nations (SDN) et qui fut révisé par les Nations Unies

qualitatif, en ce sens que dans ces deux cas, on ne cherche pas à résoudre le conflit seulement dans le but de maintenir des relations pacifiques et de traiter les intérêts en jeu de façon réciproquement acceptée par les parties. Ces deux mécanismes poursuivent un but ultérieur qui est l'aplanissement des divergences conformément à des paramètres juridiques préalablement convenus et partagés par les Etats en conflit, grâce à une décision qui oblige les parties : la sentence arbitrale et la sentence judiciaire. A l'instar des Commissions de conciliation, l'organe arbitral ou judiciaire examine profondément les faits et identifie les règles de droit que par la volonté des Etats qui l'ont désigné, il doit appliquer au cas en examen. Contrairement à la Conciliation, les conclusions auxquelles parvient l'organe qui fait l'arbitrage ou le jugement, sont contraignantes pour les parties, dans la mesure où elles sont données dans la partie dispositive de la sentence. Mais la différence entre l'arbitrage et le règlement judiciaire réside dans la grande part d'institutionnalisation qui caractérise la procédure judiciaire par rapport à l'arbitrage. Au niveau du règlement judiciaire, l'organe décisionnel est de nature permanente ou semi-permanente. Sa composition est préétablie comme le sont le droit et la procédure applicable. Tandis qu'au niveau de l'arbitrage[251], les parties doivent convenir de l'organe, du droit et de la procédure après que le différend ait éclaté. Il existe donc une différence de technicité et de sophistication en faveur du règlement judiciaire (tribunaux) par rapport à la solution arbitrale (Cours arbitrales). Les tribunaux et les Cours arbitrales ont une juridiction relativement limitée à un petit nombre d'Etats. Tous deux ont en commun d'être des organes nés de conventions donc établis sur base consensuelle.

(ONU) en 1949. La Convention de la Haye (1899) avait institué la Cour Permanente d'Arbitrage qui fut confirmée en 1907. Mais, celle-ci avait connu une période de déclin avant de se relancer en diversifiant ses activités. Pour un approfondissement de l'arbitrage, voir D. MATRAY, (dir.), *Arbitrage et modes alternatifs de règlement des conflits*, Edition Formation Permanente CUP, Liège, 2002 pp. 191-221, (application de l'arbitrage dans la législation belge).

[251] Pour plus d'éléments sur l'arbitrage, voir E. DECAUX, O. FROUVILLE, *Droit international public*, pp. 398-405 ; ou J. B. RACINE, *Droit de l'arbitrage*, Presses Universitaires de France, Paris, 2016.

On remarque que si la résolution des conflits par la voie judiciaire est la règle dans les ordonnancements internes des Etats, ce n'est pas le cas dans le droit international où elle reste exceptionnelle. Il existe deux modes d'attribution de la juridiction à la Cour permanente d'arbitrage (CPA) à savoir, d'une part la stipulation d'un accord entre les parties, destiné à soumettre à ladite Cour une controverse donnée (on parle alors de compromis arbitral), d'autre part, l'insertion d'une clause au sein d'un traité, en vertu de laquelle, les parties peuvent légitimement recourir à la Cour pour la résolution de n'importe quel litige lié à l'interprétation ou à l'application du traité en question (on parle ici de la clause compromissoire). Quant à la Cour internationale de justice[252] (CIJ), sa juridiction est largement acceptée par les Etats à cause de certains mécanismes de facilitation comme la clause optionnelle, qui fait qu'à tout moment un Etat peut déclarer accepter *ipso facto* la juridiction obligatoire de la Cour vis-à-vis d'un autre Etat ayant accepté le même engagement, sans un accord spécial préalable (article 36, paragraphe 2 des statuts de la CIJ). La jurisprudence de la Cour a consacré un autre mode d'acceptation de sa juridiction par les Etats indépendamment des dispositions statutaires de l'article 36. Il s'agit du *forum prorogatum,* un mode à travers lequel, de façon tacite ou implicite, devant les instances de la Cour, un Etat reconnait la juridiction de la Cour. Cela advient par exemple lorsqu'un Etat est cité à comparaitre devant la Cour par un autre Etat, en l'absence d'un titre valide de juridiction concernant la Cour. Dans ce cas, le fait que l'Etat cité se présente en comparution devant la Cour pour présenter sa défense sur le fond, démontre implicitement qu'il a accepté de fait la juridiction de la Cour, autorisant cette dernière à se prononcer sur le cas. En définitive, plutôt que d'opposer l'arbitrage et le règlement judiciaire, il faut, au contraire, les voir comme des procédés juridictionnels complémentaires.

Enfin, au sujet de la complémentarité des différents mécanismes sus cités, il nous paraît judicieux de regarder la singularité du procédé de résolution des conflits mis en place au sein de l'Organisation mondiale du commerce (OMC). En vue

[252] Cf. E. DECAUX, O. FROUVILLE, *Droit international public*, pp. 405-424

de promouvoir la libéralisation du commerce mondial, d'intensifier les échanges commerciaux avec une progressive diminution des taxes douanières dans la législation des différents pays, fut créée en 1994, l'Organisation mondiale du commerce, par le traité de Marrakech. Pour atteindre ces objectifs, ce traité mit en place un mécanisme innovateur de résolution des conflits en matière commerciale, appelé *Dispute Settlement understanding (DSU)*. Les phases de la procédure sont les suivantes : d'abord chaque Etat est tenu de notifier à l'Organisation (OMC) et aux autres parties signataires l'adoption de politiques commerciales susceptibles de violer l'application des normes commerciales prévues par les accords commerciaux. Après la notification est rapidement activée une mission de *consultation* visant à résoudre le différend et les autres parties doivent répondre spontanément à la demande de consultation afin de trouver une solution satisfaisante pour les parties en conflit.

Lorsque l'issue des consultations n'est pas positive, le différend n'ayant pas pu être solutionné, il est encore possible de recourir aux bons offices et à la conciliation de l'Organisation mondiale de commerce (OMC). Au cas où malgré cela, aucune solution n'est trouvée, une des parties peut demander la constitution d'un *Panel* d'experts indépendants auquel il présentera sa propre requête. Cette requête peut ne pas concerner une violation des accords commerciaux de l'OMC. Un Etat pourrait ainsi se plaindre de la baisse ou de l'annulation des avantages qu'il a du fait de sa participation à l'Organisation mondiale du commerce, cette baisse ou cette annulation étant causée par les mesures légitimement adoptées par un autre Etat[253]. La requête peut être présentée par un Etat ou un ensemble d'Etats (requête multiple). Le *Panel,* est d'habitude formé de trois experts en droit commercial international qui

---

[253] En principe ce cas de figure demeure peu probable en raison de l'application de la clause de la Nation la plus favorisée. Cependant l'application de ce principe rencontre de nombreuses difficultés en raison des inégalités de développement entre les Etats et la multiplication des statuts dérogatoires. Il y a également la difficulté des accords commerciaux régionaux tendant à instaurer pour leurs membres un tarif douanier préférentiel.

siègent à titre individuel, mais les parties peuvent convenir d'une formation de cinq experts. Ce *Panel* est institué par l'organe pour la résolution des controverses (*Dispute Settlement Body, DSB),* composé des représentants de tous les Etats membres. L'organe de la *Dispute Settlement Body (DSB)* décide de la constitution du *Panel* à travers le processus dit du *consensus négatif,* c'est-à-dire que le Panel sera constitué à moins que les membres du *Dispute Settlement Body,* y compris l'Etat auteur de la plainte, ne décident par consensus (sans vote formel, mais en l'absence de réactions contraires) de ne pas le constituer. La nomination des membres d'un *Panel* relève cependant de la compétence du Secrétariat Général de l'OMC. Si les parties réfutent la composition (les membres) du *Panel,* alors il revient au Directeur Général de désigner les membres, après consultation du président de la DSB et le président du conseil ou du comité établi au sein de l'accord de l'OMC.

Une fois le *Panel* constitué, il examine les demandes des parties en litige et peut même recueillir l'avis d'Etats tiers. L'examen de la controverse *in facto et in iure* se fait en deux phases. Dans un premier temps, le *Panel* adopte un rapport provisoire (*interim report)* que les parties peuvent commenter ou critiquer. Il leur est même possible de demander une ultime session du *Panel* afin de pouvoir présenter leurs contre-arguments. Ensuite, le *panel* adopte un rapport final *(final report)* qu'il envoie aux parties en litige et à la DSB. Ce rapport final est automatiquement adopté par la DSB à moins que celle-ci décide par consensus de ne pas l'adopter *(Consensus négatif).* Dès qu'il est adopté par la DSB, le rapport final acquiert une efficacité juridique dans la mesure où il oblige les parties. Toutefois, chacune des parties jouit de la faculté de récuser le rapport du *Panel* et faire appel de la décision à l'organe d'appel (*Appelate Body),* qui est composé de sept membres, nommés par la DSB. *L'Appelate Body* décide seulement des questions de légitimité et peut également se prononcer sur les questions attenant à l'interprétation des dispositions importantes tout en restant lié à l'interprétation de l'accord de l'OMC et des divers accords multilatéraux de commerce[254], votés au 2/3 des voix de la Conférence ministérielle et du Conseil général de l'OMC. Ces deux dernières structures sont composées de représentants des Etats membres. Les rapports de l'*Appelate Body,* pour acquérir force juridique obligatoire pour les parties, doivent être adoptés par la DSB. L'adoption est aussi automatique à moins que la DSB décide de ne pas l'adopter *(consensus négatif).* La vérification de la mise en œuvre du rapport du *Panel* ou l'*Appelate Body,* est effectuée par la DSB. En cas d'inobservance du rapport par un des Etats, l'autre Etat peut demander à la DSB d'user à l'encontre de l'Etat récalcitrant, des contremesures ou la suspension des concessions ou autres obligations commerciales. La suspension peut concerner soit le même secteur soit un autre secteur commercial ainsi que les obligations contractées dans un autre accord de l'OMC. Mais, l'Etat contre lequel est effectuée la suspension a la faculté de s'y opposer et la controverse peut, de nouveau, être soumise à l'arbitrage dont les conclusions sont non appelables.

Il est donc indéniable que le mécanisme de l'OMC dans son entièreté est mixte[255], c'est-à-dire, un entrelacement de la Conciliation, de la Négociation, et du règlement juridictionnel sans oublier les recours possibles aux Bons offices de l'OMC. En plus lorsqu'un Etat doit être soumis à des sanctions, il lui est encore possible d'avoir recours à l'arbitrage. Certes, ce mécanisme de l'OMC est complexe mais il est unique en son genre et se justifie par la spécialité de la matière à savoir que les relations commerciales mettent en jeu de très grands intérêts économiques. Aussi parait-il nécessaire de tenir compte des particularités de tel ou tel Etat ou la singularité des secteurs concernés sans tout de même tomber dans l'écueil de la discrimination. Dans le commerce international, il faut une

---

[254] Par exemple, au 7 avril 2015, l'OMC avait enregistré plus de six cents (600) accords commerciaux régionaux, dont plus de quatre cents (400) étaient entrés en vigueur. Certains auteurs n'ont d'ailleurs pas manqué de souligner le risque de « régionalisation du commerce mondial », voir M. DRAIN, *Relations internationales,* 21ème édition, Edition Larcier, Bruxelles, 2016, p. 406.

[255] Pour approfondir cette particularité de l'OMC, voir C. ROSSO, *Les mécanismes de flexibilité dans le droit de l'OMC,* Editions Bruylant, Bruxelles, 2017, p. 41-261.

égalité de traitement ainsi que l'absence de distorsions injustes. Le mécanisme de règlement des conflits mis en place par l'OMC s'est révélé jusque-là utile et efficace. Vu le nombre considérable de cas[256] soumis à l'examen du Panel ou des autres organes de l'OMC, considérant le nombre important des Etats membres de cette organisation (environ 164 en 2020) et l'obligation faite à chacun d'eux de respecter ledit mécanisme, Cassese en conclut que ce mécanisme de l'OMC représente jusqu'à maintenant le meilleur mécanisme de solution des controverses dans l'ordonnancement international[257]. En effet, d'un mécanisme souple d'application non obligatoire initialement prévu dans le cadre de l'accord général sur les tarifs douaniers et le commerce (GATT[258]) en 1947, on est passé à un mécanisme beaucoup plus contraignant et qui se veut juridictionnel[259].

Cette combinaison de plusieurs instruments juridiques de règlement des différends qui caractérise le mécanisme propre à

---

[256] Depuis sa création plus de cinq cents (500) différends ont été soumis à l'OMC, dont la majorité concerne les Etats Unis, l'Union européenne, le Canada, le Japon, la chine, l'Argentine et l'Inde. Actuellement, on en compte trente par an. Cf. M. DRAIN, *Relations internationales,* p. 406.

[257] Cassese écrit: *« Si può certamente sostenere che essa [procedura dell'OMC] rappresenta, almeno fino ad oggi, il migliore meccanismo di soluzione delle controverse nell'ordinamento internazionale »* (A. CASSESE, *Diritto internazionale*, p. 341).

[258] *General Agreement on Tariffs and Trade* : Après la seconde guerre mondiale, parallèlement au Fond Monétaire International (FMI), et à la Banque Mondiale, il fut créé une Organisation internationale du Commerce (OIC) qui avait pour mission d'éliminer les barrières douanières en vue du libre-échange, selon les dispositions du traité de la Havane, du 24 mars 1948. Mais par crainte de perdre leur souveraineté, les Etats-Unis refusèrent de ratifier l'Organisation Internationale du Commerce (OIC), donnant plutôt l'avantage à une organisation qu'on disait provisoire et qui fut pérennisée par la suite. Cette Organisation, créée en octobre 1947 par vingt-trois (23) pays, s'appelait le GATT, *General Agreement on Tariffs and Trade.* Elle a servi pendant presque cinquante ans de cadre multilatéral pour la formation des accords commerciaux au moyen de négociations commerciales dites *rounds*. C'est dans le cadre du GATT que furent négociées la baisse des charges douanières et la levée d'autres obstacles au commerce mondial. En 1994, à la création de l'OMC, le GATT de 1947 fut modifié par les parties contractantes et a donné naissance à un nouveau texte, qu'on a appelé le « GATT de 1994 » et qui fut intégré à l'accord de Marrakech, constitutif de l'OMC.

[259] Cf. M. DRAIN, *Relations internationales,* p. 405.

l'OMC et qui semble se justifier par la spécialité de la matière, est significative, comme si l'humanité avait pris conscience qu'en matière de commerce, il fallait coute que coute trouver une solution pacifique au différend. On y emploie vraiment « tous les moyens nécessaires » pour régler le conflit. Le juriste internationaliste est en droit de se demander pourquoi un tel mécanisme complexe, articulé et pacifique s'applique dans les différends commerciaux et non dans les négociations pour la paix marquées souvent par la rigidité de l'alternative (soit les pourparlers soit les bombes). L'intérêt du marché est-il supérieur à l'intérêt de la paix ? C'est sans doute une question de volonté politique des Etats qui ont choisi l'économie libérale au détriment de la paix. Sinon, la même volonté politique qui a mis en place le mécanisme de l'OMC parce qu'elle y trouve un grand intérêt, pouvait aussi se servir de la même combinaison en ce qui concerne la recherche de la paix mondiale. Cela porte à croire que la paix est un choix[260] d'où la nécessité de réfléchir sur la notion de responsabilité sans laquelle la paix ne sera jamais une priorité.

2.2.3. Autolimitation et responsabilité

D'emblée, il faut reconnaitre que nous nous engageons, ici, sur un chemin très risqué puisque réfléchir aujourd'hui sur le

---

[260] En février 2017, Pascal Lamy, commissaire européen et ancien directeur général de l'Organisation mondiale du commerce (OMC) a coécrit un ouvrage avec Nicole Gnesotto et Jean-Michel Baer, où il cherche à identifier ce qui domine le monde actuel. L'ouvrage est intitulé *« Où va le monde ? le Marché ou la Force ? »*. Présenté sous le style de l'interview, cet ouvrage pose la problématique des choix dominants dans le monde. Le résultat semble se résoudre dans cette alternative du marché (géoéconomie) soutenu par P. Lamy ou de la force (géopolitique) défendue par N. Gnesotto. Les Etats cherchent à être puissants, soit par l'économie, soit par la politique (force de frappe). La paix ne semble pas être un choix dominant, pourtant ces auteurs affirment clairement que le monde a fait l'expérience de « l'impuissance de la puissance » (titre d'un sous point du livre). En prolongeant leur problématique, on aurait écrit : « *Où va le monde* ? *le Marché ? la Force ? ou la Paix* ? ». Ici, nous ne cherchons pas à opposer la paix au marché ni à la force. Nous voulons simplement en faire un centre d'intérêt majeur, un choix, une dominante. Cf. P. LAMY - N. GNESOTTO - J. M. BAER, *Où va le monde ? le Marché ou la Force ?* Odile Jacob, Paris 2017, pp. 36-201.

concept de responsabilité[261] en lien avec la notion d'autolimitation en droit international, c'est attirer impitoyablement sur soi une levée de bouclier de toutes parts, tant les positions fortement contrastées vis-à-vis de ces mots n'ont pu être totalement réconciliées. Cela signifie qu'il faut inéluctablement se départir de la charge négative qui, par le passé, pèsait sur ces vocables de responsabilité et d'autolimitation et oser un regard positif qui augure un futur plus serein. En ce qui concerne la responsabilité, comme le souligne Maria D'Arienzo[262], ce mot possède une double portée, éthique et juridique, qui se résume clairement dans ces locutions : « être responsable » ou « avoir la responsabilité ». Dans le premier cas, la responsabilité comme attribut se rapporte intrinsèquement au sujet comme une qualité de l'individu ; dans le second cas, comme nom, elle est extrinsèque à l'individu et se rapporte à son activité au sein de sa communauté d'appartenance. La dimension sociale présente dans le principe de la responsabilité est le fondement de la

---

261 Evoquer ce concept de responsabilité rappelle immédiatement les travaux du philosophe Hans Jonas dont le célèbre livre porte le titre de *« principe de responsabilité ».* Cependant on reproche à la responsabilité chez Jonas d'être valable seulement en philosophie et non en droit à cause du manque de réciprocité, car le modèle inspirateur de cette conception vient de l'image d'un père s'occupant de son fils sans rien attendre en retour. Ainsi l'homme devrait s'occuper des générations futures sans rien attendre d'elles puisqu'elles n'existent pas encore : « Selon Jonas, on le sait, dans nos rapports à la nature, notre responsabilité à l'égard des générations qui viennent, c'est-à-dire des êtres qui n'existent pas encore, nos devoirs mêmes à leur endroit, ont pris un relief inédit au siècle dernier car ces questions ne se posaient pas avec une pareille acuité à des époques où la technologie était moins envahissante et moins puissante » (Cf. T. DE KONINCK, *Dignité de la personne et primauté du bien commun,* Edition Universitaire Européenne, Saarbrücken, 2016, p. 39). Cette vision de Jonas a eu un grand rayonnement dans la bioéthique et dans la gestion de l'environnement. Elle est intéressante pour nous dans la mesure où elle nous offre l'avantage de penser la responsabilité non pas seulement à partir de la catégorie des actes (déjà passés) mais surtout celle du pouvoir-faire. C'est bien le lieu de se demander ce que nous pouvons faire pour la paix.

262 M. D'ARIENZO, *Il concetto giuridico di responsabilità, rilevanza e funzione nel diritto canonico,* Pellegrini Editore, Cosenza, 2012, pp. 11-70. L'auteure analyse le concept de responsabilité juridique de façon globale avant de le confronter au droit canonique. Les deux premiers chapitres traitent des fondement juridiques, religieux et philosophique de la responsabilité.

responsabilité éthique qui est le présupposé de la responsabilité juridique. La responsabilité juridique se base sur un système de valeurs et de principes ainsi que des normes. Quant à l'étymologie du concept juridique de responsabilité, il existe une querelle entre Villey qui le fait dériver du droit romain[263]

---

[263] Le droit romain possédait trois principes fondamentaux qui intéressent la responsabilité même si le concept de *responsabilitas* n'est venu que tardivement : 1) *neminem laedere* (ne pas nuire à autrui), 2) *vivere honeste* (vivre honnêtement), 3) *suum cuique tribuere* (rendre à chacun ce qui lui revient). Le premier principe du *neminem laedere* est également présent dans l'Ancien et le Nouveau Testament. En effet, le livre de Tobie 4, 15, l'affirme : « Ne fais à personne ce que tu n'aimerais pas subir ». Dans Matthieu 7, 12 : « Ainsi tout ce que vous voulez que les hommes fassent pour vous, faites le vous-même pour eux. » et l'évangéliste Luc le reprend (luc 6, 31). Il y avait aussi dans le droit romain une distinction entre le *crimina* (le crime) et le *delicta* (délit). Les auteurs chrétiens vont faire un rapprochement entre le péché (*peccatum)* et le délit (*delicta).* Le mot peccatum renvoie au franchissement des lignes et fut considéré comme un délit, en ce sens que le pécheur transgresse les lois divines. L'apport du christianisme au concept de la responsabilité consiste en l'identification de l'élément de la volonté qui confine à l'individualisation de la responsabilité. Les Pères de l'Eglise, en l'occurrence saint Augustin, ont accueilli la philosophie platonicienne qui affirmait déjà que les mauvais comportements des pères ne rejailliront pas sur leurs enfants, mais, les Pères, se basant sur les mouvements du libre arbitre, vont insister sur l'aspect moral de la responsabilité. Ils unissent alors l'imputabilité et la culpabilité de sorte à favoriser une confusion entre le crime et le péché. Saint Augustin par exemple rattachait le péché aux *leges* classiques. Cet élément de la volonté sera accentué par le droit canonique naissant notamment dans la distinction qu'il fait entre l'homicide volontaire et l'homicide involontaire. On en fait mention dans le *décret de Gratien* au XIIème siècle. L'idée de la réparation n'était pas absente de cette approche combinant droit romain et droit canonique puisqu'elle se faisait à travers le sacrement de la pénitence qui enregistrait l'aveu du pénitent et sa réadmission au sein de la communauté. L'obligation de la confession annuelle à Pâques fut imposée au quatrième concile du Latran en 1215 et le moyen-âge connut une floraison d'œuvres de confesseurs, appelées Sommes. L'héritage romain, redécouvert dans les compilations justiniennes avait permis de définir une trilogie en distinguant la faute lourde *(culpa lata*), faute légère *(culpa levis)* et faute très légère *(culpa levissima).* Par ailleurs, la période médiévale est marquée par la coexistence entre le *jus commune* (développé dans les universités) et les *jura propria* (qui vont progressivement donner naissance aux droits nationaux). Les *jura propria* révèlent les différences caractérisant les diverses approches de la responsabilité par rapport au droit de propriété des terres et aux délits qui s'y rattachent. Ainsi, dans le système anglo-saxon du *commun law*, utilisé par les juridictions royales, naquit un droit du *Tort*

avec la racine *respondeo*[264] et Paul Ricoeur qui pense que le sens authentiquement juridique de la responsabilité est né à l'époque moderne avec la sécularisation du concept théologique de « l'imputabilité » du verbe latin *« putare »*.

Respondere au sens général signifie répondre à une demande et désigne l'acte de prononcer des paroles correspondantes et successives à une demande *(sponsio)* et toute personne qui accomplit ce geste (*stipulatio)* s'engage et s'oblige à le respecter *(obligatus)*. *Respondere* est aussi employé pour désigner la réponse à l'*interrogatio in iure* qui conduira progressivement à l'acte processuel à travers lequel un individu peut être traduit en justice « *in causa »* par la citation ou à cause de l'action et il devra se défendre ou alors, payer, faire ou satisfaire, une dette, un devoir ou une obligation. Il y a derrière tout cela la menace d'une sanction et le lieu de fermentation du concept juridique de la responsabilité est sans conteste la *lex aquilia*[265] dans laquelle la responsabilité est définie toujours par

---

auquel correspond l'action du *trespass (trespass on the case)*. Du XVIème au XVIIIème siècle, on assiste à un mouvement général de systématisation de la responsabilité. Puis du XIXème au XXème siècle, on a la codification de la responsabilité dans les différents systèmes nationaux. Voir A. SUPIOT - M. DELMAS-MARTY, *Prendre la responsabilité au sérieux*, Presses universitaires de France, Paris, 2015, pp. 39-55.

264 *Respondere, responsum*, s'emploie dans le droit romain antique en relation aux oracles prononcés par les prêtres, interprètes des dieux. Ces prêtres, en échange de l'offrande, disaient la volonté des dieux, faisaient des promesses et apportaient aux hommes la sécurité. Ils répondaient aussi aux interrogations juridiques *« respondere de iure »*. Par leurs compétences, ils garantissaient la valeur de leurs oracles. Emile Benveniste fait justement un lien entre *respondere* et *spondeo* (le mariage). Cf. E. BENVENISTE, *Il vocabolario delle istituzioni indoeuropee. Potere, diritto, religione,* vol. II, Einaudi, Torino 2001, pp. 446-447.

265 La *lex aquilia* est instituée dans les années 286 avant Jésus-Christ par Aquilius, un tribun de la plèbe pour amener le coupable d'une typologie d'actes à réparer le dommage causé par son action. Ces actes typiques concernaient trois situations (chapitres) : 1- A celui qui tue l'esclave ou les animaux d'un troupeau incombe l'obligation de payer au propriétaire *(le dominus)* la somme équivalente à la valeur acquise par l'esclave ou les animaux l'année précédant l'acte criminel. 2- S'il s'agit d'une destruction des choses d'autrui, différentes de celles évoquées au chapitre 1 ou 3- S'il s'agit d'une destruction qui diminue la valeur de l'objet *(res)* d'autrui, la peine est calculée, dans ces deux cas, en fonction de la valeur maximale que l'esclave, l'animal ou la chose aurait acquise les trente derniers jours. Nous avons là

rapport au dommage qu'un individu cause à l'autre par une conduite hors des prévisions de la loi *(Damnum iniuria datum)*. L'individu doit répondre *(respondere)* de sa conduite. La nouveauté de la *lex aquilia* se retrouve non seulement dans la fonction réparatrice de la peine, mais surtout dans la désignation de l'*iniuria* comme critère d'imputabilité du tort (dommage). L'*iniuria*, au sens du droit romain classique, ne correspond pas au tort injuste, tel qu'appréhendé pendant l'époque moderne, mais correspond à une conduite qui n'a guère de justification par le droit, c'est-à-dire, une conduite de non-droit. Il peut s'agir d'une conduite qui n'est pas une violation du droit strictement parlant mais qui a causé du tort à l'autre. Dans ce cas, celui qui est chargé de rétablir l'ordre demande à l'auteur de répondre de son acte et de dédommager la victime, indépendamment des modalités de comportements ainsi que des implications psychologiques de l'auteur. Ce n'est que progressivement, notamment à l'époque républicaine, que les juristes vont donner une interprétation large à l'*iniuria* conduisant à la connotation de réprobation d'une conduite. Ils élaborèrent, de ce fait, le concept de responsabilité pour faute *(culpa)* qui se traduit par le manque de diligence *(diligentia)*, la négligence *(imperitia)* et l'imprudence *(imprudentia)*. La responsabilité est pensée comme assomption des conséquences négatives de l'agir passé de la part d'un sujet. L'élément le plus important étant de prouver le lien de causalité entre l'acte à l'origine du tort[266] et l'agent sans tenir compte spécifiquement des dispositions intentionnelles de ce dernier. Le principe

---

l'introduction de la réparation pécuniaire, comme sanction pénale, dans la discipline du dommage qui est différente de la sanction pénale prévue dans le cas du délit, *obligatio ex delicto*, dérivant des figures de *furtum*, de la *rapina* et de l'*iniuria*. Certes, ces cas délictueux avaient une sanction pénale de type patrimonial mais à fonction rétributive et non exclusivement réparatrice. Cf. M. D'ARIENZO, *Il concetto giuridico di responsabilità*, pp. 26-27.

266 On peut faire le parallèle avec la consécration qu'a connu au XIXème siècle le *Tort of negligence* dans le système du *commun law* et l'extension de son domaine d'application. Il se compose de trois éléments à savoir le *duty of care (*diligence*)*, l'irrespect de ce devoir de diligence, et le dommage qui s'en suit. Cf. D. J. IBBETSON, *The Tort of Negligence in the Common Law in the Nineteenth and Twentieth Centuries*, in E. J. H. SCHRAGE, *Negligence, The comparative legal History of the Law of Torts*, Duncker und Humblot, Berlin, 2001, p. 234.

cardinal se résume en cet axiome : *« Damna sunt sarcienda »* tant pour l'*iniuria* que pour la *culpa.*

En revanche, faire dériver la responsabilité du verbe « imputer » comme le fait Paul Ricoeur, c'est nier la continuité avec le droit romain comme pour opposer une « responsabilité des anciens » à une « responsabilité des modernes »[267]. En effet, pour Ricoeur[268], le concept juridique de responsabilité est le fruit des modernes, particulièrement du jusnaturalisme[269] du 16ème siècle. Il dériverait plutôt du verbe latin *putare,* évaluer, estimer, compter, tenir un compte, rendre compte. Le philosophe français utilise la métaphore du grand livre de compte où semblent s'inscrire et s'enregistrer toutes les actions de l'homme de manière à constituer des archives. Pour lui, le concept de responsabilité s'exprime alors comme une

---

[267] M. D'Arienzo, paraphrasant Benjamin Constant, in M. D'ARIENZO, *Il concetto giuridico di responsabilità,* p. 44.

[268] Cf. P. RICOEUR, *Le concept de responsabilité,* in *Esprit,* 11, 1994, p. 28-48.

[269] Il faut situer l'apport de l'Ecole du droit naturel moderne en rapport avec l'effort de systématisation de la responsabilité en droit commencée depuis le XVIème siècle. Avant, la préoccupation majeure des juristes était de s'affranchir de la casuistique romaine héritée de la *lex aquilia.* On peut mentionner les travaux de Hugues Doneau, (mort en 1591) à l'origine de la notion de « droit subjectif » et des premiers éléments de la notion d'« intérêts juridiquement protégés ». Ces notions seront exploitées notamment par les rédacteurs du code germanique. Ensuite, nous avons les travaux d'autres courants de pensée tels ceux des théologiens-juristes espagnols, comme Suarez ou hollandais comme Léonard Lessius. Ceux-ci ont surtout élargi le nombre de personnes capables d'intenter une action en responsabilité et mis en relief les facteurs psychologiques dans la détermination de la responsabilité. Avec eux, il fut question d'imputabilité, de volonté, d'intention, de morale et de culpabilité. Cependant, la systématisation ne portera ses premiers fruits que grâce aux travaux des jusnaturalistes tels Grotius, un des pères du droit international, à qui on reconnaît l'énonciation d'un principe général de responsabilité : « Nous appelons maléfice toute faute, soit en faisant, soit en ne faisant pas, en opposition avec ce que les hommes doivent faire ou communément, ou à raison d'une quantité déterminée. D'une telle faute, s'il y a eu un dommage causé, nait naturellement une obligation qui a pour objet de le réparer » (H. GROTIUS, *Du droit de la guerre et de la paix,* II, 17, 1, Presses Universitaires de France, Paris 1999, pp. 414-415, traduction de P. Pradier-Fodere, D. Alland (dir). Pour d'ultérieurs approfondissement, voir B. KUPISCH, *La responsabilità civile da atto illecito nel diritto naturale,* in L. VACCA (dir), *La responsabilità civile da atto illecito nella prospettiva storico-comparatista,* Giappichelli, Torino, 1995.

imputation, c'est-à-dire l'attribution d'une action à son auteur, que cette action soit louable ou blâmable. Il précise que l'imputation ne doit pas être confondue avec l'incrimination qui se rapporte à la culpabilité du comportement. Dans le cas de l'imputation, il s'agit de l'appréciation éthico-morale de l'action jaugée à l'aune du permis ou du non permis, tandis que dans le cas de l'incrimination, l'appréciation porte sur le sujet agissant pour voir s'il est coupable ou non coupable. Pourtant, dans la notion d'imputabilité, l'attribution d'une action à son auteur va de pair avec l'obligation pour l'auteur de supporter les conséquences négatives de son action violant une norme. En superposant ces deux aspects, cela donne à la responsabilité une dimension temporelle, celle d'une perspective (assomption des conséquences dans le futur) et celle d'une rétrospective (violation d'une norme, manquement à un devoir). Ricoeur refuse cette superposition et tient à différencier l'imputabilité et la responsabilité, en ce sens que les deux notions ne se rencontrent que dans l'identité narrative de l'agent, au moment où celui-ci, convaincu, élabore le discours de sa propre responsabilité. Ainsi, Ricoeur pense que le contexte de maturation de l'imputation vient d'un lexique théologique propre à l'époque luthérienne, où on attribuait à l'homme les mérites du Christ sans considération de son action. D'où la réaction de la contre-réforme qui reconnait les mérites de l'homme en lui attribuant l'imputabilité de ses actes bons ou mauvais.

Entre Villey et Ricoeur, ce sont deux visions de la responsabilité dont les points de départ sont différents, le droit romain pour le premier et la théologie de la contre-réforme pour le second, mais dont les points d'arrivée se recoupent dans le fait d'assumer les conséquences négatives de ses actes. La responsabilité est vue sous l'angle de la pathologie (la commission de l'illicite). Cette négativité a pénétré entièrement la notion juridique de responsabilité même dans le droit international. En effet, un Etat est tenu responsable[270] lorsqu'il commet un acte illicite[271], une violation de normes

[270] Cf. E. DECAUX, O. FROUVILLE, *Droit international public*, pp. 126-134.

[271] *« Il presupposto indispensabile per il sorgere della responsabilità internazionale è costituito dalla commissione di un atto illecito da parte di*

internationales coutumières ou conventionnelles. Un acte est illicite à deux conditions, l'une de nature subjective et l'autre de nature objective. La première condition se réalise lorsque, matériellement une conduite active ou d'omission posée par un individu est attribuable à un Etat. La seconde condition se réalise lorsque cette conduite 1) est contraire à une norme internationale, 2) cause un tort moral ou matériel à un autre sujet de droit international[272], 3) n'est pas justifiée par des

---

uno Stato » (A. CASSESE, *diritto internazionale*, seconda edizione, il Mulino, Bologna, 2013, p. 348).

[272] La Commission de Droit International (CDI) a adopté une position contraire. En effet, sur instigation du rapporteur spécial Robert AGO (troisième rapport à la CIJ, 1971, II, première partie, paragraphe 73-74)), la CDI juge qu'il n'est pas nécessaire que l'acte ait causé un tort moral ou matériel, en ce sens que le simple tort juridique consistant en la violation d'un droit subjectif est à lui seul suffisant pour engager la responsabilité de son auteur. La violation de toute obligation juridique suffit, il est donc superflu de préciser s'il y a tort matériel ou moral. Cette position de la CDI doit beaucoup à la doctrine du maître italien Anzilotti sur la responsabilité internationale. Celui-ci, dans sa théorie générale du droit, exclut des conditions de mise en œuvre de la responsabilité internationale la faute et le dommage. Il le justifie en ces termes : la violation d'une norme de droit constitue « toujours un dérangement de l'intérêt qu'elle protège et, par voie de conséquence, aussi du droit subjectif de la personne à qui l'intérêt appartient » (D. ANZILOTTI, *La responsabilité internationale des Etats à raison des dommages soufferts par les étrangers*, Dalloz, Paris, 2012, p. 13). Il ajoute : « Le seul fait qu'un Etat voie un de ses droits méconnu par un autre Etat, implique un dommage que celui-ci ne peut pas être tenu de supporter, quand même n'en devrait pas dériver des conséquences matérielles » (D. ANZILOTTI, *Corso di diritto internazionale. Introduzione e teorie generali,* vol. I, Athenaeum, 3ème édition, Roma, 1928, traduction de Gilbert Gidel, *Cours de droit international, Introduction, théorie générale*, premier volume, Sirey, 1929, réédition Panthéon-Assas, 1999, p. 493). C'est connu que les travaux de la Commission du Droit International (CDI) sur la responsabilité internationale qui ont duré pratiquement un demi-siècle, ont donné un texte qui, jusque-là, n'a pas été ouvert à la ratification par les Etats dans le cadre d'une convention. Cependant, la substance de ce texte fut incorporée dans une résolution de l'Assemblée Générale des Nations Unies concernant la *Responsabilité de l'Etat pour fait intentionnellement illicite,* adoptée en 2001. Il s'agit de la résolution 56/83. Toutefois, le texte de la CDI revêt une grande importance puisqu'il est constamment utilisé, en témoignent par exemple, les rapports du Secrétaire Général des Nations Unies sur la *Responsabilité de l'Etat pour fait illicite-compilations de décisions de juridictions internationales et d'autres organes internationaux,* 1er février 2007, A/62/62 et 17 avril 2007, A/62/62/Add. I et 30 avril 2010, A/65/76. Pour un point complet au sujet de la

circonstances qui, une fois avérées, effaceraient l'illicéité de la conduite. La discipline actuelle de la responsabilité internationale, grâce au concours de Robert Ago, distingue les normes dites primaires qui fixent des devoirs aux Etats et les normes secondaires qui établissent les conditions pour vérifier l'effectivité des violations des normes primaires et les conséquences juridiques de telles violations. Les normes secondaires forment un *corpus* distinct et autonome qu'on appelle le droit de la responsabilité des Etats. En outre, suivant la nature de la norme primaire violée et la gravité de l'acte illicite, on distingue la responsabilité ordinaire, celle qu'on applique aux Etats en cas de commission d'un acte illicite et la responsabilité aggravée, celle qui provient de la violation des valeurs fondamentales pour la Communauté internationale. Les développements récents du droit international ont permis d'identifier la responsabilité individuelle des personnes, agissant pour le compte d'un Etat ou d'un organe[273]. Il y a enfin la responsabilité de l'Etat pour des activités non interdites par le droit international, on parle, dans ce cas, de responsabilité pour fait licite[274]. Mais ne peut-on pas penser la responsabilité

---

responsabilité internationale, voir : J. CRAWFORD - A. PELLET - S. OLLESON, *The law of international responsability*, Oxford University Press, London, 2010.

[273] Comme nous l'avons déjà vu, les individus peuvent être tenus responsables de violations graves du droit international (crimes de guerre, crimes contre l'humanité, génocide, torture, terrorisme) commises en temps de guerre ou en temps de paix. Les personnes peuvent être aussi bien les soldats c'est-à-dire les couches inférieures des forces armées ou les leaders militaires et les politiques. Les poursuites de ces crimes aux niveaux national et international, font qu'il peut y avoir une superposition du droit de la responsabilité de l'Etat et du droit pénal international. Cette superposition est une forme de garantie en ce qui concerne les normes relatives aux droits de l'homme et au droit international des conflits. Toutefois, on ne doit pas confondre le droit de la responsabilité des Etats avec le droit pénal international qui sont des *corpus* différents. Cf. A. CASSESE, *Diritto internazionale*, p. 347.

[274] Les règles de la responsabilité pour fait licite n'appartiennent pas au *corpus* du droit de la responsabilité des Etats dont nous avons parlé. Il en est question, par exemple, dans l'article 110 de la Convention des Nations Unies sur le droit de la mer de 1982 où il est prévu que les navires de guerre ou les aéromobiles militaires d'un Etat peuvent aborder et arrêter en haute mer des navires commerciaux étrangers lorsqu'il existe de sérieux motifs qui font croire qu'un navire est impliqué dans des activités de piraterie, de traite des

autrement ? L'imputation neutre de Ricoeur en tant qu'elle exige d'imputer également au sujet ses actes louables n'ouvre-t-elle pas la possibilité à une responsabilité positive ?

La responsabilité positive internationale consiste à entreprendre des actions en faveur de la paix, chaque Etat prenant conscience que, contre le déferlement de la transgression des normes et donc la mise en péril de la paix, il devient impératif, non de rester sans rien faire (la non violation) mais de promouvoir un cercle vertueux d'actions de sauvegarde de la paix et de la sécurité internationale. Nous ne cherchons guère à exclure des conditions de mise en œuvre la faute et le dommage comme le préconisait l'internationaliste italien Anzilotti[275], mais nous voulons qu'il soit possible d'envisager la responsabilité internationale de façon positive, comme cela a été possible dans le cadre de l'écologie. C'est de cette responsabilité dont parle le Pape François[276] dans son encyclique *Laudato si.* Le même accent se retrouve chez Alain Supiot et Mireille Delmas-Marty qui estiment que la récurrence du mot « responsabilité » dans plusieurs discours politiques et économiques révèle la crise de la responsabilité : « Son omniprésence dans les champs politique et économique est un

---

esclaves ou de trafics abusifs même si le navire n'a pas de nationalité, ou s'il bat pavillon étranger ou refuse de présenter son drapeau, et qu'après vérification, on constate que le navire commercial est de la même nationalité que le navire de guerre ou l'aéromobile militaire. Par contre, si les soupçons ne s'avèrent pas fondés après vérification et que le navire n'a commis aucune infraction, l'Etat auquel appartient le navire de guerre ou l'aéromobile militaire, doit indemniser le navire abordé et réparer tous les torts causés. Les Etats sont tenus de réparer sous forme de responsabilité civile les torts que leurs activités, légitimes mais dangereuses, auront causés. On observe ce type de responsabilité dans d'autres conventions telles la Convention de 1972 sur la responsabilité internationale pour torts causés par des engins spatiaux ou pour l'exploitation de l'énergie nucléaire (Convention de 1960 et de 1962 sur les exploitants de navires nucléaires).

275 Pour une actualisation de sa pensée, se référer à D. ALLAND, *Anzilotti et le droit international public, un essai,* Editions A. Pedone, Paris, 2013.

276 Le Pape enseigne que « L'Eglise doit servir en politique en lançant des ponts : tel est son rôle diplomatique, le travail des nonces c'est de lancer des ponts » in FRANÇOIS PAPE, *Rencontre avec Dominique Walton, Politique et société*, Editions de l'Observatoire, Paris, 2017, p. 38.

symbole de la crise juridique de la responsabilité »[277]. Le contexte principal de leur réflexion se situe dans le cadre de l'écologie, mais les conclusions auxquelles ils aboutissent débordent largement ce cadre initial.

Ainsi, poursuivant ce mouvement d'élargissement de la responsabilité, nous l'appliquons à la paix. Il faut donc « concevoir la responsabilité en termes de charge à assumer, de conduite à tenir et d'équilibre à préserver, et non pas seulement comme le devoir de répondre après coup de faits dommageables »[278]. Le maintien des équilibres exige de la part des Etats de la retenue dans l'usage de la force et une maitrise de leur volonté de domination au plan géopolitique ou géostratégique. Depuis la paix westphalienne, les relations internationales ont été fondées sur la notion de puissance[279] dont la souveraineté étatique est le corollaire. Mais le paradigme de la puissance ayant largement montré ses limites, ne parait-il pas plus judicieux de fonder les relations internationales sur le concept de co-responsabilité positive ? En effet, n'est-ce pas faire preuve de responsabilité que de s'abstenir de commettre une action, qui, bien que parfois légitime, pourrait causer du tort à un autre Etat et occasionner des représailles ? Dans la recherche de la paix, l'autolimitation n'est-elle pas finalement un critère de responsabilité ?

Naturellement, l'autolimitation, ici, n'est pas à concevoir dans son acception d'après la Révolution (1789) telle que définie par la doctrine allemande en opposition à la conception française. La problématique à l'origine des deux conceptions[280]

---

[277] A. SUPIOT - M. DELMAS - MARTY, *Prendre la responsabilité au sérieux,* Presses universitaires de France, Paris, 2015, p. 9. Ce livre est le fruit d'un séminaire organisé du 11 au 12 juin 2015, à Paris, au Collège de France, par la chaire « Etat social et mondialisation : analyse juridique des solidarités ». Les recommandations contenues dans le livre ont été préparées au sein des réseaux « ID » (Internationalisation du Droit) animés par Mireille Delmas-Marty. Plusieurs personnalités ont participé aux travaux. On peut évoquer par exemple : V. Curran, E. Decaux, W. Fletcher, L. Bin, S. Maljean-Dubois, C. Perrone Moises, J. B. Racine, L. Varison, C. Perruso.

[278] *Ibid.*, pp. 17-18.

[279] Cf. J. FERNANDEZ, *relations internationales*, pp. 201-270.

[280] Cf. L. DUGUIT, *Souveraineté et Liberté,* Editions La Mémoire du Droit (réimpression de l'édition de 1921), Paris, 2002, pp. 105-110.

se posait en ces termes : quel est le fondement du droit international ? Les Français concevaient le droit international comme fondé sur l'exercice extérieur de la souveraineté étatique. Mais ils étaient pris par le paradoxe suivant : un Etat souverain qui est obligé par les conventions qu'il signe avec d'autres Etats est-il réellement souverain ? Les Allemands, eux, concevaient que le droit international a pour fondement la volonté de l'Etat qui décide de s'autolimiter lorsqu'il le veut dans une convention *(Vereinbarung)*. Eux aussi étaient pris dans le paradoxe suivant : si un Etat, lorsqu'il ne le veut pas, peut renier unilatéralement une convention qu'il a signée, alors que vaut une convention qui n'oblige pas ? Par conséquent, l'autolimitation de Georg Jellinek et de Rudolf Von Ihering fut interprétée comme une théorie de la superpuissance sans limite de l'Etat, pouvant fragiliser le droit international.

Ainsi, aujourd'hui, proposer l'autolimitation comme une preuve de la responsabilité positive, revient à courir le risque d'être tout de suite muselé avant d'arriver au bout de sa réflexion. Mais, passé l'effroi que suscite le mot autolimitation dans le droit international, l'approche devient tout autre quand on a la patience de débarrasser ce concept de la charge négative du passé. L'autolimitation dont il est question dans notre étude est différente de celle des allemands Jellinek et Von Ihering en ceci que l'Etat ne s'autolimite pas parce qu'il est puissant, mais parce qu'il se sent responsable du bien commun qu'est la paix. En fait, il n'est limité que par la recherche de la paix. C'est la paix qui limite sa puissance. La particule « auto » signifie son engagement à ne pas poser des actes qui outrepassent le cadre indispensable à la paix. L'Etat est alors responsable en ce sens qu'il est le garant et le gardien de la paix confiée à chaque Etat singulièrement mais aussi à la communauté des Etats (collectivement). L'Etat se doit donc de mesurer et de tempérer son action. L'autolimitation ne se fonde pas sur la volonté de l'Etat mais sur la suprématie de la valeur qu'il reconnait en la paix. Il reste cependant vrai que la promotion de cette valeur de la paix requiert l'engagement sans faille de l'Etat. L'autolimitation s'avère la parade à l'abus de puissance que constitue l'agression ou le fait illicite. Si elle doit toujours rester l'expression d'une puissance, ce sera un *soft power*[281] au service de la paix.

Le concept de responsabilité[282] conduit chaque Etat à cultiver, à l'échelle internationale, la conscience que l'humanité

---

[281] La campagne publicitaire récemment lancée pour le compte de BETC luxe porte cette phrase de Éric Bompard : *« Soft is the new strong » (la douceur est la nouvelle force).* Le concept de « *soft power* » (pouvoir de conviction ou « puissance douce », a été inventé en 1990 par Joseph Nye, dans son livre *Bound to lead, The changing nature of the American power.* Il s'agit de la capacité qu'a un acteur politique d'influencer l'action d'un autre sans emploi de moyens coercitifs. A côté de la *« soft power »,* il y a la *« hard power »,* la *« smart power »* et la *« energy power ».* La *« hard power »* se caractérise par l'usage des moyens de coercition comme les opérations militaires pour asseoir son influence. La *« smart power »* se veut un courant intermédiaire entre la *« hard power »* et la *« soft power »* en ce sens qu'elle combine la force des armes à celles des principes : « De cette nécessité d'équilibre dans la construction de la stratégie diplomatique est né la *smart power*, défendue par Hilary Clinton lorsque celle-ci est devenue Secrétaire d'Etat, lors du premier mandat de Barack Obama (2008-2012). Ce pouvoir intelligent consiste en un constructivisme visant à combiner la puissance de l'armée à des alliances diplomatiques, culturelles et idéologiques, afin d'étendre l'influence des Etats-Unis à travers le monde. Cette nouvelle attitude, réunissant la force des armes à celle des principes, fut adoptée en rupture avec l'unilatéralisme belliqueux de l'administration Bush, surtout à la suite des évènements du 11 septembre 2001[...] » (L. MAUBERT, in AA. VV., (LES YEUX DU MONDE), *Perspectives diplomatiques, les politiques étrangères au XXIe siècle,* p. 201). Enfin, on a la *« energy power »* qui consiste à utiliser sa production en matière énergétique comme un outil d'influence diplomatique. L'auteur nous donne cet exemple de la Russie : « la dépendance de nombreux pays d'Europe de l'Est au gaz provenant de Russie est utilisée par Moscou pour peser dans cette région. Il s'agit d'un élément de puissance à part dont seuls quelques pays producteurs peuvent se prévaloir » *(Ibidem).*

[282] Pour décrire cette responsabilité au niveau international, Ivan Santus, utilise trois mots qu'il associe à la *responsability to protect.* Ces mots sont : *« accoglienza, Assistenza, Aiuto » (*accueil, assistance, aide). L'auteur a recours à une argumentation tirée de la compassion que l'on peut éprouver face à une personne en détresse. Il écrit : *« questa idea di responsabilità condivisa puo essere riscontrata nell'esempio di molte personne che, non tanto perché coscienti del diritto di una persona debole ma piutosto perché coscienti de la propria responsabilità, si prendono cura di chi è in uno stato di bisogno. Potremmo trascrivere un numero infinito di questi esempi, che trasposti nell'ambito del diritto ci permettono di affermare che il vero rispetto della dignità umana anzitutto non si ottiene responsabilizzando un altro soggetto ma nell'assunzione della responsabilità da parte di ciascuno stato »* (I. SANTUS, *Il contributo della Santa Sede al diritto internazionale,* CEDAM, Padova, 2012, p. 242).

possède un bien commun à sauvegarder qu'est la paix. Ce serait une

> « Façon de redécouvrir -car l'idée inspire déjà la Charte des Nations Unies- que les prérogatives de la souveraineté impliquent des devoirs et que le droit de véto des membres du Conseil de sécurité, notamment, ne devrait pas se limiter à la défense des intérêts nationaux mais s'étendre au devoir de protéger la paix et la sécurité du monde »[283].

De la sorte, l'acte illicite relèverait plutôt de l'irresponsabilité des Etats. Il s'agit de passer de la souveraineté solitaire à la souveraineté solidaire[284]. La *res communis* ne doit pas courir le risque d'être la *res nullius*. A l'instar de M. Delmas-Marty, nous restons lucides sur le difficile mais pas impossible chemin à parcourir : « Il reste à convaincre les Etats que cette nouvelle responsabilité n'affaiblit pas leur souveraineté et que, bien au contraire, elle l'élargit, dans l'espace comme dans le temps »[285]. En plus, de nos jours, il faut élargir le champ des sujets de la responsabilité pour l'étendre aux autres acteurs de la scène internationale, en particulier les organisations internationales, les multinationales, les experts scientifiques…

En définitive, la diplomatie ne serait rien d'autre que l'exercice de cette responsabilité[286] commune pour la paix,

---

[283] M. Delmas-Marty, *Résister, responsabiliser, anticiper,* Editions du seuil, Paris 2013, p. 196. Le droit de véto doit être donc utilisé dans le sens de l'*auctoritas : augeo,* signifie « qui a le pouvoir de faire surgir quelque chose et, à la lettre, de produire à l'existence », (E. Benveniste, *Le vocabulaire des institutions indo-européennes, II. Pouvoir, droit, religion,* Editions de Minuit, Paris 1969, p. 151). Plus que le pouvoir de faire croitre *(augere)* avec lequel les auteurs avaient pris le pli de l'identifier, *l'auctoritas*, est « la force, divine en son principe, de faire exister » (*ibid.,* p. 143. La coexistence pacifique a besoin d'Etats qui la fassent exister).

[284] Cf. A. Supiot, M. Delmas-Marty, *Prendre la responsabilité au sérieux,* pp. 398-400 ; Le Pape François affirme que « la capacité de s'ouvrir aux autres nait de la solidarité » in François Pape, *Rencontre avec Dominique Walton, Politique et société*, Editions de l'Observatoire, Paris, 2017, p. 164.

[285] M. Delmas-Marty, *Résister, responsabiliser, anticiper,* p. 196.

[286] A l'intérieur de ce concept de responsabilité, il y a d'une part la tutelle et d'autre part la garantie qui accroît la vigilance pour la paix : *« All'interno, poi, del concetto di responsabilità come "impegno" ed "assunzione" (farci carico) i contenuti propri della responsabilità stessa diventano : tutela e*

vécue dans la conviction qu'il n'y a pas de paix véritable sans la promotion de la dignité humaine et des droits de l'homme. Le binôme Paix-Droit est désormais inscrit comme un principe indérogeable consolidé par les leçons que l'humanité a apprises durant des décennies de vie institutionnelle, à travers guerres et conférences. Au sein de l'ONU, le Conseil des droits de l'homme, après un cheminement de quatre ans, a adopté, le 24 juin 2016, une Déclaration sur le droit à la paix[287], transmise à la 71ème session de l'Assemblée Générale pour adoption. Ce document, loin de proclamer un nouveau droit, est l'expression du ressenti de la Communauté internationale concevant la paix comme une aspiration des personnes et des peuples, la liant à la prévention des guerres et, à défaut, à une conduite de la guerre respectueuse de la personne[288]. Dans ce document, la nouvelle méthodologie d'approche des droits de l'homme cherche à transcender les divergences idéologiques, religieuses et politiques, en proposant une approche transversale des droits (*cross-cutting approach)*, c'est-à-dire une méthodologie qui intègre les droits à l'intérieur de chacune des thématiques qui sont de la compétence de l'ONU, telles la paix, la sécurité, le développement, etc., suivant le critère *« human rights*

---

garanzia. Di fatto il responsabile è colui che tutela e garantisce: ecco perché la vigilanza (=episcopé) ricade tra le incombenze della responsabilità e non del dominio/potere/autorità » (P. GHERRI, *Introduzione al diritto amministrativo canonico,* p. 90).

287 En 1984 déjà, l'Assemblée Générale, intéressée par le thème, avait promulgué une Déclaration sur le droit des peuples à la paix. Il s'agit d'une brève déclaration qui reflétait les scenari géopolitiques de la guerre froide marqués par la dissuasion nucléaire. L'accent était mis sur l'aspect collectif de la responsabilité pour la paix. (Cf. V. BUONOMO, *Annotazioni a margine dell'agenda internationale sul diritto alla pace*, in M. D'AVINO – U. DE SIERVO (cur), *La pace necessaria,* Editione Ave, Roma, 2017, p. 155).

288 Le professeur Buonomo, après avoir relevé combien l'élaboration du texte a été difficile, indique les nouveautés qu'apporte cette nouvelle Déclaration, notamment sur la responsabilité collective et individuelle en matière de paix : *« Che l'elaborazione sia stata complessa lo evidenziano i cinque articoli del testo finale (rispetto ai quattordici previsti della prima redazione) che consolidano una opinio iuris secondo cui implementare il diritto alla pace è un obbligo rivolto a tutti gli stati, poiche si fonda sui valori essenziali dell'umanità che sono presenti in tutte le culture (anche giuridiche), le religioni e le filosofie; mette l'accento sulla dimenzione individuale del diritto alla pace e non solo su quella collettiva [...] »* (*Ibidem*).

throughout the UN System »[289]. Si une place particulière est réservée au concept de responsabilité[290], il faut noter aussi une insistance sur la nécessité d'éduquer aux droits de l'homme[291]. Il n'est plus question de connaître les droits de l'homme, selon l'expression *learning of human rights* (apprentissage des droits de l'homme) mais il est question de *human rights education* (éducation aux droits de l'homme)[292]. La Déclaration assigne une triple fonction à l'éducation : d'abord comme indicateur de qualité du processus général éducatif, ensuite comme composante transversale de toutes les politiques élaborées en la matière par les Etats, enfin comme facteur d'évaluation des modèles éducatifs. Quant à la responsabilité, elle y est abordée sous un angle positif en lien avec la dignité, la liberté et

---

[289] Cf. V. BUONOMO, *Annotazioni a margine dell'agenda internationale sul diritto alla pace*, p. 153.

[290]Les Etats africains sont souvent pointés comme les mauvais élèves en matière de droits de l'homme mais, même les vieilles démocraties ne sont pas exemptes de tout reproche. Quatre évènements à première vue banals aident à comprendre : 1. le refus obéré par la Cour de justice de l'Union européenne au sujet de l'adhésion de l'Union européenne à la Convention de sauvegarde des droits de l'homme et des libertés fondamentales (avis 2/13 du 18 décembre 2014), 2. l'arrêt de la Cour constitutionnelle italienne du 22 octobre 2014 déclarant indirectement l'inconstitutionnalité de la Charte des Nations Unies notamment en son article 94. Cet arrêt fut adopté en réaction au jugement rendu par la Cour internationale de justice le 3 février 2012 sur l'affaire relative aux Immunités juridictionnelles des Etats et de leurs biens, opposant l'Italie à l'Allemagne, 3. la dénonciation de la Convention européenne des droits de l'homme, qui devient sérieuse compte tenu du *Brexit,* 4. le Venezuela, qui, après avoir dénoncé la Convention américaine des droits de l'homme (1969), laisse planer la menace de son retrait de l'organisation régionale (OEA). Cf. PUBLICATIONS DU CENTRE DE RECHERCHE SUR LES DROITS DE L'HOMME ET LE DROIT HUMANITAIRE, O. FROUVILLE (dir), *Le système de protection des droits de l'Homme des Nations Unies présent et avenir*, pp. 163-164.

[291] *« Nel complesso negoziato queste numerose prospettive si sono confrontate con gli effeti da attribuire alla Dichiarazione o almeno alla maggiore parte delle sue norme, come pure con un diritto alla pace saldamente strutturato intorno a due grandi questioni; la pace in negativo, legata all'assenza di guerra e alle azioni militari; e gli aspetti positivi determinati dalla pace, tra i quali l'educazione, lo studio e le connessioni con le libertà intellettuali »* (V. BUONOMO, *Annotazioni a margine dell'agenda internationale sul diritto alla pace*, p. 155).

[292] *Ibid.*, p. 162.

l'égalité : « s'est imposé dans l'agenda international l'axiome selon lequel il est impossible de parler de droits en l'absence- au-delà de la violation- de dignité, de liberté, d'égalité et de responsabilité qui constituent le "coeur des droits de l'homme" et les "fondements d'une paix effective"»[293]. Les diplomates du Saint-Siège et ceux de la Communauté internationale doivent unir leurs forces et leurs expériences pour servir une telle diplomatie. Si sont de plus en plus nombreuses les voix qui appellent à la création d'une Charte de la responsabilité universelle, il est vrai que la question de sa justiciabilité reste entièrement béante. La création d'une Cour mondiale des droits de l'homme[294] et d'une Cour constitutionnelle internationale est-elle véritablement une solution ? A ce niveau, le droit peut être un important outil de structuration tant pour l'organisation étatique que pour les relations internationales. Par conséquent, si on considère la norme comme une référence porteuse de

---

[293] *« ad imporsi nel agenda internazionale è l'assioma secondo cui è impossibile parlare di diritti in assenza-andando oltre la sola violazione- di dignità, libertà, ugualianza e responsabilità che costituiscono il "cuore dei diritti umani" e le "fondamenta di una pace effecttiva"» (Ibid.*, p. 160).

[294] Le projet de la création d'une Cour mondiale des droits de l'homme est soutenu par le *Panel on Human Dignity* dont l'un des rapporteurs est le professeur Manfred Nowak (*Panel of Human Dignity. Protecting Dignity : an Agenda for Human Rights »*, Rapport 2011). Cependant une appréciation critique du projet fait ressortir un certain nombre de problèmes : d'abord le fait que la Cour mondiale ne réussit pas à contourner le consentement des débiteurs des obligations à cause du consensus ; ensuite quelle serait l'étendue de la compétence matérielle de la futur Cour par rapport aux Cours déjà existantes telle la Cour internationale de justice ? Enfin quelle herméneutique retenir dans la mesure où les critères et les techniques d'interprétation sont variés : le consensus ? la marge d'appréciation nationale (droit européen des droits de l'homme) ? ou le principe pro persona pour la Cour interaméricaine des droits de l'homme ? L'article 24, §4 du projet parle d'une juridiction composée de 21 juges qui doivent représenter les principaux systèmes juridiques mondiaux. Comment alors se formera le consensus d'une telle juridiction ? Si l'idée d'une Cour mondiale des droits de l'homme est séduisante, il n'en demeure pas moins que dans la pratique, elle risque d'être un pavé dans la marre. Cf. PUBLICATIONS DU CENTRE DE RECHERCHE SUR LES DROITS DE L'HOMME ET LE DROIT HUMANITAIRE, O. FROUVILLE (dir), *Le système de protection des droits de l'Homme des Nations Unies présent et avenir*, pp. 168-171.

valeur morale, « le recours à la norme juridique peut être une arme diplomatique utile »[295].

[295] A. PLANTEY, *La négociation internationale. Principes et méthodes, Editions du CNRS,* Paris, 1994, p. 183.

CONCLUSION GÉNÉRALE

La présence de l'Eglise dans la lutte pour la promotion des droits de l'homme l'amène à développer une immense activité diplomatique tant au niveau bilatéral que multilatéral en faveur de la paix. Le Saint-Siège et la Communauté internationale sont donc appelés à développer une diplomatie des droits de l'homme nécessairement fondée sur la dignité de l'homme et la paix. Tel est le terrain de la *« sana cooperatio »* entre ces deux acteurs de la scène internationale.

La coopération du Saint-Siège et de la Communauté internationale se fait sous l'égide des règles du droit international, notamment en ce qui concerne les droits de l'homme, la prévention et la résolution des conflits. On a cru que la seule technique juridique (du consensus dans les conventions et de l'admission des réserves) suffisait à faire partager par le plus grand nombre de personnes et d'Etats les valeurs défendues dans les différents traités des droits de l'homme, mais, force est de reconnaître que la seule technique juridique est inefficace tant qu'elle ne repose pas d'abord sur la base commune d'une éthique responsable qui tient pour non négociable la dignité inhérente à la personne et par conséquent l'existence d'un droit naturel indépendamment des déterminations religieuses, culturelles, ou spatio-temporelles. Le droit naturel qui peut fournir les bases d'une saine coopération entre le Saint-Siège et la Communauté internationale est celui fondé sur la rationalité-relationnalité et non celui révolutionnaire fondé sur la liberté et le désir de l'individu. L'évocation du droit naturel engage à s'élever au-dessus des barrières idéologiques ou religieuses pour replacer l'homme tout court au principe et au terme de toute action humanitaire et diplomatique.

Fort de cette conviction, en ce qui concerne la résolution des conflits, la prévention doit occuper de plus en plus une place de choix. La prévention primaire mériterait de devenir désormais le fer de lance de la pratique de l'ONU dans la recherche de la paix afin d'empêcher l'éclatement des conflits. Et si l'on ne peut guère éviter l'emploi de la force dans les traditionnelles opérations de maintien de la paix, il est tout de même nécessaire de vraiment subordonner son usage à l'épuisement effectif des moyens pacifiques dont dispose le droit international pour la résolution des conflits. Cela s'avère une exigence fondamentale de la dignité humaine. La responsabilité qui s'ensuit incombe à tous les acteurs de la scène internationale, en commençant par les Etats, le Saint-Siège, les Organisations internationales et les individus. Cette responsabilité est pensée en termes positifs de sauvegarde et de vigilance pour les valeurs fondamentales de l'humanité que sont les droits de l'homme, la paix et la sécurité internationale. C'est une responsabilité qui favorise une approche transversale *(cross-cutting approach)* des droits fondamentaux intégrant l'autolimitation comme un redimensionnement de la souveraineté étatique appelée à s'incliner devant les valeurs fondamentales que sont la dignité humaine et la paix. C'est de la sorte que toute diplomatie, qu'elle soit du Saint-Siège ou de tout autre sujet du droit international, devra être au service de la dignité humaine : « Le diplomate est un homme de l'espoir, de l'espoir en l'homme dont il sait bien qu'en dépit de sa faiblesse et de sa méchanceté, ce qu'il y a de meilleur en lui appelle et veut la paix. Cette confiance fonde l'espoir en un avenir meilleur et plus fraternel, un avenir débarrassé du spectre de la guerre, vainqueur du mal de la division, un avenir où les hommes vivront enfin dans le respect mutuel. Le travail du diplomate se nourrit de cette certitude intime qui ne doute jamais de l'homme »[296]

[296] A. DUPUY, *La diplomatie du Saint-Siège*, p.12.

BIBLIOGRAPHIE

I. SOURCES

ASSEMBLÉE GÉNÉRALE DES NATIONS UNIES, *Résolution* A/RES/61/295, sur les droits des peuples autochtones, 13 septembre 2007, pp.105-151.

BENEDETTO XVI, Discorso: *L'uomo è l'unico vero capitale da salvare, 12 giugno 2010,* in *L'Osservatore Romano,* domenica 13 giugno 2010, 8.

BENEDETTO XVI, discorso: *senza una solida base etica i diritti umani rimangono fragili,* Mercoledì 10 dicembre 2008, in L'Osservatore Romano, Venerdì 12 dicembre 2008, 6.

BENEDETTO XVI, Discours à cinq nouveaux ambassadeurs accrédités près le Saint Siège : *Per una convivenza armoniosa,* 16 décembre 2010, in *L'Osservatore Romano,* 17 décembre 2010, 3.

BENEDETTO XVI, *Legge N. CXXXI sulla cittadinanza, la residenza e l'accesso*, 22 febbraio 2011, in *Ius Ecclesiae*, XXIII 2 (2011).

BENEDICTUS XVI, adhortatio apostolica post synodalis : *ecclesia in Medio Oriente*, 14 septembre 2012, in AAS, 104, (2012), n. 29.

CONCILE OECUMENIQUE VATICAN II, Constitutions, Décrets, Déclarations, Editions du Centurion, Paris, 1967.

CONFÉRENCE DE PAIX DE PARIS, *Rapers Reinting to the foreign Relations of the United States: The Paris Peace Conference*, vol III, huitième session plénière, 31 mai 1919, (Washington 1943), pp. 406-444.

COUR INTERNATIONALE DE JUSTICE en 1962, affaire *sud-ouest africain* in *Recueil*, 1962, pp. 319-347.

COUR INTERNATIONALE DE JUSTICE, *Affaires du Sud-Ouest Africain (Namibie)* CJI, 11 juillet 1950, *recueil, 1950 ou des activités militaires ou paramilitaires au Nicaragua et contre celui-ci*, CJI, 26 Novembre 1984, *Recueil,1984,* pp. 392-443.

FRANCISCUS PP, Adhortatio apostolica: *Evangelii Gaudium*, 6 decembris 2013, in *AAS*, 105 (2013), 1-119.

FRANCISCUS PP, litt. Encycl. : *Laudato si,* 24 Maii 2015, in *AAS*, 107 (2015), 847-945.

I. C. J., *Reports 1951,* pp. 15-30.

JOANNES PAULUS II, *Codex Iuris Canonici*, 25 Ianuarii 1983, in *AAS*, 75/II (1983), 1-301.

JOANNES PAULUS II, *Codex Iuris Canonici*, 25 Ianuarii 1983, in *AAS*, 75/II (1983), p. 64).

JOANNES PAULUS II, Litt. Encycl : *Evangilium vitae,* 25 Martii 1995, in *AAS*, 87 (1995), 401-522.

JOANNES XXIII, Litt. Encycl. : *Pacem in terris,* 11 aprilis 1963, in *AAS*, 55 (1963), 257-304.

PAULI PP.VI, Litt. Apost. m. p. datae: *Sollicitudo omnium ecclesiarum*, 8 angusti 1969, in *AAS,* 61 (1969), 473-484.

PAULUS PP. VI, Const. Dogm.: *Lumen Gentium*, 22 Novembris 1964, in *AAS* 57 (1965), 5-71.

PAULUS PP. VI, Const. Pastor. : *Gaudium et Spes*, 7 Decembris 1965, in *AAS* 58 (1966), 1025-1120.

RAPPORT DU GROUPE D'ÉTUDES SUR LES OPÉRATIONS DE PAIX DE L'ORGANISATION DES NATIONS UNIES, A/55/305- S/2000/809, 20 août 2000, pp. 1-68.

SUPPLÉMENT À L'AGENDA POUR LA PAIX, (paragraphe 33), A/50/60/S/1995/1, janvier 1995.

VIENNA DECLARATION, paragraphe 1, (Document A/CONF. 157/23 du 12 juillet 1993.

II. DICTIONNAIRES ET ENCYCLOPEDIES

AA. VV., *Encyclopédie juridique d'Afrique, t. I, Etat et droit,* Nouvelles éditions africaines, Abidjan, 1982, pp. 453-455.

AA. VV., *Vocabulaire juridique*, Presses Universitaires de France, Paris, 2012.

ANDRIANTSIMBAZOVINA J. - GAUDIN H. – MARGUÉNAUD J-P. – RIALS S. – SUSRE F., *Dictionnaire des droits de l'homme*, Presses Universitaires de France, Paris, 2012.

BATTISTELLA D. - PETITEVILLE F.- SMOUTS M.-C. - VENNESSON P.(dir), *Dictionnaire des relations internationales*, Dalloz, Paris, 2012.

BOUSSAGUET L. - JACQUOT S. - RAVINET P. (dir.), *Dictionnaire des politiques publiques*, Presses de Sciences Po, Paris, 2010.

BUONOMO V., « Vatican » in ROBBERS G. (ed), *Encyclopedia of world Constitutions*, Vol. 3, New York, 2007, pp. 1006-1011.

COHEN-JONATHAN G., « Déclaration universelle des droits de l'homme », in ANDRIANTSIMBAZOVINA J. - GAUDIN H. –

MARGUÉNAUD J-P. – RIALS S. – SUSRE F., *Dictionnaire des droits de l'homme*, Presses Universitaires de France, Paris, 2012, pp. 249-258.

CORNU G., *Vocabulaire juridique*, Presses Universitaires de France, Paris, 1987.

DANSETTE A., « Minorité », in AA. VV., *Encyclopaedia Universalis,* France S.A., vol 11, huitième publication, 1976, pp. 72-77.

MARGUENAUD J-P., « Cour européenne des droits de l'homme », in ANDRIANTSIMBAZOVINA J. - GAUDIN H. – MARGUÉNAUD J-P. – RIALS S. – SUSRE F., *Dictionnaire des droits de l'homme*, Presses Universitaires de France, Paris, 2012, pp. 222-228.

OGIEN R., « Ethique (grandes doctrines de l'éthique et droits de l'homme) », in ANDRIANTSIMBAZOVINA J. - GAUDIN H. – MARGUÉNAUD J-P. – RIALS S. – SUSRE F., *Dictionnaire des droits de l'homme*, Presses Universitaires de France, Paris, 2012, pp. 398-402.

III. OUVRAGES

AA. VV., (LES YEUX DU MONDE), *Perspectives diplomatiques, les politiques étrangères au XXIe siècle,* Les Editions du Net, St Ouen, 2017.

ADONIS, *Printemps arabes, religion et révolution,* Editions de la différence, Paris, 2014.

ALIX C., *Le Saint-Siège et les nationalismes en Europe (1870-1960)*, Sirey, Paris, 1962.

ALLAND, *Anzilotti et le droit international public, un essai,* Editions A. Pedone, Paris, 2013.

ANZILOTTI D., *Corso di diritto internazionale, Introduzione e teorie generali,* vol. I, Athenaeum, 3ème édition, Roma, 1928, traduction de Gilbert GIDEL, *cours de droit international, Introduction, théorie générale*, premier volume, Sirey,1929, réédition Panthéon-Assas, 1999.

ANZILOTTI D., *La responsabilité internationale des Etats à raison des dommages soufferts par les* étrangers, Dalloz, Paris, 2012.

BADIE B., *La diplomatie des droits de l'homme, entre éthique et volonté de puissance,* Editions Fayard, Paris, 2002.

BADIE B., *Un monde de souffrances, ambivalence de la mondialisation*, Editions Salvator, Paris, 2015.

BALLESTEROS A., *Diplomacia y relaciones internacionales*, Plaza edición, Madrid, 2010.

BALLOT E., *Les insuffisances de la notion des droits fondamentaux,* Editions Mare et Martin, Paris, 2014.

BARBERINI G., *L'ostpolitik della Santa Sede, un dialogo lungo e faticoso*, Il Mulino, Bologna, 2007.

BARBERINI G., *Le Saint-Siège, sujet souverain de droit international*, Les éditions du Cerf, Paris, 2003.

BARRET-KRIEGEL B., *Les droits de l'homme et le droit naturel,* Presses Universitaires Françaises, Paris, 1989.

BEITZ C., *The idea of human rights,* Oxford University Press, Oxford, 2009.

BELLINI V., *Note storico-giuridiche sulla evoluzione della diplomazia permanente*, ISPI, Milano, 1968.

BENCHIKH, *Droit international du sous-développement-Nouvel ordre dans la dépendance,* Berger-Levrault, Paris, 1983.

BENVENISTE E., *Il vocabolario delle istituzioni indoeuropee. Potere, diritto, religione,* vol. II, Einaudi, Torino, 2001.

BENVENISTE E., *Le vocabulaire des institutions indo-européennes, II. Pouvoir, droit, religion,* Editions de Minuit, Paris, 1969.

BERTONE T., *La diplomazia pontificia in un mondo globalizzato,* Libreria Editrice Vaticana, Città del Vaticano, 2013.

BETTATI M., *Droit humanitaire*, Dalloz, Paris, 2012

BIN R. - BRUNELLI G. - PUGIOTTO A. - VERONESI P., *La laicità crocifissa? Il nodo costituzionale dei simboli religiosi nei luoghi pubblici,* G. Giappichelli Editore, Torino, 2004.

BOBBIO N., *Teoria generale del diritto,* G. Giappichelli Editore, Torino, 1993.

BOUGEANT P., *Histoire du Traité de Westphalie, ou des Négociations*, vol.4, Forgotten Books, Paris, 1951.

BUKASA-MUTEBA P. K., *Privilèges, immunités diplomatiques et consulaires sont-ils dépassés ?* Editions Publibook, Paris, 2014.

BULGHERONI C. - FACCO L., *La mediazione un nuovo strumento legale per risolvere i conflitti,* Edizioni San Paolo, Milano, 2011.

BUONOMO V., *Human rights, People rights, Paths of refection*, Pontificia Università Lateranense, Roma, 2002.

BUONOMO V., *Il diritto della comunità internazionale*, Lateran University Press, Città del Vaticano, 2010.

CAMBON J., *Le diplomate*, Hachette, Paris, 1926.

CAMPANINI M., *Oltre la democrazia temi e problemi del pensiero politico islamico,* Mimesis edizioni, Milano, 2014.

CANTORI M, *La diplomazia pontificia, Aspetti Ecclesiastico-canonistici*, Tau editrice, Todi, 2016.

CARDINALE I., *Le Saint-Siège et la diplomatie*, Desclée et Cie, Paris, 1962.

CARREAU D., *Droit international,* 9ème Edition, Editions A. Pedone, Paris, 2007.

CASSESE A., *Diritto internazionale*, seconda edizione, il Mulino, Bologna, 2013.

CASSESE A., *Lineamenti di diritto internazionale penale*, Il mulino, Bologna, 2005.

CASSIA P., *Dignité(s), une notion juridique insaisissable ?* Editions Dalloz, Paris 2016.

CHARLES-ROUX F., *Souvenir diplomatique d'un âge révolu*, Fayard, Paris, 1956.

CHESNAIS J-C., *Histoire de la violence,* Robert Laffont, Paris, 1981.

CHESTERMAN S., *The use of force in United Nations operations*, External study, New York, 2004.

CHEVALLIER J., *l'Etat post-moderne,* L'extenso Editions, Issy-les-Moulineaux, 2014.

CHIAPPETTA L., *Il codice di diritto canonico, commento giuridico-pastorale, voll. 1, 2, 3,* Edizione Dehoniana, Bologna, 2011.

CLARK E, *Corps diplomatique*, Allen Lane, Londres, 1973.

COHEN R. - WESTBROOK R., *Amarna Diplomacy, The beginnings of international relations*, Johns Hopkins University Press, Baltimore, 2000.

COLLARD C.A. - MANIN A, *Droit International et Histoire Diplomatique, documents choisis, tome premier,* Editions Montchrestien, Paris, 1971.

CONFORTI B., *Diritto internazionale,* Editoriale scientifica, Napoli, 2013.

CONSORTI P., *Diritto e religione,* Editori Laterza, Roma, 2014.

COSTANTINI F., *Les relations internationales en fiches,* Ellipses Editions Marketing S. A., Paris, 2009.

COUR PERMANENTE D'ARBITRAGE, 4 avril 1928, *Recueil des sentences arbitrales*, vol 2.

CRAWFORD J. - PELLET A. - OLLESON S., *The law of international responsability,* Oxford university Press, London, 2010.

D'AGOSTINO F., *corso breve di filosofia del diritto,* G. Giappichelli Editore, Torino, 2011.

D'AGOSTINO F., *Filosofia del diritto,* G. Giappichelli Editore, Torino, 1984

D'AGOSTINO F., *Un magistero per i giuristi, riflessioni sugli insegnamenti di Benedetto XVI*, Edizioni san Paolo, Milano, 2011

D'AQUIN T. (*Summa Theologica,* I-II question 64, art.2).

D'AQUIN T., (*De veritate,* question 25, art. 6, 2°).

D'ARIENZO M., *Il concetto giuridico di responsabilità, rilevanza e funzione nel diritto canonico,* Pellegrini Editore, Cosenza, 2012.

DAILLIER P. - FORTEAU M. - PELLET A., *Droit international public*, 8ème édition, LGDJ-Lextenso éditions, Paris, 2009.
DALLA TORRE G., *Europa quale laicità?*, Edizioni san Paolo, Milano, 2003.
DALLA TORRE G., *La città sul monte, contributo ad una teoria canonistica delle relazioni fra chiesa e comunità politica*, Editrice AVE, Roma, 2007.
DAMIBA F.X., *Essayer la folie pour voir. Risque et prudence des Mosse*, A.N.R.T. Paris, 1993.
DAUDET Y., « Les opérations de maintien de la paix sont-elles toujours viables ? (Observations sur les conflits en ex-Yougoslavie) », in *L'évolution du droit international, Mélanges offerts à Hubert Thierry*, Pedone, Paris, 1998.
DE KONINCK T., *Dignité de la personne et primauté du bien commun*, Edition Universitaire Européenne, Saarbrücken, 2016.
DE MACEDO, M.V.B., *La diplomacia pontificia como servicio Petrino y su participaciòn en la organizaciòn de las naciones unidas*, Libreria Editrice Vaticana, Vatican City, 2010.
DE MARCHI G., *Le nunziature apostoliche dal 1800 al 1956*, Libreria Editrice Vaticana, Città del Vaticano, 2006.
DE ROSA, G., "Le nunziature apostoliche. Natura e fini della diplomazia pontificia", *La civiltà cattolica* 149/1, 1998.
DECAUX E., FROUVILLE O., *Droit international public*, Dalloz, Paris, 2016
DELCORDE R. - LIEGEOIS M. - ROOSENS C., *La carrière diplomatique en Belgique. Guide du candidat au concours*, presses Universitaires de Louvain, Bruxelles, 2011.
DELMAS-MARTY M., *Résister, responsabiliser, anticiper*, Editions du seuil, Paris, 2013.
DESPAIGNE A., *Comprendre la doctrine sociale de l'Eglise*, Editions Traditions monastiques, Flavigny-sur-Ozerain, 2008.
DONIS, *Printemps arabes, religion et révolution*, Editions de la différence, Paris, 2014.
DR LAOUROU E., *La diplomatie de l'environnement : déterminants juridiques, politiques et économiques*, Editions Golias, Villeurbanne, 2017
DRAIN M., *Relations internationales*, 21ème édition, Edition Larcier, Bruxelles, 2016.
DUGUIT L., *Souveraineté et Liberté*, Editions La Mémoire du Droit (réimpression de l'édition de 1921), Paris, 2002.
DUPUY A., *La diplomatie du Saint-Siège*, Téqui, Paris, 1980.

DUPUY A., *Le courage de la vérité, Jean Paul II et la diplomatie pontificale. Les grands dossiers,* Les éditions du Cerf, Paris, 2014.

DUPUY J., *« La mer, héritage commun de l'humanité »,* in *Pays en voie de développement et transformation du droit international ;* colloque de la SFDI (Aix en Provence 1973), Pedone Paris, 1974.

DUPUY J., *Manuel sur les organisations internationales,* (Académie de droit international de la Haye), Martinus Nijhoff Publishers, London, 1998.

EDWARDS R. D., *« Staffing in »,* in *True Brits. Inside the foreign office*, BBC Books, London, 1994.

EUSEBI, *La Chiesa e il problema della pena,* Editrice La Scuola, Milano, 2014.

FERNANDEZ Julian, *relations internationales,* Dalloz, Paris, 2018,

FIAT E., *Petit traité de la dignité,* Editions Larousse, Mayenne, 2012.

FILIPAZZI A. G., *Rappresentanze e rappresentanti pontifici dalla seconda metà del secolo XX,* libreria Editrice Vaticana, Città del Vaticano, 2006.

FINNIS J., *Human rights and commun good,* vol.3 of *Collected Essays,* Oxford University Press, Oxford, 2011.

FLAUSS J.F. - Lambert-Abdelgawad E., (dir.), *L'application nationale de la Charte africaine des droits de l'homme et des peuples,* Bruylant, Bruxelles, 2004.

FLICK G. M., *Elogio della dignità,* Libreria Editrice Vaticana, Città del vaticano, 2015.

FLORIO F., *Nozioni di diplomazia e diritto diplomatico,* A.Giuffré Editore, Milano, 1978.

FRANÇOIS PAPE, *Laudato si, n°156,* Bayard Editions, Mame, Editions du Cerf, Paris, 2015.

FRANÇOIS PAPE, *Rencontre avec Dominique Walton, Politique et société*, Editions de l'Observatoire, Paris, 2017.

FROUVILLE O., *l'intangibilité des droits de l'homme en droit international*, Editions A. Pedone, Paris, 2004

GAMBARO A. – SACCO R., *Sistemi Guiridici Comparati*, terza éditione, UTET giuridica, Milano, 2008.

GANDHI, *teoria e pratica della non-violenza,* Giulio Einaudi Editore, Torino, 1996.

GAUDEMET, J., *Église et cité. Histoire du droit canonique*, Editions Montchrestien, Paris, 1994.

GHERRI P., *Introduzione al diritto amministrativo canonico,* Giuffrè Editore, Milano, 2015.

GHERRI P., *Lezioni di Téologia del diritto canonico,* Lateran University Press, Citta del Vaticano, 2010.

GLELE M.A., *Naissance d'un Etat noir, l'évolution politique et constitutionnelle du Dahomey* (actuel Bénin), *de la colonisation à nos jours,* LGDJ, Paris, 1969.

GLENNON J. - SUR S., *Terrorisme et droit international, (Académie de droit international de la Haye),* Martinus Nijhoff Publishers, Boston, 2008.

GOMEZ I. (dir.), *La protección internacional de los derechos humanos en los albores del siglo XXI,* Bilbao, 2003.

GRAHAM R.A., *Vatican diplomacy. A study of church and state on the international plane*, Princeton University Press, Princeton, 1959.

GROSSI P., *L'Europa del diritto*, Editori Laterza, Bari, 2007.

GROTIUS H., *Du droit de la guerre et de la paix,* II, 17, 1, traduction de Pradier-Fodere P., Alland D., (dir), Presses Universitaires de France, Paris, 1999.

GUENEL J., *La dernière guerre du pape,* Presses universitaires de Rennes, Rennes, 1998.

GUILHAUDIS J. F., *Relations internationales contemporaines*, 4ème édition augmentée, LexisNexis, Paris, 2017.

GUILHAUDIS J.F. - BALMOND L., *Relations internationales contemporaines,* LexisNexis, Paris, 2017.

HÄRLE W., *Dignità, Pensare in grande dell'essere umano,* Editrice Queriniana, Brescia, 2013.

HOBBES T., *Leviathan, éditions Gallimard,* Paris, 2014.

HOBBES T., *Léviathan, ou matière, forme et puissance de l'Etat chrétien et civil,* traduction et introduction de Gérard Mairet, Gallimard, paris, 2000.

HOTMAN De VILLIERS J., *De la charge et dignité de l'ambassadeur*, Essec Iréné, centre de recherche de l'Essec, Paris-Cergy, 2003.

HOURQUEBIE F., *Pluralisme juridique et droit fondamentaux, collection « kultura »,* Institut Universitaire Varenne, lextenso éditions, Paris, 2017.

HUTCHINSON ALLAN C., *Waiting for Coraf: a critique of law and rights*, University of Toronto Press, Toronto 1994.

INNOCENT XI, *Sa correspondance avec ses nonces,* Forgotten Books, London, 2017.

JOBLIN J., *Paul VI et les institutions internationales,* Actes du colloque de l'Ecole Française de Rome, 1981.

KABORE R.B, *Un peuple debout, chute de Blaise Compaoré, coup d'état de Diendéré au Burkina Faso,* Edition Firmament, Presses Africaines, Ouagadougou, 2016.

KANT I., « Projet de paix perpétuelle » in *Œuvres complètes,* vol. 3, Gallimard, coll. « la pléiade », Paris, 1986.

KANT I., *Grundlegung zur Metaphysik der Sitten (1785),* BA 66s.[trad.it.*fondamenti della metafisica dei costumi,*Laterza, Bari, 2010.

KANT I., *Le conflit des facultés,* in *Œuvres philosophiques,* t III, Coll. « Bibliothèque de la pléiade ».

KERE A., *La relation entre l'Eglise et la communauté politique aujourd'hui,* imprimerie de la Savane, Bobo Dioulasso, 2015.

KESSLER C., *Les ambassadeurs*, Presses de Sciences Po, Paris, 2012.

KIS J., *L'égale dignité, essai sur les fondements des droits de l'homme,* Editions du Seuil, Paris, 1989.

KOLESNORE P., *De la démocrature à la démocratie au Burkina Faso, rôle de l'Eglise et défis,* L'Harmattan, Paris, 2016.

KOUNGOU L., *Boko haram, parti pour durer,* L'Harmattan, Paris, 2016.

KOUVEGLO E. G., *Le gouvernement dans l'Eglise au regard des principes de démocratie,* Lateran University Press, Città del Vaticano, 2014.

KYELEM DE TAMBELA A. J., *Relations diplomatiques et souveraineté,* L'Harmattan, Paris, 2007.

LACORNE D. - VAISSE J. - WILLAIME J-P, *La Diplomatie au défi des religions, tensions, guerres, médiations,* Odile Jacob, Paris, 2014.

LACROIX J- J. - PRANCHÈRE J.-Y., *Le procès des droits de l'homme,* Editions du Seuil, Paris, 2016.

LAGRANGE E., *Les opérations de maintien de la paix et le chapitre VII de la Charte des Nations Unies,* Montchrestien-CEDIN-Paris XIII, coll. Perspectives internationales n° 16, Paris, 1999.

LAMY P. - GNESOTTO N. - BAER J.M., *Où va le monde ? le Marché ou la Force ?* Odile Jacob, Paris, 2017.

LE FUR I., *Précis de droit international public*, Dalloz, Paris, 1937.

LE GRAND G., *Registrum Epistolarum*, II, 285.

LE TOURNEAU D., *Droits et devoirs fondamentaux des fidèles et des laïcs dans l'Eglise,* Wilson & Lafleur Ltée, Montréal, 2011.

LEVI M., *« The state of the study of the state »*, in KATZNELSON I. - MILLER H. (eds), *Political science: The state of the Discipline,* Washington (D.C.), APSA et New York (N.Y.), Norton, 2002.

LIEGEOIS M., *Maintien de la paix et diplomatie coercitive. L'Organisation des Nations unies à l'épreuve des conflits de l'après* Bruylant, Bruxelles, 2003.

LLORENTE J.-A., *Portrait politique des Papes,* Forgotten Books, London, 2015.

LUTHER KING M., *Il sogno della non violenza,* Giangiacomo Feltrinelli Editore, Milano, 2006.

MARCHISIO S., *L'ONU Il diritto delle Nazione Unite,* Società editrice il Mulino, Bologna, 2012.

MARITAIN J., *Christianisme et démocratie (suivi de) les droits de l'homme,* Desclée de Brouwer, Paris, 2005.

MARITAIN J., *L'Homme et l'Etat,* Desclée de Brouwer, Paris, 2009.

MARRET J.L., *La fabrication de la paix, nouveaux conflits, nouveaux acteurs, nouvelles méthodes,* Ellipses Edition Marketing, Paris, 2001.

MINISTÈRE DE L'INTÉRIEUR FRANÇAIS, *L'expression du religieux dans la sphère publique, comparaisons internationales,* Editions de la Direction de l'information légale et administrative, Paris, 2016.

MIRANDA A., *Santa Sede e società delle nazioni. Benedetto XVI, Pio XI e il nuovo internazionalismo cattolico*, Edizioni Studium, Roma, 2013.

MONNET M., (dir), *La source théologique du droit,* Domuni-Press et Presses Universitaires de l'institut Catholique de Toulouse, Toulouse, 2016.

MONTESQUIEU, *De l'esprit des lois,* Flammarion, Paris, 2013.

NACCI M., *Origini, sviluppi e caratteri del jus publicum ecclesiasticum*, Lateran University Press, Roma, 2009.

NGOM B.S., *Les droits de l'homme et l'Afrique*, Editions Silex, Paris, 1984.

NOE J-B., *François le diplomate*, Salvator, Paris 2019

NOUVEAU LAROUSSE UNIVERSEL 2, Librairie Larousse, Paris, 1949.

NOVOSSELOFF A., *Le Conseil de sécurité des Nations Unies, entre impuissance et toute puissance,* CNRS Editions, coll. « Bibvlis », Paris, 2016

OBERDORFF H.- ROBERT J., *Libertés fondamentales et droits de l'homme,* 14° édition, Lextenso éditions, LGDJ, Issy-les-Moulineaux, 2016.

OLIVERI M., *Natura e funzioni dei legati pontefici nella storia e nel contesto ecclesiologico del vaticano II*, Roma, 1982.

OLIVERI M., *Natura e funzioni dei legati pontifici nella storia e nel contesto ecclesiologico del Vaticano II,* Marietti Editori, Torino, 1979.

ORLANDIS J., *Le istituzioni della Chiesa Cattolica,Storia, diritto, attualità,* Editioni San Paolo, Milano, 2005.

OUEDRAOGO A., *Blaise Compaoré, de l'Ascension à la Descension,* UNITEC, Ouagadougou, 2016.

PASETTO F., *Pacifismo profetico e pacifismo politico,* Arti Grafiche Cianferoni, Pratovecchio Stia, 2017.

PLANTEY A., *La Négociation internationale au XXIe siècle,* CNRS Editions, Paris, 2002.

PLANTEY A., *La négociation internationale. Principes et méthodes, Editions du CNRS,* Paris, 1994.

PLANTEY A., *Principes de diplomatie*, nouvelle édition, Editions Pedone, Paris, 2000.

PLEBANI E. - VALERI E. - VOLPINI P., *Diplomazie, linguaggi, negoziati e ambasciatori fra XV e XVI secolo,* FrancoAngeli, Milano, 2017.

POUPARD P., *Connaissance du Vatican*, Beauchesne, Paris, 1967.

PRODI P., *Il sovrano pontefice,* Società editrice il Mulino, Bologna, 2006.

PUBLICATIONS DE LA FONDATION MARANGOPOULOS POUR LES DROITS DE L'HOMME (FMDH), DECAUX E.(dir), Les Nations Unies et les droits de l'homme, enjeux et défis d'une réforme, Editions A. Pedone, Paris, 2006.

PUBLICATIONS DU CENTRE DE RECHERCHE SUR LES DROITS DE L'HOMME ET LE DROIT HUMANITAIRE, FROUVILLE O. (dir), *Le système de protection des droits de l'Homme des Nations Unies présent et avenir*, Editions A. Pedone, Paris, 2018

PUEL H., *Les souveraineté, pouvoirs religieux. Pouvoirs séculiers*, Cerf, Paris, 2012.

RACINE J.B., *Droit de l'arbitrage,* Presses Universitaires de France, Paris, 2016

ROSSO C., *Les mécanismes de flexibilité dans le droit de l'OMC,* Editions Bruylant, Bruxelles, 2017.

ROUSSEAU C., *Droit International Public,* Tome IV, Syrey, Paris, 1980.

ROUSSEAU J.-J., *Du contrat social,* Flammarion, Paris, 2001.

ROUXEL J.-Y., *Le Saint-Siège sur la scène internationale,* Editions L'Harmattan, Paris, 1998.

SACHS J., *The end of Poverty,* Penguin, Londres, 2005.

SANTUS I., *Il contributo della Santa Sede al diritto internazionale,* CEDAM, Padova, 2012.

SARAIS A., *La cittadinanza vaticana*, Libreria Editrice Vaticana, Vatican City, 2012.

SCHILLER F., *Über Anmut und Würde (*1793), in ID., *Sämtliche Werke* 5, Darmstadt 1993, [traduzione italiana, *Grazia e dignità,* Studio Editoriale, Milano 2010.

SINGER P., *Praktische ethik (*nuova edizione), Cambridge 1993, Stuttgart 1994 [trad. It., *Etica pratica,* Liguori, Napoli, 1988.

SMOLINSKA A.M. *(*dir*), Droit international des relations diplomatiques et consulaires,* Editions Bruylant, Bruxelles, 2015.

SUPIOT A. - Delmas-Marty M., *Prendre la responsabilité au sérieux,* Presses universitaires de France, Paris, 2015.

TAWIL E., *Laïcité de l'Etat et liberté de l'Eglise,* Editions Artège, Paris, 2013.

TAWIL E., *Relations internationales*, Magnard-Vubert, Paris, 2017,

THIELEN O., *Le recours à la force dans les opérations de maintien de la paix contemporaines,* LGDJ, Lextenso éditions et Ophélie Thielen, Paris, 2013.

TOMASI S. M., *The Vatican in the family of Nations,* Cambridge University Press, Cambridge, 2017.

TRAORE A.K., *Burkina Faso : Les implications juridiques et politiques de la démission de Blaise Compaoré,* Sankofa et Gurli Editions, Ouagadougou, 2016.

TREZZI G., *La posizione giuridica della Santa Sede nel diritto internazionale. Studio giuridico-critico*, Desclée & Co - Editori Pontifici, Roma, 1929.

TROTABAS J-B., *La notion de laïcité dans le droit de l'Eglise catholique et de l'Etat républicain,* LGDJ., coll. « Bibliothèque de droit public », Paris, 1961.

UNIVERSITÉ PANTHÉON-ASSAS, *Les fondateurs du droit international,* Editions Panthéon Assas, Paris, 2014.

VALDRINI P., *Comunità, persone, governo*, Lateran University Press, Città del vaticano, 2013.

VIGOUROUX C., *Du juste exercice de la force,* Odile Jacob, Paris, 2017.

VILLANI U., *Dalla Dichiarazione universale alla Convenzione europea dei diritti dell'uomo*, Cacucci Editore, Bari, 2016.

VILLATE L, *La république des diplomates. Paul et Jules Cambon, 1843-1935,* Science infuse, Paris, 2002.

VILMER J.B.J - CHUNG R., *Ethique des relations internationales,* Presses Universitaires de France, Paris, 2013.

VIRALLY M., *L'organisation mondiale*, A. Collin, Paris, 1972.

WEBER M., *Economie et société,* Collection Pocket Agora, 2003.

WERNZ, *Ius Decretalium*, t.II, Romae, 1928.

WITTE-C. GREEN J. (dir), *Religion and human rights,* Oxford university Press, Oxford, 2012.

WOJTYLA K., *La dottrina sociale della Chiesa,* Lateran University Press, Città del Vaticano, 2007.

ZAPPALÀ S., *La tutela internazionale dei diritti umani*, Società editrice il mulino, Bologna, 2011.

ZIELINSKI G., *The right to freedom of belief: a conceptual framework,* Lateran University Press, Città del Vaticano, 2017.

IV. ARTICLES

AKASHI Y., *The limits of UN diplomacy and the future of conflict mediation,* in DAWS - SAM and PAUL TAYLOR, *The United Nations Vol. II*, Ashgate Publishing Company, Burlington, 2000, pp. 105-120.

ANNAN K., *« Dans une plus grande liberté : développement, sécurité et respect des droits de l'homme pour tous »* (A/59/2005, 24 mars 2005), pp. 29-64.

ANNUAIRE FRANÇAIS DE DROIT INTERNATIONAL, année 1962, Volume 8, numéro 1, pp. 277-284.

BOTTI F., *Le confessioni religiose et il principio di sussidiarietà nell'unione europea: un nuovo giurisdizionalismo attraverso il mercato,* in *Stato, chiese et pluralismo confessionale*, Bologna, 2011, pp. 11-20.

BUONOMO V., *Brevi annotazioni sulla diplomazia multilaterale della Santa Sede",* in *Ius Ecclesiae,* 19, 2007, pp. 671-687.

BUONOMO V., *"The Holy See in the contemporary International community: A juridical approach according to international law end practice"*, in *Civitas et Justitia*, II (2004), pp.7-40.

BUONOMO V., *Annotazioni a margine dell'agenda internationale sul diritto alla pace*, in M. D'AVINO – U. DE SIERVO (cur), *La pace necessaria,* Editione Ave, Roma, 2017, pp. 153-169.

BUONOMO V., *Considerazioni sul rapporto tra diritto canonico e diritto internzionale*, in *Anuario de derecho canonico,* 4 abril 2015, pp. 21-22.

COULON J. - LIEGEOIS M., *Qu'est-il advenu du maintien de la paix ? L'avenir d'une tradition*, Etude préparée pour l'Institut canadien de la défense et des affaires étrangères, Calgary, janvier 2010, pp. 9-17.

DE ECHEVERRIA L., *«Funciones de los legados del Romano Pontefice»,* in *Revista Española de Derecho canónico*, 24, 1970, pp. 618-620.

DE ECHEVERRIA L., *Le rappresentanze pontificie*, in *Concilium,* 15, 1979, pp. 94-104.

De RIEDMATTEN H., *« Présence du Saint-Siège dans les organismes internationaux »,* in *Concilium,* n° 58, 1970, pp. 67-82.

DECAUX E., *L'actualité de l'œuvre de René Cassin : les leçons internationales,* in *Revue trimestrielle des droits de l'homme,* n° 112, 1er octobre 2017 (28ème année), pp. 799-810.

DEGNI-SEGUI R., *Chapitre XVIII : codification et uniformisation du droit*, in PANIKKAR R., *La notion des droits de l'homme est-elle un concept occidental,* in *Revue québécoise interculture,* n. 82, janvier-mars 1980, pp. 3-27.

DÉPARTEMENT DES OPÉRATIONS DE MAINTIEN DE LA PAIX, *Manuel du subalterne-Opérations de maintien de la paix des Nations unies,* UN/223/TH/JURA97, février 1997, pp. 92-93 et 98.

DOCUMENTATION CATHOLIQUE, n° 1673, 1975.

ETXEBERRIA X., *Fundamentacion y orientacion etica de la proteccion de los derechos humanos*, in F. GOMEZ ISA (dir.), *La proteccion internacional de los derechos humanos en los albores del siglo XXI,* Bilbao 2003, pp. 63-94.

EUSEBI L., *La risposta al reato e il ruolo della vittima*, in *Diritto Penale e Processo*, XIX (5), 2013, pp. 527-531.

FABRIS C., *Aspetti ecclesiologici della diplomazia pontificia,* in *Appolinaris,* 78, 2005, 3-4, pp. 833-919.

FABRIS C., *La diplomazia pontificia come presenza della Santa Sede nella vita delle Chiese locali, presso la comunità nazionale ed internazionale,* in *Angelicum,* 83, 2006, pp. 177-209.

FALL A. B., *La charte africaine des droits de l'homme et des peuples : entre universalisme et régionalisme*, in *Pouvoirs* n.129, 2009, pp 84-85.

FILIPAZZI A. G., *Le rappresentanze pontificie dalla fine della II Guerra Mondiale ad oggi. Dati circa lo sviluppo della loro rete (1945-2002),* in *Ius Ecclesiae,* 14, 2002, pp. 713-750.

FINK J. E., *From peacekeeping to peace enforcement: The blurring of the mandate for the use of force in maintaining international peace and security,* in *The Maryland journal of International Law and Trade,* 1995, pp. 1-46.

IBBETSON D.J., *The Tort of Negligence in the Common Law in the Nineteenth and Twentieth Centuries*, in SCHRAGE E.J.H., *Negligence, The comparative legal History of the Law of Torts,* Duncker und Humblot, Berlin 2001, pp. 229-271.

JEMOLO A.C., *La Santa Sede soggetto di diritto internazionale*, in *Rivista di diritto pubblico e della pubblica amministrazione in Italia,* I, 1925, pp. 428-429.

KUPISCH B., *La responsabilità civile da atto illecito nel diritto naturale*, in VACCA L. (dir), *La responsabilità civile da atto illecito nella prospettiva storico-comparatista,* Giappichelli, Torino, 1995, pp. 127-128.

LE BOUCHER E., *La revanche des croyants en URSS*, in *Le monde,* 3 octobre 1990.

Le Monde du 31 janvier 2003.

LE TOURNEAU D., *La mission ad extra des représentants pontificaux,* in *Ius Ecclesiae,* 9, 1997, pp. 485-507.

LE TOURNEAU D., *Les légats pontificaux dans le Code de 1983, vingt ans après la constitution"Sollicitudo omnium Ecclesiarum"*, in *l'année canonique,* 32, 1989, pp. 229-260.

MAMBERTI D., *La Santa Sede punta sul multilateralismo,* in *Avvenire,* giovedi 9 Agosto, 2007, pp. 3-4.

MONTALVO G., *La Pontificia Accademia Ecclesiatica e la missione diplomatica della Santa Sede nel mondo,* in *Ius Ecclesiae,* 9, 1997, pp. 203-219.

MORILLON P., *Les aspects civils et militaires*, in STERN B., (dir), *La vision française des opérations de maintien de la paix*, Montchrestien, Paris 1997, pp. 141-172.

NEGRETTO G., *Kant and the illusion of collective security*, in *journal of international affairs, 46, 2, 1993,* pp. 501-523.

PECK C., *Summary of colloquium on new dimensions of peacekeeping*, in WARNER D., *New dimensions of peacekeeping,* Martinus Nijhoff Publisher, Dordrecht/Boston / London 1995, pp. 181-204.

PETTINATO C. M., *I profili metodologici della scienza del jus publicum ecclesiasticum nel secolo XVIII,* in *Diritto e Religione, I (2008),*pp. 103-106.

PICONE P., *Considerazioni sulla natura della risoluzione del Consiglio di sicurezza a favore di un intervento « umanitario » in Libia,* in *diritti umani e diritto internazionale,* 2011, pp. 213-230.

PIETTRE P. (entretien réalisé par), entre JAUME L. - BOURDIN B., « *Aux sources de la laïcité et de la Nation française : Emancipation ou influence du religieux ?* in *Revue de l'institut Catholique de Paris* n° 142, juillet-septembre 2017, pp. 99-122.

RICCARDI A., *Sul refferal della situazione libica alla Corte penale internazionale,* in *Diritti umani e diritto internazionale,* vol. 2, 2011, pp. 377-382.

RICOEUR P., *Le concept de responsabilité,* in *Esprit,* 11, 1994, pp. 28-48.

RUIZ G.A., *« Sulla personalità internazionale della Santa Sede »*, in *Rivista di diritto pubblico e della pubblica amministrazione in Italia,* I, 1925, pp. 117-142

STEPAN A., *Religion, Democracy, and the twin tolerations,* in *Journal of Democracy,* vol. 11, n. 4, 2000, pp. 37-57.

SUENENS, *Le statut et la mission du nonce*, in *I.C.I.*, n.336 parenth 15.5.1969, *supplément*, XIV.

TAURAN J.-L., Intervention lors de la présentation du livre *Serving the human family,* Rome, 16-04-1998, *30 jours,* 4/1998, pp. 151-161.

THAROOR S., *The changing face of peacekeeping and peace enforcement*, in *Fordham International Law Journal,* 1995, pp. 408-426.

THEVENOT-WERNER A.M., *Le projet de paix perpétuelle de Kant,* in INSTITUT DES HAUTES ÉTUDES INTERNATIONALES, *grandes pages du droit international, la guerre et la paix,* Editions A. Pédone, Paris 2017, pp. 193-216.

VILLANI U., *Aspetti problematici dell'intervento militare nella crisi libica,* in *Diritti umani e diritto internazionale,* fascicollo 2, FrancoAngeli Edizioni, Milano, 2011, pp. 369-429.

VIRCOULON T., « *La guerre sans fin des kivu ou les limites de la diplomatie de la paix* », in *Annuaire français des relations internationales,* Vol. X, 2009, pp. 807-823.

WALF K., *The Nature oft he Papal legation,* in *The Jurist,* 63, 2003, pp. 85-105.

V. INTERNET

http://dictionnaire.sensagent.leparisien.fr/
http://fr.zenit.org/
http://fr.zenit.org/
http://legal.un.org/ilc/texts/instruments/
http://upvericsoriano.files.wordpress.com.
http://w2.vatican.va/
http://www. smallwarsjournal.com/
http://www.cnrtl.fr/
http://www.cnrtl.fr/
http://www.docsity.com/it/
http://www.echr.coe.int/
http://www.encyclopedia universalis/
http://www.famillechretienne.fr/
http://www.franceonu.org/
http://www.herodote.net/
http://www.la-croix.com/
http://www.liberte-religieuse.org/
http://www.linternaute.com/
http://www.loc.gov/
http://www.ohchr.org/
http://www.peacekeepingbestpractices.unlb.org/
http://www.persee.fr/
http://www.sidi-isil.org/
http://www.un.org/
http://www.un.org/fr/

http://www.un.org/french/

TABLE DES MATIÈRES

Structures éditoriales du groupe L'Harmattan

L'Harmattan Italie
Via degli Artisti, 15
10124 Torino
harmattan.italia@gmail.com

L'Harmattan Hongrie
Kossuth l. u. 14-16.
1053 Budapest
harmattan@harmattan.hu

L'Harmattan Sénégal
10 VDN en face Mermoz
BP 45034 Dakar-Fann
senharmattan@gmail.com

L'Harmattan Cameroun
TSINGA/FECAFOOT
BP 11486 Yaoundé
inkoukam@gmail.com

L'Harmattan Burkina Faso
Achille Somé – tengnule@hotmail.fr

L'Harmattan Guinée
Almamya, rue KA 028 OKB Agency
BP 3470 Conakry
harmattanguinee@yahoo.fr

L'Harmattan RDC
185, avenue Nyangwe
Commune de Lingwala – Kinshasa
matangilamusadila@yahoo.fr

L'Harmattan Congo
67, boulevard Denis-Sassou-N'Guesso
BP 2874 Brazzaville
harmattan.congo@yahoo.fr

L'Harmattan Mali
Sirakoro-Meguetana V31
Bamako
syllaka@yahoo.fr

L'Harmattan Togo
Djidjole – Lomé
Maison Amela
face EPP BATOME
ddamela@aol.com

L'Harmattan Côte d'Ivoire
Résidence Karl – Cité des Arts
Abidjan-Cocody
03 BP 1588 Abidjan
espace_harmattan.ci@hotmail.fr

L'Harmattan Algérie
22, rue Moulay-Mohamed
31000 Oran
info2@harmattan-algerie.com

L'Harmattan Maroc
5, rue Ferrane-Kouicha, Talaâ-Elkbira
Chrableyine, Fès-Médine
30000 Fès
harmattan.maroc@gmail.com

Nos librairies en France

Librairie internationale
16, rue des Écoles – 75005 Paris
librairie.internationale@harmattan.fr
01 40 46 79 11
www.librairieharmattan.com

Librairie l'Espace Harmattan
21 bis, rue des Écoles – 75005 Paris
librairie.espace@harmattan.fr
01 43 29 49 42

Lib. sciences humaines & histoire
21, rue des Écoles – 75005 Paris
librairie.sh@harmattan.fr
01 46 34 13 71
www.librairieharmattansh.com

Lib. Méditerranée & Moyen-Orient
7, rue des Carmes – 75005 Paris
librairie.mediterranee@harmattan.fr
01 43 29 71 15

Librairie Le Lucernaire
53, rue Notre-Dame-des-Champs – 75006 Paris
librairie@lucernaire.fr
01 42 22 67 13

www.ingramcontent.com/pod-product-compliance
Lightning Source LLC
LaVergne TN
LVHW010934061026
849535LV00007B/2391